本书得到以下项目资助：

南京晓庄学院科学研究项目（基金项目编号：2017NXY32；基金项目名称：个人所得税的居民收入再分配效应与改革升级研究）

江苏高校哲学社会科学研究项目（基金项目编号：2017SJB0427；基金项目名称：江苏农村贫困问题与精准扶贫对策研究）

南京晓庄学院2016年优秀教学团队建设项目——财务管理专业教学团队

个人所得税的居民收入再分配效应与改革升级研究

黄桂兰 著

中国社会科学出版社

图书在版编目（CIP）数据

个人所得税的居民收入再分配效应与改革升级研究／黄桂兰著.—北京：中国社会科学出版社，2019.8

ISBN 978 – 7 – 5203 – 4941 – 3

Ⅰ.①个… Ⅱ.①黄… Ⅲ.①个人所得税—税收改革—研究—中国 Ⅳ.①F812.424

中国版本图书馆 CIP 数据核字（2019）第 195960 号

出 版 人	赵剑英
责任编辑	彭莎莉
责任校对	邓晓春
责任印制	郝美娜

出　　版	中国社会科学出版社
社　　址	北京鼓楼西大街甲 158 号
邮　　编	100720
网　　址	http://www.csspw.cn
发 行 部	010 – 84083685
门 市 部	010 – 84029450
经　　销	新华书店及其他书店
印刷装订	北京市十月印刷有限公司
版　　次	2019 年 8 月第 1 版
印　　次	2019 年 8 月第 1 次印刷
开　　本	710×1000　1/16
印　　张	19.25
字　　数	294 千字
定　　价	98.00 元

凡购买中国社会科学出版社图书，如有质量问题请与本社营销中心联系调换
电话：010 – 84083683
版权所有　侵权必究

摘 要

财政学家马斯格雷夫认为"分配问题是一个比资源配置更难处理的问题,预算政策的决定中,分配问题是一个主要的(往往是唯一主要的)长期争论焦点。尤其在决定税收与转移支付政策时,对分配问题的考虑往往起着决定作用"。按照世界银行对世界各国经济发展水平的划分标准,2011 年我国就已经进入了中等偏上收入国家行列。但是衡量收入分配差距的基尼系数已经超过国际警戒线,与 OECD 35 个成员国相比,处于"收入不平等金字塔"接近塔尖处。对于凸显的收入分配差距问题,党中央和国务院高度重视,多次研究部署相应对策以缓解和缩小收入分配差距,提出"更好地发挥政府对收入分配的调控作用,规范收入分配秩序,增加低收入者收入,调节过高收入……""逐步建立综合与分类相结合的个人所得税,以调节收入分配差距"。个人所得税被赋予调节收入分配差距的重任,是由于个人所得税不仅收入来源稳定,而且拥有累进性税率结构、费用扣除等众多调节手段,可以随着经济波动而影响、调节总供给与总需求的关系,对经济的波动和收入的不平等起到自动调节的作用,故有"自动稳定器"的美誉。然而,我国个人所得税的实际角色却是"效率功能突出,公平功能丧失",个人所得税虽然已经成为我国第五大税种,但是税收规模仍不能支撑公平功能的有效发挥,究其原因,除了以累退性间接税为主体的税制结构外,不利的税收征管、分类计征模式削弱了个人所得税的再分配效应。不利的税收征管和分类计征模式对公平功能的损害程度是深化个人所得税改革的依据。因此,个人所得税再分配效应的研究具有重要的理论和实践意义。

借鉴文献研究,运用国内较少使用的洛伦茨曲线拟合法作为基础量测方程，结合指标测量法、计量模型，辅助 Matlab 7.0、Origin 7.5 和 Eviews 7.0 等统计工具，按照"税前收入不平等的数量程度（逻辑起点）→个人所得税的税制要素设计是否具有公平性（个人所得税的累进性特征）→个人所得税的'公平'力度有多大（效应的检验）→影响公平力度的因素贡献排序（税收规模的决定性贡献）→挖掘决定性因素的效应潜力（税收流失的效应损失）→计征模式改变是否具有增强效应的能力（中美对比）→提升效应应具备的税制特色（由实证结论提出措施建议）"的研究思路，对个人所得税的再分配效应进行实证研究，并相应提出个人所得税改革升级的政策建议和分步实施设想。

通过研究，本书得到以下结论：

第一，我国城镇居民税前收入快速增长，虽然工资性收入份额缓慢下降，但以工资性收入为主的收入结构基本不变，经营性收入份额快速增加，财产性收入有所增长，转移性收入稳步增加。与之相伴的是各阶层收入差距迅速扩大。无论是各收入阶层内部还是高低收入阶层之间的收入差距都呈现先迅速扩大后缓慢下降的"倒U型"趋势，其中2005年为"倒U型"顶。随后，收入不平等的趋势得到缓解，但程度有限。在各阶层中以最低与最高收入阶层之间的收入差距最为突出，从1994年的3.94倍扩大到2012年的7.59倍；低收入阶层内部的收入差距明显大于高收入阶层内部。

第二，个人所得税是否具有再分配功能，是由其税制特点决定的。"税制是累进的"是个人所得税具有再分配功能的必要条件。从各收入阶层承担的税负看，个人所得税在一定程度上体现了"支付能力"原则，低收入者承担较少的税负或不承担税负，高收入者承担较多的税负；从税制要素看，累进性税率结构设置使得个人所得税（以工薪所得为主）具有较高的累进性，但是"过高的税率结构、不合理的级距、过多的级次"加上"无差别"的费用扣除制度，一定程度上降低了累进性。随着个人所得税收入规模的增长，再分配效应RE值呈现"先缓慢增长，再快速增长，后波动略微上升"的趋势，但绝对值仍然较低［RE（1995）=0.00012；RE（2011）=0.00338］。

第三，较高的税制累进性却没有支撑起有效的再分配效应，究其原因是个人所得税的税收规模较低，仅在一定程度上缩小了收入分配差距，运用 VAR 模型和方差分解对各因素的贡献程度进行量化发现，税收规模或平均税率是个人所得税再分配效应的决定性因素，而累进性是次要因素。

第四，税收规模的贡献度为挖掘个人所得税再分配效应的潜力提供了空间。税收征管不利造成的税收流失规模是实际征收规模的近 2 倍（2011 年，按各阶层适用税率计算），税收流失造成了三分之一的理论个人所得税效应损失［2011，loss（RE%）= 33.46%］。实际个人所得税再分配效应年均值为 0.00178，理论效应为 0.00295，效应损失为 0.00116，管控税收流失的最好结果就是使税收再分配效应在现有水平上提升 1 倍，使税后基尼系数再下降 0.00116。

第五，税收征管方式的完善为再分配效应的潜力挖掘提供了空间，除此之外，分类计征模式和综合计征模式带来的个人所得税再分配效应的差距不容忽视。与美国模式相比，2011 年，中国的个人所得税累进性是美国的近 2 倍，但是平均税率是美国的四分之一，税收规模和再分配效应仅是美国的十分之一左右［GAP（K）= 0.628，GAP（Average Rate）= 3.57，GAP（TAX）= 11.12，GAP（RE）= 7.86］。美国的个人所得税将税前基尼系数降低了 0.04224，而中国只降低了 0.0054（税基为扣除转移收入后的应税收入）。从效应分解看，美国的平均税率和累进性对 RE 的影响都是正向的，平均税率的贡献为 0.06305，是累进性的 23 倍。中国平均税率对 RE 的影响也是正向的，但平均税率的贡献仅为 0.0047，相当于美国累进性的贡献率。这一数据不仅支持了税收规模（平均税率）是个人所得税再分配效应的决定因素，而且不同的计征方式具有不同的再分配效果。

第六，由于可供研究的微观数据止步于 2011 年，而 2011 年却是我国个人所得税费用扣除标准大幅提高的改革节点，个人所得税是否具有累进性（费用扣除标准的提高损害了累进性）是再分配功能继续有效发挥的前提，运用宏观数据进行分析得出了有意义的结论，2011—2014 年，个人所得税发挥了"公平"再分配的作用，但是数量程度不确定。除此之外，我国整体税制呈现累退性，而且累退性不断加强，这是由累退性的流转税为主体的税制结构决定的，流转税中的增值税和消费税是累退的，营业税是累进的，所得税、企业所得税和个人所得税是累进的。

第七，经过实证推导，论证了税收规模是个人所得税再分配效应的决定因素，而税收征管水平的提高和计征模式的改变又是提高税收规模的突破口。从税目安排、扩大税基、费用扣除制度设置、纳税人身份选择、优化税率结构等要素设计，全面规划了综合与分类相结合的计征模式；在已具备或将具备的税收征管条件下，提出了可供实施的分步改革设想。

在吸收前人研究成果的基础上，本书试图从以下几个方面有所创新：

1. 研究视角的创新

以往国内研究个人所得税再分配效应时过多地关注累进性及其分解，这是因为只有当税制是累进的时候，税收才具有缩小收入分配差距的功能。累进性税制条件下，平均税率是个人所得税公平功能实现的决定性因素，但是现有研究没有对平均税率及其分解的再分配效应贡献分析，这是一种研究视角的创新。

2. 研究方法的创新

一是首次将拟合函数运用到个人所得税再分配效应的研究中，提高了研究的精确度，在一定程度上弥补了国内数据样本点不足造成的测量误差。二是运用并未广泛使用的 KP 指数法，更新了我国个人所得税累进性的动态趋势，弥补了我国微观数据缺失造成的不足。三是运用实证研究的方法比较不同计征模式国家间的个人所得税再分配效应的数量差异，为决策者提供了税制改革的方向。

3. 研究内容的扩展

一是通过模型测度了影响个人所得税再分配效应内在因素的贡献程度和方向，用数量形式确定了税收规模的"决定性"地位，扩展了个人所得税再分配效应的研究。二是在消化吸收升级税收收入能力模型的基础上，通过构造理论再分配效应模型，测算出个人再分配效应损失，填补了我国个人所得税效应损失研究的空白，为决策者提供了挖掘个人所得税再分配效应的空间。三是针对个人所得税计征模式改革的难易程度，提出了改革升级的分步实施设想，为我国个人所得税改革提供了重要的参考价值。

在取得一定研究成果的同时，还存在着一定的不足，为今后进一步的研究确定了方向。如个人所得税再分配的理论研究，个人所得税再分配效应的地区和国家间横向比较，KP指数法的国际检验，改革升级的政策效果模拟等。

关键词：洛伦茨拟合曲线；再分配效应（损失）；累进性；（理论）税收规模；综合与分类相结合的计征方式；改革分步实施设想

Abstract

According to Musgrave, the distribution problem is much more difficult to deal with than the resources allocation, which is always a primary (the only primary) focus of controversy when making budget policy. Taking distribution into consideration in most cases is of decisive importance for the tax and transfer payment policy decisions. According to World Bank's criteria for the economy development of each country, China has entered the ranks of middle to upper income countries in 2011. Meanwhile, the Gini coefficient to measure the income distribution gap has exceeded the international warning line in China. Compared with 35 OECD Member States China is near the spire place of "income inequality Pyramid". Income distribution disparity is attached great attention from the CPC Central Committee and the State Council. In order to solve the problem it's better for the government to play the role of regulation by standardizing the order of income distribution, increasing the income of low – income groups, regulating excessively high incomes, and establishing a comprehensive and classification of personal income tax system. Personal income tax is used to adjust income distribution gap because it is not only a stable source of income, but its tax elements include many means of regulation, such as progressive tax rate structure and expense deduction, which can adjust the aggregate supply and demand relationship with the fluctuation of economy. And that's why personal income tax is called "automatic stabilizer". While in China the function of personal income tax is efficiency instead of fairness. Although the personal income tax has become the fifth largest tax in China, the scale of tax revenue still cannot play the function of fairness due to adverse tax collection and management, the model of classification collecting beside sits regressive indirect tax structure, which at last weakened its redistributive effects. In order to eliminate the damage from unfavorable tax collection to its function of fairness the individual income tax needs to be reformed. Therefore, the research on the redistribution effect of individual income tax is of theoretical and practical significance.

With the help of literature research, the use of international popular Lorenz curve fitting as the basis for the measurement equation of this article, according to "the degree of of pre - tax income inequality (the logical starting point) →personal income tax elements are fair (characteristics of personal income tax) →the fair's degree of of pre - tax income inequality (testing effects) →factors that affect the intensity of equitable contribution sorted (size of the tax decisive contribution) →mining potential effect (loss of tax revenue loss effects) →tax factors change whether the enhancing effect (Sino - US comparison) →lifting effect with the tax characteristics (recommended actions)", through empirical research of tax redistribution effect policy recommendations can be given to the personal income tax reform.

The conclusions can be drawn as follows:

First, pre - tax income of urban residents grow rapidly, despite wage income declines slowly, the structure of income, consisting mostly of wage income, is basically unchanged, operating income and property income increase. As a result the income gap between different sectors is rapidly expanding. Whether the income gap within the income class or between the high and low income groups show "inverted U" trend with a rapid expansion and then the slow decline. In 2005 it reached the peak, then the trend of income inequality has been eased, but very limited. The income gap between the lowest and highest income groups is the most prominent, which expanded from 3.94 times in 1994 to 7.59 times in 2012. The income gap within the lower income class is obviously higher than that of the high income class.

Second, the personal income tax system determined whether it has the function of redistribution. Progressive tax system is a necessary condition for the redistribution function of the individual income tax. From the result of tax incidence of different income classes it can be seen that high income earners bear more tax burden, so the personal income tax reflects the "ability to pay" principle to a certain extent. From the view of tax system elements the progressive tax rate structure makes the individual income tax has the characteristic of progressivity, while the high tax rate structure, unreasonable level distance, too many orders plus "no difference" cost deduction system reduce its progressivity to some extent. With individual income tax' rapidly increased income. Redistribution effect RE value presents the trend, at first grow slowly, then grow rapidly, and then grow slightly. But the absolute value is still low (RE (1995) =0.00012; RE (2011) =0.00338).

Third, the reason why the higher tax progressivity did not support the effective redistribution effect is that the personal income tax can narrow the gap of income distribution only to a certain extent despite the rapid growth of its tax scale. That means the tax scale is the decisive factor for redistribution effect of the individual income tax, while the tax progressivity is a secondary factor.

Fourth, the contribution of the tax scale provides a space for stimulating the potential of individual income tax redistribution effect. The size of tax loss caused by adverse tax collection and management is nearly 2 times the size of the actual collection (according to the tax rate applicable to all income classes in 2011). The loss of tax revenue caused 1/3 of the personal income tax loss effect theoretically (2011, loss (RE%) =33.46%). Actual personal income tax redistribution effect was 0.00178, theoretical effect was 0.00295, effect loss was 0.00116. The best result of the control of loss tax revenue is that the Gene coefficient reduced by 0.00116 after tax, which is basically the same as the contribution of the tax scale (variance decomposition).

Fifth, the perfection of tax collection and administration mode provides the space for the potential of the redistribution effect. In addition, personal income tax redistribution effect gap caused by classification mode and comprehensive mode of collecting cannot be ignored. Compared with the American model, in 2011, China's personal income tax progressivity is nearly 2 times that of the United States, but the average tax rate is a quarter of the United States, scale of Taxation and redistribution effect is only about one tenth that of the United States (gap (k) = 0.628, gap (average rate) = 3.57, gap (tax) = 11.12, gap (RE) = 7.86). Personal income tax in the United States reduced the pre - tax Gini coefficient by 0.04224, while in China it only reduced by 0.0054 (the tax base is the income after deducting the transfer of income). From the effect of decomposition, the effect of the average tax rate and the progressivity of RE are positive, the average rate of contribution is 0.06305, 23 times of progressivity. The impact of China's average tax rate on RE is also positive, but the relationship between progressive and RE is not clear. The contribution of the average tax rate is only 0.0047, equivalent to the progressivity contribution rate of the United States. This data not only verified the tax scale (the average tax rate) is the decisive factor of the individual income tax redistribution effect, but different taxable manner bring different redistribution effect degree (undoubtedly tax system is the most critical factor to determine the size of the tax). Also the redistribution effect of the Chinese personal income tax cannot be denied.

Sixth, because there is no micro data after the important year of reform 2011, this year deduction standard of personal income tax expense increased substantially. Whether personal income tax has the progressivity (the increased standard of cost deduction damaged the progressivity) is the premise of further effective redistribution function. Through analysis of macro data the research draw the conclusion that personal income tax played the role of "fair" redistribution in 2011 - 2014, but the degree is uncertain. In addition, the overall tax system presents the regressive nature, and the regressive nature is constantly strengthened, which is decided by the tax structure, which mainly consists of the regressive turnover taxes, such as regressive value added tax and consumption tax. Business tax is progressive. Income tax, corporate income tax and personal income tax are basically progressive.

Seventh, through empirical analysis it is proved that the scale of tax is the deciding factor of the redistribution effect of individual income tax, and the improvement of the level of tax collection and management and the change of the mode of collecting are also a breakthrough in raising the scale of tax revenue. A comprehensive plan for the integration and classification assessment model was designed, includes the tax arrangements, tax base expansion, the expense deduction system setting, selection of taxpayer identity, the tax structure optimization, tax indexation et. Under the conditions of tax collection and administration which have been or will be available, Put forward the idea of step by step reform. Furthermore, under the conditions of tax collection and administration which have been or will be available, reform plans are provided.

The main innovation points of this dissertation are as follows:

1. Innovation on research perective

The previous study on the personal income tax redistribution effect gave too much attention to the progressive and decomposition. This is because only when the tax system is progressive, the revenue will be having function of reducing the gap of income distribution. That is to say, "tax is progressive" is the necessary condition for the function of tax redistribution (positive). In a progressive tax system, the average tax rate is the decisive factor in the realization of the individual income tax fairness function. However, the existing researches do not contribute to the redistribution effect of the average tax rate and its decomposition.

2. Innovation on research methods

First, the fitting function is applied to the study of the redistribution effect of the individual income tax, which improves the precision of the research and makes up the measurement error caused by domestic insufficient data sample points. Second, use the KP index method to update the dynamic trend of China's personal income tax progressivity and make up for the deficiency caused by the lack of micro data. Third, Compare redistribution effect of individual income tax differences of different taxable mode countries through empirical research method and provide tax reform direction for decision makers.

3. Expension of research content

First, this dissertation makes up for the lack of quantitative research on the effect of the redistribution of tax revenue by model measuring the contribution degree and direction of each factor to the individual income tax redistribution effect and expand study on the redistribution effect of personal income tax. Second, Calculate the loss of individual redistribution effect on the basis of improving tax capacity model and by constructing the theory of redistribution effect model to fill the lack of research on the effect of individual income tax in China and provide decision makers with the spatial distribution of individual income tax. Thind, according to the degree of difficulty of the reform of the personal income tax model the implementation plans for upgraded reform are given, which has important reference value for the reform of personal income tax in China.

There are still some shortcomings needed to be improved in the further research, such as the theoretical study of the redistribution of personal income tax, the horizontal comparison between regions and countries, the international inspection of the KP index method, the policy effects of the reform and upgrading, etc.

Keywords: Lorenz Curve Fitting; Personal Income Tax Redistribution Effect (Loss); Progressive Taxation; (Theoretical) Tax Scale; Comprehensive and Classified Combining Taxable Mode; Step by Step Implementation of the Envisaged Reform

目 录

导 论 ……………………………………………………… (1)
 第一节 研究背景和研究意义 ………………………… (1)
 第二节 相关概念界定 ………………………………… (6)
 第三节 研究方法和研究内容 ………………………… (8)
 第四节 研究创新 ……………………………………… (13)

第一章 文献综述与理论分析 ………………………… (14)
 第一节 文献综述 ……………………………………… (14)
 第二节 税收再分配的理论基础 ……………………… (39)
 第三节 税收再分配的作用机理 ……………………… (42)
 第四节 本章小结 ……………………………………… (57)

第二章 税前收入不平等的检验 ……………………… (58)
 第一节 税前收入水平的动态趋势 …………………… (58)
 第二节 税前收入不平等的测度与实证分析 ………… (64)
 第三节 发达国家税前收入不平等的演进历程 ……… (78)
 第四节 本章小结 ……………………………………… (80)

第三章 个人所得税与再分配：事实与特征 ………… (82)
 第一节 个人所得税法的发展进程与收入分配 ……… (82)
 第二节 个人所得税的运行描述 ……………………… (87)
 第三节 个人所得税税制特点与收入再分配 ………… (92)
 第四节 本章小结 ……………………………………… (118)

第四章 个人所得税再分配效应的检验 ································ (120)
- 第一节 税收再分配效应的测度 ····································· (120)
- 第二节 个人所得税再分配效应的实证分析 ······················ (125)
- 第三节 税收累进性的测度 ·· (133)
- 第四节 个人所得税累进性的实证分析 ····························· (138)
- 第五节 本章小结 ·· (150)

第五章 基于KP指数的个人所得税再分配效应分析
——兼论税制公平性 ·· (152)
- 第一节 理论分析 ·· (152)
- 第二节 模型构建与公平性假设 ······································ (154)
- 第三节 变量定义及数据选取 ··· (158)
- 第四节 实证检验和结果分析 ··· (159)
- 第五节 本章小结 ·· (164)

第六章 基于因素分解的个人所得税再分配效应分析
——税收规模的决定性贡献 ·· (165)
- 第一节 理论分析与模型构建 ··· (165)
- 第二节 变量定义与基础数据选取 ··································· (168)
- 第三节 实证检验与结果分析 ··· (169)
- 第四节 本章小结 ·· (181)

第七章 基于理论税收规模的个人所得税再分配效应分析
——税收流失的效应损失 ··· (183)
- 第一节 理论模型的推导与构建 ······································ (183)
- 第二节 变量定义与基础数据选取 ··································· (187)
- 第三节 实证结果与分析 ··· (188)
- 第四节 本章小结 ·· (199)

第八章 基于不同计征模式的中美个人所得税再分配效应
差异分析 ··· (201)
- 第一节 差异模型的构建 ··· (202)

第二节　变量定义与基础数据统计口径 …………………（204）
　　第三节　实证结果与分析 …………………………………（207）
　　第四节　本章小结 …………………………………………（236）

第九章　基于提升再分配效应的个人所得税改革升级研究……（238）
　　第一节　对综合与分类相结合计征方式的认识 …………（238）
　　第二节　综合与分类相结合的税制设计 …………………（240）
　　第三节　税收征管水平的升级 ……………………………（249）
　　第四节　改革升级的分步实施设想 ………………………（253）
　　第五节　本章小结 …………………………………………（255）

结论与展望 ………………………………………………………（257）

附　录 ……………………………………………………………（261）

参考文献 …………………………………………………………（273）

导　　论

本章是全书的总括性描述，主要阐述个人所得税再分配效应的研究背景和意义、相关概念界定、数据来源和具体研究方法。以技术路线图的形式描绘了研究思路和研究内容，并给出本书的创新点。

第一节　研究背景和研究意义

> 丘也闻有国有家者，不患寡而患不均，不患贫而患不安。盖均无贫，和无寡，安无倾[①]。
>
> ——《论语·季氏》[②]

一　研究背景

1. "收入分配"的理论地位

经济发展带来的收入分配问题是经济学领域长期关注的理论问题，也是各国政府普遍关心的实践问题。尤其是在社会经济结构发生重大变革时期，这一问题往往成为社会关注的焦点。发展经济学先驱威廉·刘易斯认为，"收入分配的变化是发展进程中最具政治意义的方面，也是最容易诱发妒忌心理和混乱动荡的方面，没有很好地理解为什么这些变化会发生，以及它会起到怎样的作用，就不可能制定出

[①] 相对平均下无所谓贫富，和谐状态下无所谓特权，安全的环境就没有倾覆之危。
[②] 《论语·季氏》，http://www.gushiwen.org/GuShiWen。

切实可行的政策"。① 新古典综合学派代表人物萨缪尔森指出,"围绕收入分配的问题在全部经济学中是最具有争论性的"。② 从古典经济学诞生到20世纪20年代的150年间,西方经济学者的"分配理论"主要局限于初次分配,即收入在土地、劳动、资本等要素之间进行的分配以及这些要素的定价。要素分配份额理论虽然在经济中起着必不可少的作用,但其意义主要在于资源的有效配置,而不是出于分配公平与正义的理论③。自20世纪中期以来,收入分配研究的重点逐步转向个人收入分配理论,即从国民收入在工资利润间的分配转向个体之间收入分配不平等的研究。政府可以采取许多政策措施,如税收、转移支付和最低工资等手段,将收入分配差距控制在一定范围之内,实现社会公平。

2. 税前收入不平等的变化趋势

根据国际货币基金组织IMF统计,2011年全球183个国家的GDP排名中,中国以72981.47亿美元位列第二,日本以58694.71亿美元位列第三,两国GDP差额接近排名第六位的澳大利亚(14882.21亿美元),中国已经稳居世界第二大经济体;中国人均GDP为5414美元,按照世界银行对世界各国经济发展水平的划分标准,中国已经进入了中等偏上收入国家行列。随着城镇居民收入快速增长,以工资为主的收入结构虽未发生根本性变化,但是各阶层收入差距分化严重。一般成熟的经济体内财富集中度为5%的家庭掌握50%—60%的国民财富,但是中国1%的家庭掌握了全国41.4%的国民财富,财富集中度远远超过了美国,成为全球贫富两极分化最为严重的国家之一④。衡量收入分配差异状况或不公平程度的基尼系数(Gini)从2000年开始已连续15年超过国际公认的0.4警戒线。

---

① [美]刘易斯:《发展计划》,何宝玉译,北京经济学院出版社1988年版,第78页。
② [美]保罗·A.萨缪尔森、威廉·D.诺德豪斯:《经济学》(第12版),高鸿业等译,中国发展出版社1992年版,第931页。
③ 万莹:《缩小我国居民收入分配差距的税收政策研究》,中国社会科学出版社2013年版,第1页。
④ 夏业良:《中国财富集中度超美国,1%的家庭掌握全国41%的财富》,《财经国家周刊》2010年第13期。

1995—2014 年，Gini 从 0.389 上升到 0.469，其中 2008 年为区间内极大值 0.491，收入差距过大。与 OECD 35 个成员国相比处于"收入不平等金字塔"接近塔尖处（见图 1）。

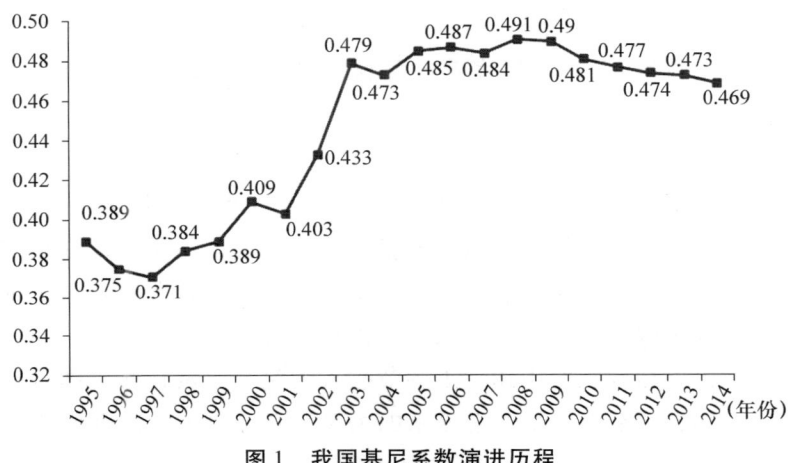

图 1　我国基尼系数演进历程

一般而言，一个国家经济高速发展进程中伴随着基尼系数较高的现象较为普遍，是市场资源自发配置的必然结果。但是，现实生活切身感受到的收入差距扩大和贫富悬殊在一定程度上改变了人们的"世界观、人生观、价值观"，成为一系列社会问题层出不穷的症结所在，加之制度、政策、措施的难以跟进，就会使这种差距变成阻碍经济增长方式转变、制约社会发展的"毒瘤"，也会使我国是否会跌入"中等收入陷阱"的讨论变为既定事实。

3. 解决收入不平等的政策出路

对于凸显的收入分配差距问题，我国学术界从地区间经济发展不平衡、收入分配秩序混乱、灰色收入难以规范、财产收入来源不明、非税收入过高等方面深层次地剖析了收入分配差距扩大的成因，以寻求行之有效的解决途径。然而，现实中竞争性市场机制实现帕累托最优资源配置所要求的条件和环境不存在，使得市场机制缺乏效率。即使不存在公共物品、外部性、失业、通货膨胀、垄断等因素，依靠市场经济自发实现的帕累托最优，也只是实现了损害公平的低效率。正是因为市场机制在资源配置、经济稳定和收入分配等领域存在着失灵，使得政府干预有了合理的理论依据。为此，党中央和国务院高度重视，多次研究部署相应对策以缓解和缩小收入分配差距，提出"更好地发挥政府对收入分配的调控作用，规范收入分配秩序，增加低收入者收入，调节过高收入……"[①]，政府调控的重要手段"税收（特别是个人所得税）"应通过完善自身制度强化收入再分配功能，为实现中国梦做出应有的贡献。

4. 个人所得税的实际角色

个人所得税自1799年英国创立以来，至今只有200多年的历史，虽然在第一次世界大战前后被西方各国普遍引进，但是，却在第二次世界大战期间得以迅速发展（筹集战时资金），并成为战后重要税种之一。究其原因，不仅在于个人所得税具有稳定的收入来源，而且拥有累进性税率结构、费用扣除等调节收入的税制要素，可以随着经济波动而影响、调节总供给与总需求的关系，对经济的波动和收入的不平等起到自动调节的作用，被称为"自动稳定器"。国际上，由于发达国家普遍实行有利于调节的综合计征方式，使得个人所得税对收入不平等的调节作用突出。但是，由于发展中国家征管水平的限制、累进性程度不高等，使得个人所得税的调节作用较低甚至出现逆向调节。

我国从1980年制定个人所得税法，到1994年"三税"合一，再到2011年税法的第六次修订，其目的都是坚持"公平"原则，降低低收入税负，调节高收入。但是，"效率"原则却一直扮演着主要的角色，从宏观看，税收规模从1981年的500万元，以年均52.6%的增速扩大到2014年的7376.57亿元；占税收和GDP的比重分别从不足1%和0.15%增长到6%和1%。2014年，个人所得税成为继增值税、企业所得税、营业税和消费税后的第五大税种。从微观看，1995—2011年，城镇居民人均个人所得税支出以年均20%的增长速

[①] 《关于深化收入分配制度改革若干意见的通知（全文）》，人民网，http://finance.people.com.cn/n/2013/0206/c1004-20444614.html，2013年2月6日。

度（剔除极端值后的增速）从 0.88 元增加到 169.29 元[①]。

虽然，我国个人所得税收规模急剧扩大，但是个人所得税的再分配功能却明显较弱；国内研究将效应不足的原因归结为快速增长的税收规模还不足以达到有效的调节效果。但同时又缺乏实证研究形成的客观的、数量化的现实依据，加之征管水平的条件限制，使得我国个人所得税政策调整不能准确地反映国情对现实的需要。

二 研究意义

基于以上研究背景分析，以税前收入分配不平等为逻辑起点，本书试图对个人所得税收入再分配的影响机理、影响方向、数量程度和效应挖掘做细致研究，从国际借鉴的角度，选择最优所得税模式的国家进行再分配效应比较，以寻求解决我国个人所得税改革的瓶颈。因此，本书的研究意义主要体现在理论和实践两个方面。

1. 理论意义

首先，将收入分配差距控制在一定范围内，是全面实现小康社会、构建和谐社会、消除贫困、实现中国梦的前提条件和主要任务之一。如何通过税收手段缩小收入分配差距，实现不同阶层间的公平协调发展是亟待解决的现实问题之一。个人所得税作为一种重要的政策工具，不仅能够提高我国财政支出能力，而且能够缩小收入分配差距，有利于社会稳定和经济健康发展。

其次，对个人所得税调控机制进行有益的补充，运用生产函数来考察个人所得税再分配的作用机理，对税收调节收入分配的有效性条件进行理论论证。

最后，在现有效应方法论上进行了有意义的扩充尝试，并运用数据进行检验，尽可能从国际差异角度刻画我国个人所得税存在的不足。

2. 实践意义

首先，有助于"理性"认识个人所得税对收入分配的调节作用，

[①] 数据来源：《中国税务年鉴》（1993—2015）。

个人所得税具有收入的再分配功能，可以在一定程度上改善初次分配造成的不公平，但是个人所得税不是万能的，国民收入的再分配环节不能只依靠个人所得税，必须有调节存量收入的财产税和对低收入群体的转移支付相配合，多种政策共同作用以更好实现再分配的调节效果。

其次，如何评价当前我国个人所得税的再分配效应对于今后个人所得税改革至关重要。为个人所得税计征模式的改变提供一定的现实依据，同时厘清了"综合与分类相结合的计征模式"所需要的税收征管条件。

第二节 相关概念界定

本书主要涉及的概念有税前收入不平等、洛伦茨拟合曲线、平均税率、税收累进性、个人所得税再分配效应、理论税收规模、个人所得税再分配效应损失、综合与分类相结合的计征模式等。

1. 税前收入不平等

税前收入是指居民扣除个人所得税前所获得的全部收入，即居民总收入。由于城镇居民是个人所得税的主要纳税人群，所以本书所指的收入均为城镇居民获得的各类收入。税前收入不平等是劳动者从国民收入初次分配中获得的劳动力要素报酬，由于存在着劳动力初始禀赋不同，行业、地区间经济发展不平衡等因素造成个体间存在不合理的收入差距。

2. 洛伦茨拟合曲线法

洛伦茨曲线是衡量收入不平等的重要指标，也是计算基尼系数的前提条件。由于洛伦茨曲线没有统一的量测方程，现存的几何计算法、间接拟合法和曲线拟合法得出的洛伦茨曲线精确度不同。一般来说，拟合曲线法不仅适合分组数据，而且精确度高于其他两种方法，但是计算要求最为严格，数理分析难度和工作量较大，国内鲜有使用。由于我国个人所得税再分配效应数量程度较低，精确度要求较高，为此，选择曲线拟合法作为衡量洛伦茨曲线的方法。

3. 平均税率

平均税率即税收负担，是一单位收入中所负担的税收额，是衡量税负程度的重要指标。本书从宏观税率和微观税率两个层面论述平均税率，宏观平均税率是指个人所得税占 GDP 的比重，是衡量整体税负的指标。微观税率是指各阶层缴纳的个人所得税占其收入的比重，是衡量税收累进性和再分配功能的指标。本书中如果没有特别说明，平均税率视同于微观平均税率。

4. 税收累进性

税收累进性是指税收具有"公平"功能，即税收具有缩小收入分配差距的能力，但是缩小程度不明确。税收累进性体现的是一种税制的效果，是全局性的概念①。一般来说，税收累进性是税收（正向）再分配效应的必要条件。如果一个税种征收的结果是提高了税后收入的公平性，则表明这个税收是累进的。与税收累进性相似的概念就是累进税。累进税是某个税种依靠累进税率结构设计而具有了累进性，不同的收入水平适用不同的税率，收入水平和税率都呈现递增排序，体现了"支付能力"原则。具有超额累进税率的个人所得税是典型的累进税，收入越高税率越高。由于，税收累进性和累进税的结果是一致的，因此，本书不做严格区分，并可相互替代。

5. 个人所得税再分配效应

个人所得税再分配效应（RE）是指个人所得税对收入分配的数量改变程度。本书在使用再分配效应的同时，还使用"缩小（调节）收入分配差距""个人所得税（收入）公平功能""再分配功能的实现"等作为替代。在对个人所得税再分配效应进行定性分析时使用洛伦茨拟合曲线法；定量分析时使用基尼系数法、泰尔熵指数法和不良指数法，以全面衡量各阶层的个人所得税再分配效应。

6. 理论税收规模

为了研究个人所得税再分配效应的损失程度，使用"理论税收规模"的概念来表述税收政策应达到税收规模，是实际税收规模（个人所得税的实际征收额）和非税收政策导致的税收流失规模的总和，由于造成税收流失的因素较多，也非本书的研究重点，因此对造成税

---

① 戴平生：《税收累进性测度的改进：方法、比较和研究》，《数量经济技术经济研究》2014 年第 2 期。

收流失规模的因素不加以区分，认为税收流失是税收征管不利的结果。

7. 个人所得税再分配效应损失

研究个人所得税税收流失造成的效应损失时，将理论税收规模下的再分配效应与实际再分配效应的差额作为税收流失的再分配效应，定义为再分配效应损失，用绝对值和相对值衡量。

8. 综合与分类相结合的计征模式

我国现行个人所得税是典型的分类计征模式，对个人所得税的改革方向是建立综合与分类相结合的个人所得税制度。本书将现有的 11 个税目进行归类，并扩大税基至资本所得和部分转移性收入。将纳税人除了资本所得和偶然所得（分类计征）外的收入，全部纳入综合范围按照累进税率和综合费用扣除标准计算应纳税额。其中，综合计征的税目越多，税收的再分配功能越强，对税收征管的要求也就越高。

第三节　研究方法和研究内容

一　研究方法、工具与数据选取

本书的研究目的是在税前收入不平等持续扩大的背景下，分析个人所得税再分配效应的数量程度。选用的具体研究方法、工具与数据如下：

（一）研究方法

1. 文献分析法

在对所得税再分配功能、再分配效应的方法论、不同计量模型的再分配效应等研究的搜集、分析和归纳的基础上，研究个人所得税再分配效应问题。

2. 数量方法

（1）拟合函数法

运用曲线拟合法对微观收入分布散点进行拟合，以求得精确的洛伦茨曲线和税收集中度曲线，减少测量误差。

（2）指标测量法

运用指标测量法测算各类税前收入不平等指数；个人所得税的累

进性，如平均税率累进性 ARP、边际税率累进性 MRP、应纳税额累进性 LP、剩余收入累进性 RIP、K 指数、S 指数、KP 指数等；个人所得税再分配效应 RE 等。

（3）计量模型

运用 VAR 向量自回归模型分析各影响因素对再分配效应的贡献程度；运用波动理论的趋势分解分析个人所得税和我国整体税制的公平性；通过模型构建分析个人所得税的效应损失。

3. 比较研究与数量方法相结合

通过构造差异模型，对比分析不同计征模式下的中美两国个人所得税再分配效应差异程度。

（二）研究工具

利用工程统计软件 Matlab 7.0 编制拟合程序，拟合税前、税后洛伦兹曲线，税收集中度曲线，使用专业绘图软件 Origin 7.5 作为计算和绘图工具，使用 Eviews 7.0 进行计量模型的推演。

（三）数据选取

本书主要使用宏观经济数据和微观调查数据。宏观数据主要来源于：《中国统计年鉴》《中国税务年鉴》《政府财政统计年鉴》《国际金融统计年鉴》、中经网数据库、OECD 数据库、美国国税局（Internal Revenue Service）、世界银行数据库、IMF 统计数据库等。微观数据主要来源于：《中国城市（镇）生活与价格年鉴》《中国住户调查年鉴》、CHIPS、CHNS、Wind 等。另外，部分数据借鉴了已有文献，力图对我国个人所得税的再分配效应问题展开全面、深入的研究。

二 研究内容

为了研究我国个人所得税是否能够有效缓解居民收入差距扩大的问题，本书以税收再分配理论、收入不平等方法论和再分配效应方法论为基础，展开深入研究，具体内容安排如下：

导论：首先，从"收入分配"的理论地位、税前收入不平等的变化趋势、解决收入不平等的政策出路、个人所得税的实际角色四个方面，论述了个人所得税再分配效应的研究背景、理论和实际意义；然后，对本书频繁出现的相关概念进行界定，介绍了本书选用的研究方法、研究工具与数据来源，并以技术路线图的形式展现了研究思路；最后，总结了本书的主要创新点和不足。

第一章　文献综述与理论分析：主要介绍支撑本书的已有研究、税收再分配理论，运用C—D函数论证税收再分配的作用机理。

第二章　税前收入不平等的检验：税前收入不平等的定性定量分析是个人所得税再分效应研究的逻辑起点，也是个人所得税介入收入再分配的现实依据。从税前收入不平等的动态趋势入手，运用洛伦茨曲线拟合法、基尼系数法、泰尔熵指数法、等分法和收入不良指数法研究整体收入、各阶层之间和内部收入不平等的数量程度和变化趋势，并与发达国家税前收入不平等进行比较。

第三章　个人所得税与再分配：事实与特征：对我国个人所得税的发展进程与各阶段的收入不平等进行匹配；在实证解析个人所得税地位的基础上，对影响税收政策发挥空间的内因——税制特点是否具有再分配功能进行论述。

第四章　个人所得税再分配效应的检验：在对税前收入不平等和个人所得税税制要素进行分析的基础上，运用税前税后洛伦茨曲线法、基尼系数法、泰尔熵指数法，开拓性地使用税前税后收入不良指数法对个人所得税再分配效应RE进行测算，考察个人所得税是否具有"公平"功能，以及多大程度地缩小各收入阶层间收入差距，这不仅是对再分配功能的检验，也是为政策制定者提供决策支持的关键。

第五章　基于KP指数的个人所得税再分配效应分析——兼论税制公平性：本章是对微观数据不足的一个补充。由于我国近4年微观税收数据缺失，税收累进性的趋势不能有效更新，选用对数据要求较低的KP指数法弥补这一不足。KP指数法不仅可以使用宏观数据测量累进性，而且可以衡量整体税制和单一税种的累进性。本章运用波动理论、滤波技术、累进性判定规则构造实证模型，注入公平性假设，对1994—2014年整体税制、流转税、所得税和各税种的累进性进行判定，以确定我国整个税制和起关键性收入再分配的税种是否具有再分配功能。

第六章　基于因素分解的个人所得税再分配效应分析——税收规

模的决定性贡献：本章的目的是确定影响个人所得税再分配效应的决定性因素。运用VAR模型和方差分解，为平均税率、税收累进性和税收规模对个人所得税再分配效应的贡献程度进行排序，以挖掘三因素中的"决定性"因素，为改善个人所得税再分配效应提供数据支持。

第七章 基于理论税收规模的个人所得税再分配效应分析——税收流失的效应损失：在确定税收规模的"决定性"贡献的基础上，挖掘税收征管的效应潜力。利用改进的税收能力测算模型，构建个人所得税税收损失模型、个人所得税再分配效应损失模型、税收累进性损失模型，对个人所得税的效应损失进行实证分析，为征管水平的提升提供决策上的数量支持。

第八章 基于不同计征模式的中美个人所得税再分配效应差异分析：在不同计征模式下，通过构建差异模型（GAP模型、量测模型和差距判定规则），分析中美两国个人所得税再分配效应数量差异及其原因。

第九章 基于提升再分配效应的个人所得税改革升级研究：在总结全文实证观点的基础上，从提升再分配效应角度（计征模式改变和税收征管水平提高）对个人所得税改革进行升级。从税目安排、扩大税基、费用扣除设置、纳税人身份选择、优化税率结构、税收指数化等综合设计和分类设计，并结合征管水平的升级，全面规划了综合与分类相结合的个人所得税制度；在已具备或将具备的税收征管条件下，提出了可供实施的分步改革设想。

三 研究思路和技术路线

1. 研究思路

本书的研究思路是在国内外研究现状、税收再分配理论、收入不平等方法论和再分配效应方法论的基础上，运用多种数量方法，全面探讨个人所得税的再分配效应以及影响因素，从提高再分配效应角度提出个人所得税改革升级的对策建议。

本书采取的研究思路如下：

税前收入不平等的数量程度（逻辑起点）→个人所得税的税制要

素设计是否具有公平性（个人所得税的累进性特征）→个人所得税的"公平"力度有多大（效应的检验）→影响公平力度的因素贡献排序（税收规模的决定性贡献）→挖掘决定性因素的效应潜力（税收流失的效应损失）→计征模式改变是否具有增强效应的能力（中美对比）→提升效应应具备的税制特色（由实证结论提出措施建议）。

2. 研究技术路线

根据研究思路，绘制出本书相应的技术路线图（见图2）。

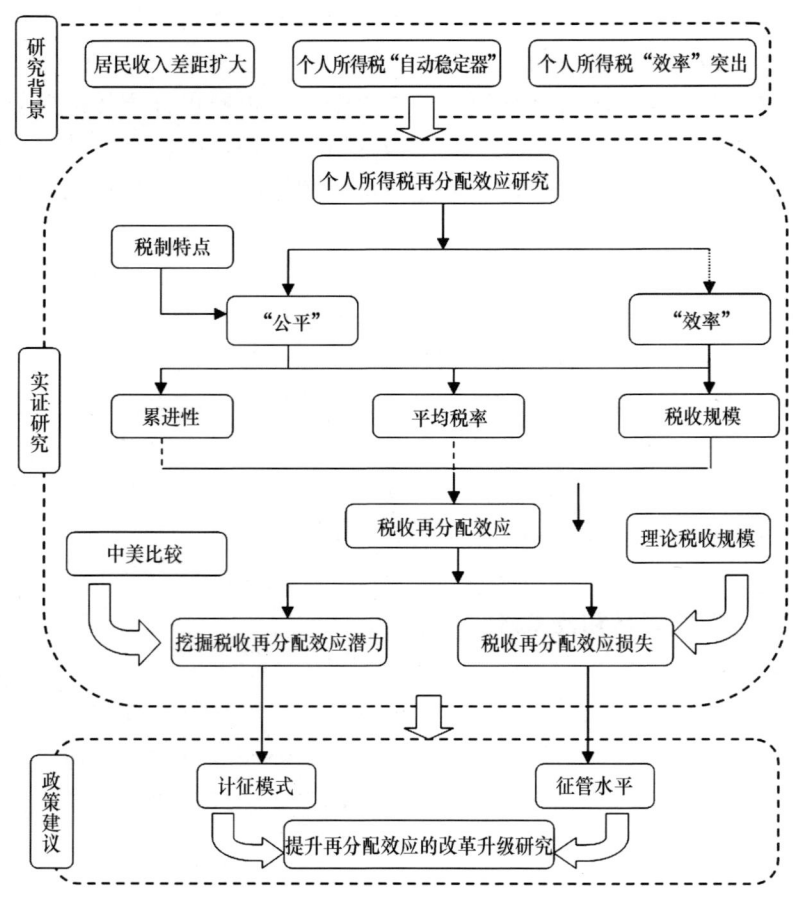

图2 研究的技术路线

第四节 研究创新

本书的创新点主要体现在：

1. 研究视角的创新

以往国内研究个人所得税再分配效应时过多地关注累进性及其分解，这是因为只有当税制是累进的时候，税收才具有缩小收入分配差距的功能。累进性税制条件下，平均税率是个人所得税公平功能实现的决定性因素，但是现有研究没有对平均税率及其分解的再分配效应贡献分析。本书是一种研究视角的创新。

2. 研究方法的创新

一是首次将拟合函数运用到个人所得税再分配效应的研究中，提高了研究的精确度，在一定程度上弥补了国内数据样本点不足造成的测量误差。二是运用并未广泛使用的 KP 指数法，更新了我国个人所得税累进性的动态趋势，弥补了我国微观数据缺失造成的不足。三是运用实证研究的方法比较不同计征模式国家间的个人所得税再分配效应的数量差异，为决策者提供了税制改革的方向。

3. 研究内容的扩展

一是通过模型测度了影响个人所得税再分配效应内在因素的贡献程度和方向，用数量形式确定了税收规模的"决定性"地位，扩展了个人所得税再分配效应的研究。二是在消化吸收升级税收收入能力模型的基础上，通过构造理论再分配效应模型，测算出个人再分配效应损失，填补了我国个人所得税效应损失研究的空白，为决策者提供了挖掘个人所得税再分配效应的空间。三是针对个人所得税计征模式改革的难易程度，提出了改革升级的分步实施设想，为我国个人所得税改革提供了重要的参考价值。

第一章　文献综述与理论分析

国外对个人所得税再分配的相关研究由来已久，无论是理论研究还是实证研究，都取得了较为丰富的成果。相比较而言，我国起步较晚，依然处于引进、消化和吸收阶段。

本章在文献梳理和分类的基础上，总结了国内研究的不足。然后，以三个目标税收理论作为税收再分配的理论基础。最后，以C—D生产函数推导出税收调节收入分配的作用机制。

第一节　文献综述

国外对于税收再分配的研究不仅仅局限于经济学领域。管理学、社会学等领域的学者对税收再分配问题都做了大量的研究，特别是对税收的再分配理论以及方法论的研究最为详细和完整。在对以往国内外文献进行梳理的基础上，将税收再分配效应的研究分为三个方面：第一，所得税的再分配功能之争；第二，税收再分配效应的方法论研究；第三，个人所得税再分配效应的实证研究。

一　国外研究综述

缓解收入不公平是经济学界一直密切关注的研究领域，利用税收手段对个人财富或者收入进行调节，缩小收入不公平的扭曲程度，成为累进性所得税以及税制改革的研究重点。通常来说，个人所得税、社会保障税、财产税、遗产税和赠与税等各个税种的综合作用才能够达到良好的调节效果，其中个人所得税是对流量收入调节的有力工具，财产税、遗产税和赠与税是对存量财富调节的有力工具。

第一章 文献综述与理论分析

（一）所得税的再分配功能之争

大多数经济学家认为，所得税体现公平原则的累进性税制设置，能够较好地实现调节收入分配的功能。部分学者认为累进性的个人所得税对经济效率产生了极大的损失，抑制了劳动的增长速度，不利于劳动者的福利改进和高收入群体的纳税遵从，提高了征税成本，降低了征税效率。

1. 所得税具有再分配功能

主张个人所得税具有实现收入公平功能的学者认为，所得税的累进税率制度能够成为调节收入特别是高收入者收入的有效手段，依靠税收能够达到收入分配的结果公平，即人们在不同的机会或同等机会中取得的可支配收入大致平等[1]。这一主张的代表学者有配第、萨伊、凯恩斯、马歇尔等。

威廉·配第（Willim Petter）（1662）是最早提出"税制公平原则"的经济学家，在其著作《赋税论》（关于税收与捐献的论文）中分析了英国重商主义下的关税、人头税、国内消费税和什一税等主要税种存在的弊端，并在此基础上提出了税制设置的四原则，即"公平、确实、便利、节省"。他认为人头税不是按照"公平"和"确实"的原则来征收，能力不同的人却缴纳相同的人头税，其后果就是"越穷的人，课税越重[2]"。为此，配第提出纳税额应随人们能力的高低而不同。随后，古典经济学派代表人物让·巴萨斯特·萨伊（Jean Baptiste Say）（1803）认为仅仅对收入按照平均税率课税有失公平，对具有较高收入的富人征收的税额就应该比低收入人群征收的税额高，同时他认为除非税率是累进的，否则平均税率的设置不具有公平功能[3]。社会政策学派代表人物阿道夫·瓦格纳（Adolf Wagner）（1872）在其著作《财政学》中主张税收政策原则应为"四目九项"，税收负担应该是每个社会成员按纳税能力大小承担税负，纳税原则应

---

[1] 郭庆旺、赵志耘：《财政学》，中国人民大学出版社2002年版，第397页。

[2] ［英］威廉·配第：《赋税论》，马妍译，中国社会科学出版社2010年版，第65—70页。

[3] ［法］让·巴萨斯特·萨伊：《政治经济学概论》，陈福生、陈振骅译，商务印书馆1998年版，第400—410页。

该遵循"普遍原则"和"平等原则",以体现横向公平和纵向公平,累进性的所得税可以实现财富分配的调节功能①。

弗里德里希·冯·维塞尔(1884)在继承和发展了门格尔"主观价值论"的基础上,提出了消费的"边际效用"②概念。随后,边际效用学派将其发展为成熟的经济理论——边际效用理论,并扩展到收入分配领域,为税收能够实现收入公平提供了有力的理论支持。新古典经济学派创始人阿尔弗雷德·马歇尔(1890)在边际收益递减规律的基础上提出了应对富人征收累进税,其原因是富人每单位收入增加带来的幸福感低于穷人的幸福感③。阿瑟·塞西尔·庇古(Arthur Cecil Pigou)(1920)按照边际收益递减规律进行研究发现,总的社会效用通过把高收入者(其边际效用低)的收入转移给低收入者(其收入的边际效用高)而增加。因此,政府应当用税收从高收入者那里取得一部分资源,并转移给低收入者④,就能够实现整个社会福利的最大化,这样政府通过累进性的所得税就实现了公平课税⑤。政府干预经济学派的主要代表人物约翰·梅纳德·凯恩斯(John Maynard Keynes)(1936)从边际消费倾向递减规律出发,提出改革税收制度以达到改善收入分配、提高社会边际消费倾向的目的,税制结构应以累进税率的所得税系为主,其主要税种为个人所得税、资本利得税和遗产税⑥。

制度经济学派早期代表人物约翰·洛克斯·康芒斯(John Rogers Commons)主张对应税收入分类征收,他将收入划分为劳动收入、投资收入、地租收入,不同的收入都按照累进税率征收,但累

---

① 王传纶、高培勇:《当代西方财政经济理论》,商务印书馆1998年版,第231—240页。
② [奥]弗里德里希·冯·维塞尔:《自然价值》,陈国庆译,商务印书馆1982年版,第56—70页。
③ [英]阿尔弗雷德·马歇尔:《经济学原理》(全两卷),朱志泰、陈良璧译,商务印书馆1964年版,第95—100页。
④ 郭庆旺、赵志耘:《财政学》,中国人民大学出版社2002年版,第398页。
⑤ [英]庇古:《福利经济学》,朱泱、张胜纪、吴良建译,商务印书馆1998年版,第400—410页。
⑥ [英]约翰·梅纳德·凯恩斯:《就业、利息和货币通论》,高鸿业译,商务印书馆2005年版,第227—235页。

进税率的结构有所不同，分别设置最低、中等、最高且累进的税率①。新制度学派代表人物约翰·肯尼斯·加尔布雷斯（John Kenneth Galbraith）对一元经济结构和二元经济结构中的居民收入不平等程度进行对比发现，二元经济结构存在的居民收入不平等程度要远大于一元经济结构，在对居民不平等产生的原因进行梳理时发现，权利的不平等是收入不平等的根源，由此在税制上主张累进税，在税收优惠上应偏向低收入群体，对高收入群体不应该制定税收减免政策②。

不少学者在认可所得税具有收入再分配功能的前提下，提出将所得税与转移支付结合起来最大化地实现收入再分配功能，同时也认识到累进税制会带来经济效率的损失。现代财政学之父理查德·阿贝尔·马斯格雷夫（Richard Abel Musgrave）认为调节收入再分配的财政政策中，累进所得税、转移支付（对低收入家庭给予补助）、对高消费商品课税（消费税）并补贴消费品给低收入者是最直接的调节手段，其调节效果最为有效③。新古典综合学派代表人物保罗·萨缪尔森（Paul Samuelson）（1948）认为，累进性的个人所得税的确具有良好的收入分配功能，但是，当累进性税种和累退性税种同时存在于一个税制体系时，所得税的累进性在一定程度上就容易被累退性的税种（如增值税）所抵消，而转移支付能够作为有效补充，以更好地实现缩小收入分配差距的目的。同时，他发现利用累进性所得税对收入进行再分配不是零成本的，社会经济会为此损失效率④。新凯恩斯学派代表人物约瑟夫·斯蒂格利茨（Joseph Stiglitz）（1993）认为较高的累进税率能够将较多的收入用来进行再分配，高收入群体负担了绝大部分的所得税，然而较高税率的累进性设置在一定程度上损失了经济

---

① [美]约翰·洛克斯·康芒斯：《制度经济学》（上、下册），于树生译，商务印书馆2009年版，第369—372页。
② Jacqueline Bloom Stanfield, James Ronald Stanfield, *John Kenneth Galbraith*, New York: Palgrave Macmillan, 2011, pp. 124–155.
③ [美]理查德·A. 马斯格雷夫、佩吉·B. 马斯格雷夫：《财政理论与实践》（第五版），邓子基、邓力平译，中国财政经济出版社2003年版，第79—80页。
④ [美]保罗·萨缪尔森、威廉·诺德豪斯：《经济学》（第19版），萧琛译，商务印书馆2014年版，第299—300页。

效率①。

2. 所得税不具有再分配的功能

反对赋予所得税调节收入分配功能的学者认为，公平和效率（发展）不可同存，机会公平（人们都以相同的初始条件获得收入）比结果公平更重要。此外，累进税率设置损害了经济效率。

自由经济学派创始人亚当·斯密（Adam Smith）（1776）认为效率是一切经济活动的中心，主张自由竞争、自由放任，政府不应参与市场活动，应让市场这只"看不见的手"自动调节经济；税收不应干预社会财富的分配，对收入分配的调节应处于市场对生产要素的分配之后；个人所得税应按照比例税率进行设置②。新自由经济主义学派代表人物米尔顿·弗里德曼（Milton Friedman）（1962）同样反对税收作为调节收入分配的手段，他认为累进所得税的税率设置不仅会驱使纳税人寻求税收"回避"，产生税收"漏洞"，而且极易阻碍"高税收"行业的发展，干涉居民个人经济自由，这两种因素的存在，不能确定累进所得税是缓解还是加剧了收入分配的不平等。据此，他提出了"负所得税理论"。"负所得税理论"是把所得税分为正所得税和负所得税，正所得税是指对收入高于一定水平的群体征收所得税，即正的所得税；对收入低于一定水平的群体以提供补助（现金），即负的所得税。从定义可以看出，负所得税实质上是转移支付的一种形式。这种负所得税的优点在于尊重低收入消费群体的消费偏好以实现消费需求，提高低收入者的福利水平③。巴斯泰布尔认为平等的纳税"应该在避免无规律累进税的危险同时考虑维持牺牲的平等"④。在对所得税的税制设置上，确定免税额，对高于免征额基础上的所得部分按照比例税率纳税，低于免征额的部分不予以纳税。罗伯特·兰普曼（Robert J. Lanpman）认为"税收制度对于富人向穷人

---

① [美] 约瑟夫·斯蒂格利茨：《经济学》，梁小民、黄险峰译，中国人民大学出版社 2000 年版，第 375 页。
② [英] 亚当·斯密：《国富论》，谢祖均译，商务印书馆 2007 年版，第 99—135 页。
③ [美] 米尔顿·弗里德曼：《资本主义与自由》，张瑞玉译，商务印书馆 1986 年版，第 169—172 页。
④ 武普照：《近现代财政思想史研究》，南开大学出版社 2010 年版，第 154—169 页。

的收入再分配只起到轻微的作用，而政府支出在这方面所起的作用则明显得多"①。弗里德里克·哈耶克认为一个高累进税率的税制结构，是对劳动者自由的过度干预，加重了高收入阶层的税收负担，阻碍了资本的合理流动，扭曲了经济激励机制，其结果就是纳税阶层的劳动意愿降低，使得工作的替代效应"闲暇"增加，影响了经济的发展②。波斯纳认为累进所得税产生了严重的管理成本，激励了偷逃税，增加了法律和会计费用。桑德森（Sanders）认为累进性的所得税制对扭转收入不公平没有任何可为之处，税制中含有的各种累退性税种抵消了所得税的累进性，造成了累退性所得税设置的无效，反而会影响经济效率。

除了影响经济效率外，对累进所得税持否定态度的学者（Simons③，1938；Sharpe④，2003；Bird et al.⑤，2005；Aaberge et al.⑥，2012）认为累进性所得税设置税收优惠部分抵消了调节收入分配差距的效果，加上高税率产生的偷逃税行为又进一步抵消了调节效果，侵蚀了税基，削弱了纳税人的纳税遵从度，诸多因素加在一起，使得累进性所得税不仅没有起到调节收入分配的作用，还造成了社会资源的浪费。

（二）税收再分配效应的方法论研究

西方学者对税收再分配效应的方法论研究可以分为税收再分配效应和税收累进性研究。

1. 税收再分配效应方法论

Musgrave 和 Thin（1948）在 Pigou（1928）"税收累进性"⑦ 和

---

① 约翰·伊特维尔、默里·米尔盖特：《新帕尔格雷夫经济学大辞典》（第四卷），陈岱孙译，经济科学出版社1996年版，第213页。

② 冯兴元、魏志梅：《哈耶克的税制效率与公平原则思想及其现实意义》，《税务研究》2000年第8期。

③ Simons, H., *Personal Income Taxation*, Chicago: University of Chicago Press, 1938.

④ Sharpe, A., "Linkages between Economic Growth and Inequality: Introduction and Overview", *Canadian Public Policy*, 2003, 29 (sl), pp. 1 – 14.

⑤ Bird, R. M. and Zolt, E. M., "The Limited Role of the Personal Income Tax in Developing Coutries", *Journal of Asian Ecomomics*, 2005, 16 (6), pp. 928 – 946.

⑥ Aaberge R., Colombino U., "Accounting for Family Background When Designing Optimal Income Taxes: A Microeconometric Simulation Analysis", *Journal of Population Economics*, 2012, 25 (2), pp. 741 – 761.

⑦ Pigou, A. C., "An Analysis of Supply", *Economic Journal*, 1928, 38, pp. 238 – 257.

Hugh Dalton (1932)"税收对分配的影响[①]"的研究基础上，提出了有效累进性 (Effective Progressivity) 的具体概念[②]，将有效累进性定义为与比例税制相偏离的程度。简单地说，随着收入的增加，对应的税率也随之提高，可以用税前税后洛伦茨曲线积分的比值来衡量有效累进性或税收再分配效应，这样就将累进性与收入分配联系起来。由于洛伦茨积分值不易观测，使用收入不平等的基尼系数作为替代，其判断标准为，如果税后基尼系数变小，则表明税收是累进的，收入分配的不公平就得到了改善。Kakwani (1977) 认为 Musgrave 等 (1948) 的有效累进性概念不是税收的累进性[③]；用基尼系数替代洛伦茨曲线积分是不正确的，因为洛伦茨曲线积分是收入的绝对非平均线与绝对不平均直角折线围成的面积，而基尼系数是绝对平均线与绝对非平均线围成的面积，但是这个错误并不改变税收再分配效应的结论，这样，对税收累进性的衡量实质上就是税收再分配效应的衡量[④]。他认为税收再分配效应可以被分解为平均税率和税收累进性，并提出了税收再分配效应指数，将税收再分配效应与税收累进性联系起来。

　　Uusitalo (1985) 指出，税后基尼系数更多的是对中等收入群体收入再分配效应的测量，对高、低收入群体之间以及各群体内部的收入差距不能有效衡量。此外，他发现，如果基尼系数的微观信息不足，会使得在衡量某一变量影响收入分布的位置和程度时缺乏精确估计的能力[⑤]。为了消除基尼系数对高低收入群体的有效测量缺失，Shorrocks (1984) 以泰尔熵指数为基础，提出了税收再分配效应的泰

[①] Hugh Dalton, *Principles of Public Finance*, London: George Routledge & Sons, Ltd., 1932, p. 246.

[②] R. A. Musgrave, Tun Thin, "Income Tax Progression, 1929 – 1948", *Journal of Political Economy*, 1948, 56 (6), pp. 498 – 514.

[③] Kakwani, N. C., "Measurement of Tax Progressivity: An Internationa Comparison", *Economic Journal*, 1977, (87), pp. 71 – 80.

[④] Kakwani (1986) 肯定了这一说法，之后的研究中将 MT index 作为税收再分配效应的衡量。

[⑤] Uusitalo, H., "Redistribution and Equality in the Welfare State: An Effort to Interpret the Major Findings of Research on the Redistributive Effects of the Welfare State", *European Sociological Review*, 1985, 1, pp. 163 – 176.

尔熵指数 T 和 L，用以衡量高低收入群体之间的税收再分配效应①。Baum（1987）提出了相对份额调整指数，衡量税负在不同收入组的分布状况，从而将微观信息注入了税收再分配效应的衡量②。

2. 税收累进性方法论

税收累进性是税收再分配效应研究中最核心的概念，西方学者侧重于累进性及其分解的方法论研究。经过不断探索，对累进性的研究形成了古典累进性测量法和现代累进性测量法，并以累进性研究为依托，对单一税种的累进性影响因素进行分解，以衡量不同因素对累进性的贡献程度。

Pigou（1928）最先研究了税收累进性的测度问题。他认为税收累进性可以表述为有效税率随着收入的增加而提高；累退性为有效税率随着收入的增加而下降；当有效税率不受收入变动的影响时，税收是比例的，并在此基础上提出了平均税率累进性（Average Rate Progression）和边际税率累进性（Marginal Rate Progression）两种计算税收累进性的方法。Siltor（1948）在 Pigou（1928）平均税率累进性的基础上，提出累进性是税率差与收入的比值③，这实质上是平均税率累进性公式的变形。Musgrave 等（1948）在总结了 Pigou（1928）平均税率累进性和边际税率累进性两种方法后，提出了另外两种衡量不同收入个体或群体的累进性方法——应纳税额累进性（Liability Progression）和剩余收入累进性（Residual Income Progression）；他将应纳税额累进性表示为应纳税额变化率与收入变化率的比值，这个表述实质上与收入的税收支出弹性相一致；剩余收入累进性是扣除税收后的税前收入变化率与收入变化率的比值。应纳税额和剩余收入累进性虽然使用了应纳税额和税后收入两种不同的因子，但是衡量累进性的结果完全相同。

---

① Shorrocks, A. F., "The Class of Additively Decomposable Inequality Measures", *Econometrica*, 1980, 48 (3), pp. 613 – 625.

② Baum, S. R., "On the Measurement of Tax Progressivity: Relative Share Adjustment", *Public Finance Quarterly*, 1987, (15), pp. 166 – 187.

③ Slitor, R. E., "The Measure of Progressivity and Build-in Flexibility", *Qurarterly Journal of Economics*, 1948, 62, pp. 309 – 313.

由于平均税率累进性、边际税率累进性、应纳税额累进性和剩余收入累进性都是衡量一个所得税制下不同个体或群体的收入，或者不同类型收入的累进性，却未涉及对整个税制累进性的判断，因此，都属于 Musgrave 等（1948）定义的古典累进性测量法。

由于古典测量方法缺少对整体税制或税种累进性的衡量，为此后的学者提供了研究的视角，现代累进性的测量方法应运而生，其代表有 Kakwani（1977）、Suit（1977）。

Kakwani（1977）在对 Musgrave 等（1948）"有效累进性"批判的基础上，仿照洛伦茨曲线提出了税收集中度曲线，将税收集中度曲线和税前收入洛伦茨曲线围成的面积，定义为 K 指数。随后，K 指数成为最被广泛使用的累进性测量指标。Suit（1977）对比基尼系数，将收入累计百分比和税收累计百分比作为两个变量绘制在同一个坐标轴内，从而得到了另一个测量税收累进性的方法——S 指数[①]。

此外，其他学者也提出了一些税收累进性的测量方法，如 KP 指数法。Kakinaka 和 Pereir（2006）将衡量两个均值差异序列的波动性程度——变异系数，运用到税收累进性的趋势性分析中，提出了一种不仅可以衡量税收体系的累进性，而且还可以衡量单一税种的累进性指标，波动性累进度指数——KP 指数[②]。KP 指数对数据的要求较低，运用已知的宏观数据就能够直接测算税收的累进性，计算较为简便。

从对税收累进性的方法论研究中可以看出，无论是古典累进性测量法，还是现代累进性测量法，都是从不同角度进行的研究，两种方法互为补充。古典累进性测量法是从收入角度，考察某种税收下不同收入群体或者不同类型收入对应的累进程度，可以较为直观地体现累进性在不同收入之间的变化趋势。而现代累进性是从税制整体或税种角度研究累进性，能够确定影响调节收入分配功能的关键因素。

伴随着税收累进性方法论的研究，利用累进性指标对税收体系及税种累进性贡献因子的挖掘也紧随其后。

[①] Suits, D. B., "Measurement of Tax Progressivity", *American Economic Review*, 1977, (67), pp. 747–752.

[②] Kakinaka, M. Pereira, R. M., *A New Measurement of Tax Progressivity*, GSIR Working Papers, 2006.

Kakwani（1977）认为，税收体系的累进性是各单一税种累进性的加权和，权数为各税种的平均税率与总税收平均税率的比率。Oberhofer[①]（1975）、Kakwani[②]（1984）、Pfahler[③]（1990）、Aronson 和 Lambert[④]（1994）、Lambert 等[⑤]（1997）等分别在前人研究的基础上完善了单一税种累进性的分解，将累进性分解为税制因素——排除项目（非应税所得）、免征额、税率结构、费用扣除。但是，迄今为止，作为侵蚀税基之一的偷逃税（与税收抵免作用类似）并未纳入分解因子，使得研究有更进一步的可能。

（三）个人所得税再分配效应的实证研究

国外学者在税收再分配效应方法论研究的基础上，以连续的、全面的、公开的微观收入数据（如各国税务部门统计数据、OECD 数据库、IMF 数据库、IU 数据库、卢森堡收入调查 LS 等）作为平台，运用税收再分配效应的测量指标或计量模型，对各国的税收再分配效应进行了大量的实证研究。对税收是否具有再分配功能的争论并未改变实证研究的结果，大部分的研究都认为个人所得税是收入分配最主要且最易使用的税收调节手段。

1. 税收再分配效应方法论的运用

Kakwani 和 Lambert（1998）以绝对差异法为衡量税收再分配效应的工具，对澳大利亚 1984 年的所得税收入数据进行了税收再分配效应的测算，发现澳大利亚所得税的再分配效应 RE 是 0.024。对影响收入公平的税收因素进行分析时发现，免税额、横向公平、税率结构

---

① Oberhofer，"The Redistributional Effect of the Federal Income"，*National Tax Journal*，1975，(28)，pp. 127 – 133.

② Kakwani, N.，"On the Measurement of Tax Progressivity and Redistribution Effect of Taxes with Applications to Horizontal and Vertical Equity"，*Advances in Econometrics*，1985，42 (2)，pp. 149 – 168.

③ Pfahler, W.，"Redistributive Effect of Income Taxation: Decomposing Tax Base and Tax Rates Effects"，*Bulletin of Economic Research*，1990，42，pp. 3307 – 3378.

④ Aronson, J. R., Lambert P. J.，"Decomposing the Gini Coefficient to Reveal the Vertical, Horizontal and Reranking Effects of Income Taxation"，*National Tax Journal*，1994，(2)，pp. 273 – 294.

⑤ Lambert and Ramos，"Horizontal Inequity and Vertical Redistribution"，*Intenational Tax an Public Finance*，1997，4，pp. 25 – 33.

三者共同抵消了再分配效应 RE 的 0.014。如果消除这三种因素的不公平性，税收再分配效应的潜力将大大提高，对三种因素的不公平贡献进行对比，得出结论为同等收入的人缴纳的税款不同，即横向不公平是再分配不公平的主要来源[1]。Milanovic（1999）以欧洲 24 个所得税为主体税制的国家和地区的收入数据为样本，测算了初次分配和再分配的基尼系数，发现所得税中的个人所得税降低了再分配基尼系数，税收再分配效应为 0.048，在对各国初次分配基尼系数进行排序时发现，收入差距越大的国家越有利用税收政策调节收入分配差距的动力[2]。橘木俊绍（2003）运用比率法研究了日本 1966—1996 年的税收再分配效应 RE，发现个人所得税缩小了 1% 以上的收入不平等，个别年份达到 3.7%[3]。Bird 和 Zolt（2005）对发展中国家的个人所得税再分配效应和消费税再分配效应对比后发现，消费税的再分配效应整体上较为显著，而个人所得税在大多数发展中国家的再分配效应基本可以忽略，究其原因是这些国家的个人所得税制度不完善，累进程度较低。Nyamongo 等（2007）对南非 20 世纪末为期 10 年的个人所得税利用税收 RE 进行了测算，发现 RE 仅有波动性变化而无趋势性变化，波动范围在 1.7%—5.3%[4]。Richard Krever 等（2011）运用 IMF 数据，对 OECD 成员国和中国的税收再分配效应进行比较发现，所有样本的个人所得税都起到了调节收入分配差距的作用，但中国的 RE 远远小于 OECD 国家[5]。

税收的再分配效应不仅取决于税制的累进性，还取决于税收规模。Bird 等（2005）对税收再分配效应进行分解后，发现个人所得税

---

[1] Kakwani, N., Lambert, "On Measuring Inequity in Taxation: A New Approach", *European Journal of Political Ecomomy*, 1998, 14, pp. 369–380.

[2] Milanovic, Branko, "Do More Unequal Countries Redistribute More? Does the Median Voter Hypothesis Hold?" *Policy Research Working Paper Series 2264*, The World Bank, 1999.

[3] ［日］橘木俊绍：《日本的贫富差距——从收入与资产进行分析》，丁红卫译，商务印书馆 2003 年版，第 110—115 页。

[4] Nyamongo, Schoeman, "Tax Reform and the Progressive of Personal Income Tax in South Africa", *South African Journal of Economics*, 2007, 75, pp. 125–137.

[5] Richard Krever, Hui Zhang, "Progressive Income Taxation and Urban Individual Income Inequality", *Asia-Pacific Tax Bulletin*, 2011, (3), pp. 192–199.

的税收规模是实现收入再分配公平的重要因素，提高个人所得税的税收份额，有助于改善整个社会收入不公平的状态。为此，他们提出在所得税改革中不能仅仅关注累进性，还要完善个人所得税，提高纳税人纳税遵从，堵住纳税"漏洞"，有助于个人所得税收入公平功能的有效实现。Piketty等（2007）以美国30年的收入数据为基础，发现个人所得税不仅具有明显的收入再分配功能，而且是税制累进性的主要来源[1]。Francesca等（2012）也证明了Piketty等（2007）的观点，并提出提高高收入者的累进税率，砍去无效率的税收优惠，扩大个人所得税税基，提高纳税遵从度，扩大个人所得税规模，以保证税收再分配效应的有效发挥。

除以上研究外，Sung[2]（2012）、Veall等[3]（2012）、Meyer等[4]（2013）等对不同国家的税收再分配效应进行了分析，都支持个人所得税的再分配功能。

2. 税收累进性方法论的运用

Pechman（1972）运用平均税率累进性指标，对美国1966年不同家庭、不同要素收入的累进性进行测算发现，由于减免税的存在侵蚀了税基，使得名义税率和平均税率产生了背离，导致了累进性的降低。但是，以劳动收入为主的家庭缴纳的税收份额远远大于以财产所得为主的家庭。因此，他认为"宽税基，低税率"是提高个人所得税再分配功能的主要手段[5]。Kakwani（1977）运用整体税收累进性的加权指标对美国、加拿大、澳大利亚、英国的整体税收累进性进行分析时发现，以累进性所得税为主体的税制结构决定了整体税收体系

---

[1] Thomas Piketty, Emmanuel Saez, "How Progressive is the U. S. Federal Tax System? A Historical and International Persepetive", *The Journal of Economic Perspectives*, 2007, 21 (1), pp. 3-24.

[2] Sung M. J., Park K., "Effects of Taxes and Benefits on Income Distribution in Korea", *Review of Income and Wealth*, 2012, 57 (2), pp. 345-363.

[3] Veall, Michael, "Top Income Shares in Canda: Recent Trend and Policy Implications", *Canadian Journal of Economics*, 2012, November, Forthcoming.

[4] Meyer, B. D., Sullivan J. X., "Consumption and income inequality and the Great Recession", *The American Economic Review*, 2013, 103 (3), pp. 178-183.

[5] Joseph A. Pechman, "Distribution of Federal and State Income Taxes by Income Classes", *The Journal of Finance*, 1972, 27 (2), pp. 179-191.

的累进性,但是由于存在着累退性的流转税,降低了整体税制的累进性;对地方税(州和地方税收)和中央税收(联邦税)的累进性进行比较发现,中央税的累进性大于地方税。Kim 和 Lamber(2009)使用最新数据对美国税收体系内各税种累进性进行了测算,证实了 Kakwani(1977)的实证结论,同时发现工薪税和财产税呈现的累退性趋势,部分抵消了个人所得税的累进性作用[1]。

Wagstaff 等(2001)在研究 OECD 国家所得税制的累进性时发现,税率结构、税收抵免、税前扣除、减免税优惠对所得税的累进性贡献程度不同[2]。Verbist(2004)运用1986年税收数据,测算了 OECD 15 国的税收累进性 K 指数,发现各国个人所得税都是累进的,对整体税收制度的贡献率在80%以上,以此得出个人所得税是最重要的再分配手段;个人所得税的平均税率与税制的累进程度 K 之间存在显著的负相关关系,平均税率高的国家偏好累进程度低的税制结构,反之,平均税率低的国家偏好累进性高的税制结构;将累进性指标进行分解发现,税率结构是累进性的主要来源,其贡献率接近70%;免税(exempt)、宽免(allowance)同样增加了个人所得税的累进性,但是扣除(deduction)和抵免(credit)的作用不确定[3]。Urban(2005)利用克罗地亚1997—2004年的收入数据,证实了 Verbist(2004)关于平均税率与税制累进程度 K 显著负相关的论证[4]。Lin 和 Zeng(2007)运用古典累进性测量方法,对中国和加拿大1997—2005年的税收累进性进行了比较发现,虽然中国和加拿大的个人所得税都具有累进性,但是加拿大的累进性水平远大于中国。

---

[1] Kinam Kim, Peter Lamber, "Redistributive Effect of U. S. Taxes and Public Transfers, 1994 – 2001", *Public Finance Review*, 2009, 37 (1), pp. 3 – 26.

[2] Wagstaff, A. Van Doorslaer E. , "What Makes the Personal Income Tax Progressive? A Comparative Analysis for Fifteen OECD Countries", *International Tax and Public Finance*, 2001, (8), pp. 299 – 315.

[3] Gerlind Verbist, Redistribute Effect and Progressivity of Taxes: An International Comparision across the EU Using EUROMOD Working Paper, No. EM5/04, 2004.

[4] Urban I. , Lambert P. J. , "Redistribution, Horizontal Inequity and Reranking: How to Measure Them Properly", *Public Finance Review*, 2005, 36 (5), pp. 563 – 587.

Wagstaff[①]（1999）、Hyuna 和 Lim[②]（2005）等运用 AJL（Aronson，Johnson 和 Lanmber，1994）分解公式对发达国家和发展中国家的税收累进性进行分解后，发现在横向公平、纵向公平、再排序效应三个分解指标中，发达国家的纵向公平累进性最高，横向公平的累进性最低。但是，三个分解指标的排序在越南和中国却相反，横向公平和再排序效应对收入再分配的公平作用较大，而对穷人有力的纵向公平却微不足道，中国尤为突出（Wagstaff[③]，2005）。

3. 不同计量模型的运用

除了将税收再分配效应指标和税收累进性指标用以衡量各国的税收调节能力大小外，许多学者还使用不同的计量模型对税收再分配效应进行了研究。

Altig 和 Carlstrom（1996）将影响收入分配的因素分解为应纳税额、边际税率、平均税率后，运用生命周期模型，对美国 1984—1989 年的收入分配进行了分析，发现边际税率的变化提高了美国一半的基尼系数。Aaberge 和 Colombino（2009）利用扩展的机会均等模型，对机会均等和结果均等进行分析，并未发现哪一个公平更加支持再分配政策。Casteel 和 Haslag（2010）用校准模型估计了税收体系中各税种的经济效率，发现所得税率的下降有助于经济增长，而且增长趋势较为稳定，将消费税和个人所得税进行比较发现，个人所得税的社会福利效应大于消费税。Bastagli 等（2012）运用结构向量自回归模型对税收与收入不平等的相关性进行研究发现，提高所得税累进税率、扩大所得税税基、减少免税额、扩大所得税规模有利于税收再分配功能的发挥。Samuel 等（2012）将影响所得税改革的三个竞争性目标——税收收入刚性、维持税收累进性、降低边际税率放入一个模型中进行实证检

---

① Wagstaff A. et al. , "Redistributive Effect, Progressivity and Differential Tax Treatment: Personal Income Taxes in Twelve OECD Countries", *Journal of Public Economics*, 1999, 72（1）, pp. 73 – 98.

② Hyuna J. K. and B. Lim, "Redistributive Effect of Korea's Income Tax: Equity Decomposition", *Applied Economics Letters*, 2005, 35（1）, pp. 165 – 179.

③ Wagstaff, A. , "Decomposing Changes in Income Inequality into Vertical and Horizontal Redistribution and Reranking, with Applications to China and Vietnam", World Bank Policy Research Working Paper, No. 3559, 2005.

验发现，任何一个目标都可能损害低收入和中等收入阶层的利益。

4. 偷逃税与税收累进性

现有研究对税收累进性分解测算涉及税率结构、非应税所得、减免税、费用扣除，但就完整性而言，偷逃税不应被隔离在外，但是现有的研究并未将偷逃税作为分解因子纳入累进性分解的方法论研究，但是并不缺乏相关的实证研究，其结论也较为一致，认为偷逃税降低了税收的累进程度。

Bishop 等（1994）分析了美国三个非连续年度逃税规模，发现逃税与税收收入显著正相关，与税收累进性（收入分配）的关系不明确。Bloomquist（2003）运用时间序列对美国逃税规模进行了多元回归分析，发现收入不平等与逃税规模具有显著的正相关关系。究其原因为逃税主要来自于高收入群体，高收入者具有主动隐瞒资本收入的意愿，并尽可能地实施；高收入者和低收入者都是税收厌恶型。当收入不平等的趋势日益严重时，政府避免逃税的政策措施将无效。Bach 等（2005）认为累进性不仅取决于税率结构，而且取决于偷逃税的规模和手段。当偷逃税伴随着收入水平的提高而提高时，税基就会被不断地侵蚀，若使用高度累进性的税率结构只会使得这种情况更加严重，那么累进性的税收再分配功能也就无效。

国外对税收再分配的研究由来已久，无论从理论、方法论还是实证研究上都已形成了较为成熟研究成果，而且结论也较为统一，就是累进性的所得税制特别是个人所得税对整体税制的累进性有较为积极的作用，是缩小收入分配差距的有效工具，但是累进程度又受到不同税制因素的影响，如逃税、费用扣除、税收减免等对税基的"侵蚀"，税率结构的累进性设置不合理等。在现有研究中，并不局限于所得税的再分配研究上，对再分配的税收政策手段也扩展到了转移支付领域（Immeroll，2005；Wollf 和 Zacharias，2007；Kim 和 Lambert，2009；Bhattarai，2012；等等）。

二 国内研究综述

随着我国收入分配不平等的状况日益突出，加之我国流转税为主体的税制结构累退性效应犹存甚至趋于严重（刘怡等，2004；聂海峰等，2009；孙刚，2011），理论界将税收发挥收入分配功能的空间更多地赋予了所得税。为此，学者们从理论和现实出发对所得税的功能定位和效果进行了研究。

（一）所得税再分配功能的定位之争

税收的再分配功能是指通过财政资金的调动来缩小社会成员的收入差距，实现公平收入分配目标。我国税收的收入分配职能理论是在对财政"配置、监督"职能扩展的基础上（叶振鹏，1980；姜维壮，1980；安体富，1984；陈共，1984，1994），对税制体系要件进行深层分解而形成的（郭庆旺，1995；樊丽明，2000；高培勇，2006；安体富，2007）。

1. 所得税以再分配功能为主

所得税再分配功能是高于其收入职能的。社会主义市场经济下的收入分配不平等就应该由政府之手加以扭转，税收是政府掌握的最行之有效的调节手段，对于税收的调节功能应在税制体系建设中加以深化。发挥税制体系的调节作用，为构建和谐社会服务。对涉及调节收入分配的具体税种上，需要包括个人所得税在内的直接税发挥作用，但是也要充分认识到作用发挥的必备条件，如征管机制、法律经济手段等（高培勇，2006，2011；燕洪国，2010）。虽然我国现阶段个人所得税的收入规模不足以实现缩小收入分配差距的目的，但是个人所得税对个人收入分配结构的调整是毋庸置疑的（黄凤羽[①]，2010；杨虹[②]，2010），因此个人所得税应以调节收入分配功能为主。学者们还从个人所得税的发展历程和立法本意上重点论述了这种观点。刘丽坚（2006，2008）通过梳理我国个人所得税发展历程及历次改革，发现个人所得税的定位为"以调节收入分配为主，兼顾筹集财政收入"[③]，并提出要使得个人所得税的再分配功能发挥作用，必须建立综合与分类相结合的个人所得税制度，并将重点放在高收入环节的调节上。武辉（2009）认为从我国1985年的个人所得税立法本意，到1994年的"三税"合并，再到2005—2011年的三次以"费用扣除标

[①] 黄凤羽：《对个人所得税再分配职能的思考》，《税务研究》2010年第9期。
[②] 杨虹：《从城镇居民收入分配看个人所得税改革》，《税务研究》2010年第3期。
[③] 刘丽坚：《论我国个人所得税的职能及下一步改革设想》，《税务研究》2006年第8期；刘丽坚：《论税收对个人收入分配的调节》，《税务研究》2008年第9期。

准提高"为主的税法修订，都是强调个人所得税的再分配功能。但是，经过几年的税制运行，个人所得税的收入规模不断扩大，财政收入职能被强化，调节功能几乎丧失，需要进一步深化个人所得税改革，以提现"立法本意"[①]。彭福东等（2011）对武辉的研究进行了拓展，认为我国现行个人所得税提高财政收入贡献的空间有限[②]。

在确立再分配功能定位的基础上，学者们对我国现行个人所得税调节效果较弱的原因进行了剖析，可以归结为"制度失效、计征模式不科学、税率累进性失衡、税基较窄、减免税过多、征管不利、改革动向不明"等（汤贡亮等[③]，2007；古建芹等[④]，2011；白景明等[⑤]，2014），提出了改变计征模式、完善征管体系、优化减免税政策、扩大税基等措施建议以改善调节效果。

2. 所得税以收入功能为主

部分学者认为，依照我国个人所得税征收的现实考量以及税制环境，我国个人所得税的基本功能是实现财政收入，而非收入再分配，或者说收入功能为主，分配功能为辅。

刘尚希等（2003）认为财政收入功能是个人所得税四个功能中最主要的功能，调节收入分配功能仅仅是派生功能，是居于财政收入之后考虑的功能[⑥]。赵人伟（2007）研究收入分配和财产分布的相关关系时发现，累进税率的个人所得税要发挥再分配功能，必须以更加透明的收入和财产为基础，才能谈再分配功能的发挥。现阶段，所得税

[①] 武辉：《当前个人所得税存在的问题与对策研究》，《中央财经大学学报》2009年第1期。

[②] 彭福东等：《从功能定位看个人所得税的修订和完善》，《税收经济研究》2011年第1期。

[③] 汤贡亮、周仕雅：《从税基的视角完善个人所得税制》，《税务研究》2007年第6期。

[④] 古建芹、张丽微：《税率调整：强化我国个人所得税收入分配调节效应的选择》，《涉外税务》2011年第2期。

[⑤] 白景明、何平：《个人所得税的收入结构与税制改革》，《价格理论与实践》2014年第9期。

[⑥] 刘尚希、应亚珍：《个人所得税：功能定位与税制设计》，《税务研究》2003年第6期。

的收入功能体现得并非完善，调节功能从何谈起[①]。林毅夫（2007）认为，初次分配过于强调效率，依靠再分配的税收政策改善收入不公平，是认识上的偏差。如果依靠个人所得税和财政转移支付可能事倍功半，甚至陷入"拉美陷阱"的境地。所以，应该强调在初次分配中达到公平与效率统一，而非寄希望于二次分配。他的观点实际上就是对机会公平和结果公平的论证[②]。贾康（2007）认为对收入差距的产生原因不加以区分，就赋予所得税以再分配的首要地位，是不合理的，也就是说源头没有建设好，一切的辅助手段都是效率的损失[③]。谷成（2010）在对发达国家和发展中国家的个人所得税进行分析后发现，发展中国家的个人所得税要实行综合累进制，面临着很多困难，诸如征管成本、纳税遵从、经济政治因素等。因而，个人所得税在发展中国家应以收集财政收入的效率为主，如果过于强调收入分配职能，就会造成"成本高、收益低"的局面[④]。贾绍华（2010）从国民收入三次分配流程入手，以图解的方式分析了税收对国民收入分配调节的作用机理，并对税收的分配功能进行了合理定位。在对所得税的论述中，明确指出个人所得税要发挥调节功能，必须遵循"不影响扩大再生产，又能履行社会管理职能、满足社会公共需要"的原则。在我国现阶段经济发展和公共物品均等化程度较低的情况下，收入分配的职能是次要的[⑤]。

（二）税收再分配效应的方法论研究

1. 税收再分配效应的方法论研究

周亚（2006）将征税行为产生的税收负担纳入到洛伦茨曲线和基尼系数的分析中，发现基尼系数的税前值 G_X 等于税后值 G_Y 和税收值

[①] 赵人伟：《我国居民收入分配和财产分布问题分析》，《当代财经》2007年第7期。

[②] 林毅夫：《以初次分配实现公平与效率的统一》，《党政干部文摘》2007年第6期。

[③] 贾康：《论居民收入分配中政府维护公正、兼顾均平的分类调节》，《地方财政研究》2007年第7期。

[④] 谷成：《税收与收入分配：基于发展中国家个人所得税的思考》，《经济管理》2010年第7期。

[⑤] 贾绍华：《国民收入分配与税收调节机制》，《扬州税务学院学报》2010年第5期。

G_T 的加权平均，权重为税收负担率 α，表达式为：
$$G_X = (1-\alpha)G_Y + \alpha G_T$$

如果个人所得税要发挥调节收入分配的作用，那么就必须有税收基尼系数 G_T 大于税前基尼系数 G_X[①]。

杜莉（2015）对衡量个人所得税再分配效应的方法论进行了扩展。她在 Cowell（2011）广义熵指数的基础上，提出了新的衡量税收再分配效应 RE 的方法——广义熵指数法，定义为家庭或个人的税前广义熵指数 S_X 与税后收入广义熵指数 S_Y 的差值[②]。广义熵指数的优点在于能够反映各收入阶层的收入变化，是 Musgrave 等（1948）的有益补充，表达式为：

$$RE = S_X - S_Y$$

2. 税收累进性的方法论研究

（1）整体税收累进性的研究

彭海燕（2010）在 Kakwani（1977）税收体系累进性测算方法的基础上，将单个税种的累进性引入 Kakwani 的测算公式中，提出了衡量税制体系累进性的新方法，认为税收体系的累进性等于各个税种的累进性加权之和，权重等于它们各自平均税率的比率，并得出每个税种对整体税制累进性的贡献率为 S[③]。

假设，总的税收 T 是各税种税收 T_i 之和，即 $T = \sum_{i=1}^{n} T_i$，根据 Kakwani（1977）定义税收集中度为各税种的税收集中度的加权和，有：

$$C = \sum_{i=1}^{n} \frac{t_i}{t} C_i$$

其中，t_i 为各税种的平均税率，t 为总税收的平均税率，C 为税收集中度，C_i 为各税种的税收集中度。由累进性指数 K 等于税收集中度 C 与税前基尼系数 G_X 的差值表示税收集中度 C，那么就有：

---

① 周亚、谢海龙等：《个人所得税收入分配效应的模型分析》，《北京师范大学学报》（自然科学版）2006 年第 12 期。

② 杜莉：《税制调整与我国个人所得税的再分配效应》，《统计研究》2015 年第 4 期。

③ 彭海燕：《我国个人所得税累进性分解的实证研究》，《上海经济研究》2010 年第 10 期。

$$K = C - G_X \Leftrightarrow C = K - G_X$$

$$\because C = \sum_{i=1}^{n} \frac{t_i}{t} C_i \therefore \sum_{i=1}^{n} \frac{t_i}{t} C_i = K - G_X \quad ①$$

$$\because \sum_{i=1}^{n} \frac{t_i}{t} = 1 \therefore \sum_{i=1}^{n} \frac{t_i}{t} G_X = G_X$$

①式变为：

$$\sum_{i=1}^{n} \frac{t_i}{t} C_i = K - \sum_{i=1}^{n} \frac{t_i}{t} G_X$$

那么就有：

$$K = \sum_{i=1}^{n} \frac{t_i}{t} C_i - \sum_{i=1}^{n} \frac{t_i}{t} G_X$$

$$= \sum_{i=1}^{n} \frac{t_i}{t} (C_i - G_X) = \sum_{i=1}^{n} \frac{t_i}{t} K_i$$

税收体系的累进性指数 K 表达式为：

$$K = \sum_{i=1}^{n} \frac{t_i}{t} K_i$$

其中，K_i 为税种 t_i 的累进指数。

在推导出税收体系累进性指数的基础上，各税种对税收体系累进性的贡献率就等于各税种累进性与总税收累进性的加权比，表达式为：

$$S_i = \frac{t_i}{t} \times \frac{K_i}{K} \times 100\%$$

戴平生（2014）利用基尼系数的推导公式，提出了测度税收累进性的 M 指数，即税前收入基尼系数的税收边际效应，表达式为：

$$M = s(T) - S_T/S_X$$

$$s(T) = \frac{1}{G_x} \sum_{i=1}^{n} \frac{q_i T_i}{S_X} \omega_i^k$$

$$S_T/S_X = \frac{q_1 T_1 + q_2 T_2 + \cdots + q_n T_n}{q_1 x_1 + q_2 x_2 + \cdots + q_n x_n}$$

其中，$s(T)$ 为税收对税前收入基尼系数的贡献率，S_T/S_X 为平均税率，S_X 为税前收入，S_T 为总税收，q_i 为相应的人口数，G_x 为税前基尼系数，ω_i^k 表示按第 k 个来源递增排序由人口份额产生的组合系数，T 为税收。

利用 M 指数进行累进性判断的方法为，当 M 等于 0 时，税收是比例的；当 M 大于 0 时，税收是累进的；当 M 小于 0 时，税收是累退的[①]。

（2）对单一税种累进性方法论的研究

岳希明等[②]（2012）在税前收入排序的基础上，对 K 指数进行了适用性简化分解，将 K 指数分解为税率结构和费用扣除两个部分，即 K 指数等于税率效应与费用扣除效应之和，表达式为：

$$K = (C_T - C_{X_T}) + (C_{X_T} - G_X)$$

其中，C_T 为税收集中度；X_T 为应税所得，即收入减费用扣除额；C_{X_T} 为应税所得集中度；G_X 为税前基尼系数；税收 $T = X_T \times t$，t 为税率。

$(C_T - C_{X_T})$ 为税率结构的累进性，称为税率效应；若 $C_T = C_{X_T}$，就有个人或群体在总税收中所占的比重或份额等于其在总应税所得额中的份额，那么税率结构是成比例的。如果 $C_T > C_{X_T}$，就有税收份额大于应税所得份额，在收入排序的基础上，高收入群体缴纳的税收就大于应纳税额的份额，低收入群体缴纳的税收份额小于应纳税份额，因此，税率是累进的；如果 $C_T < C_{X_T}$，就有税收份额小于应税所得份额，每个收入群体缴纳的税收份额都低于应纳税份额，税率是累退的。

由于税前收入减去应税所得即为费用扣除，所以 $(C_T - G_{X_T})$ 为税率结构的累进性，称为费用扣除效应。若 $C_{X_T} = G_X$，就有个人或群体在总收入中的份额等于其在总应税所得中的份额，说明每个人的费用扣除额占税前收入的比重都是相同的。如果 $C_{X_T} > G_X$，就有应税所得份额大于税前收入份额，在收入排序的基础上，高收入群体应纳税额的份额就高于税前收入份额，低收入群体应纳税额的份额就小于税前收入份额，也就是说低收入群体从扣除额中得到的优惠高于高收入群体。因此，扣除额提升了税收的累进性。反之，扣除额降低了税收的累进性。

彭海燕（2010）在 Loizide（1980）和 Pfahler（1990）对单一税

[①] 戴平生：《税收累进性测度的改进：方法、比较和研究》，《数量经济技术经济研究》2014 年第 2 期。

[②] 岳希明、徐静、刘谦、丁胜、董丽娟：《2011 年个人所得税改革的收入再分配效应》，《经济研究》2012 年第 9 期。

种累进性分解的基础上，加入了新的"偷逃税"因素，将应纳税额的累进性分解为税率、扣除额、税收抵免、逃税效应四个因素，丰富了税种累进性的分解。

（三）个人所得税收入再分配效应的实证研究

我国学者运用税收再分配效应的方法论和计量模型对我国现行的个人所得税制度进行了实证分析，并对我国历次个人所得税改革产生的再分配效应做了细致的研究。

1. 税收再分配效应方法论的运用

陈卫东（2006）以2000—2004年税收数据，运用税前基尼系数和可支配收入基尼系数，对个人所得税的收入再分配效应进行测算发现，政策效应表现为先扩大后缩小收入分配差距；在分析综合计征模式缩小收入分配差距的作用优于分类征收的基础上，提出了改革重点为先对分类所得税制进行适当改进，等到条件成熟时再实行综合所得税制的计征模式[1]（李延辉等，2009）。饶海琴等（2010）利用五等分法，对上海1990—2006年的个人所得税收入再分配效应进行测算发现，税后基尼系数比税前基尼系数减少了0.44。个人所得税对中等收入阶层的调节效果较为显著，但是对高收入阶层的调节效果较弱。究其原因，分类计征模式对以工资薪金为主的中等收入阶层调控显著，对多元化收入的高收入阶层调节管理较弱[2]。彭海燕（2011）利用1996—2011年住户调查数据，对我国的个人所得税再分配效应进行测算发现，个人所得税的再分配效应逐年提高，但是调节效果较弱（蔡秀云等，2014）。在与以所得税为主体税种的发达国家进行比较时发现，我国的税收再分配效应几乎可以忽略（古建芹等[3]，2011）。梁俊娇等（2014）利用《中国家庭金融调查（2010）》数据，模拟测算了2010年的个人所得税再分配效应，发现个人所得税

---

[1] 陈卫东：《现行税收政策对居民收入差距的影响及改进思路》，《税务研究》2006年第8期。

[2] 饶海琴、冯仲华：《个人所得税调控居民收入分配差距的分层次功能——基于上海市城镇居民收入1990—2006年数据》，《上海经济研究》2010年第4期。

[3] 古建芹、周丽微：《税率调整：强化我国个人所得税分配调节效应的选择》，《涉外税务》2011年第2期。

发挥着正向的调节作用，财产性收入与再分配效应的关系不明确①。

2. 税收累进性方法论的运用

在我国个人所得税累进性检验上，可以分为古典累进性测量法和现代累进性测量法的运用。对不同收入阶层运用古典累进性测量法都表现出一定的累进性，个别年份会有小的偏差，但总体呈现下降的趋势。在运用现代累进性方法上，对我国的税制结构、税系、税种进行了累进性度量，得出了大致相同的结论，即流转税有明显的累退性；增值税、消费税、营业税的累退累进性在各年表现不一；个人所得税累进性呈现先上升后下降的"倒 U 型"②，但对收入分配的调节表现不足。为此，提出了优化税制结构，从以"流转税"为主的税制结构转向"流转税、所得税"为主的双向税制结构（刘怡，2004；刘小川，2008；郭庆旺等，2011）。对个人所得税累进性分解的研究主要聚焦税制因素的分解，如免税额（岳树民等，2011）、税率结构或者两者兼具（岳希明等，2012；徐建炜等，2013），其结论也较为一致，免征额使得累进性具有"倒 U 型"特征，即存在一个最大的起征点（3500 元）使得累进性最强；费用扣除额的增加，使得税率对个人所得税累进性的贡献率降低，税基的作用却逐渐加强。

3. 不同计量模型的运用

王亚芬等（2007）运用多元线性回归模型，对 1985—2005 年个人所得税的再分配效应进行研究发现，个人所得税的正向调节作用逐步发挥，高低收入阶层的可支配收入与基尼系数成正向关系，且两者估计系数相差无几。据此提出了对高收入增加税负，对低收入增加可支配收入，以改善个人所得税的措施建议。虽然结论与随后的研究结论差别不大。但是，研究出现了一定的统计误差，将收入与可支配收入的差额作为个人所得税的缴纳额，降低了测算税负基尼系数的精确

---

① 梁俊娇、何晓：《我国个人所得税再分配效应研究》，《中央财经大学学报》2014 年第 3 期。

② 石子印：《我国个人所得税：如何调节收入分配》，《经济理论与经济管理》2013 年第 2 期。

度[①]。陈建东等（2013）运用收入概率密度函数，对我国地区间2006—2012年的所得税分类结构进行比较发现，由于占收入比重最大的工资性收入实行累进税率，使得工资性所得税的调节作用明显大于财产性和经营性所得，而财产性所得由于份额较低，且实行比例税率，税收的调节效果较弱；经营性收入虽然实行累进税率，但是调节效果却发生了偏差，出现了逆向调节的现象，究其原因可能为经营性收入在征收所得税时有较多的税收抵免和税收优惠[②]。刘元生等（2013）通过建立一个包含人力资本投资和政府税收的两阶段世代交替模型，讨论了个人所得税免征额和税率对收入和财富分配的影响，发现个人所得税的免征额存在一个使基尼系数最小的点，也就是说免征额与基尼系数呈现"U型"曲线关系，据此可以为改革提供依据[③]。詹新宇等（2015）从宏观、中观、微观三个层面分别运用多元线性回归模型，对影响居民收入再分配效应的因素进行分析发现，影响我国再分配效应的外在影响因素较多，弱化了个人所得调节效果，居民的收入结构与个人所得税的收入结构不匹配[④]。胡华（2015）运用两群体个税模型对个人所得税的要素进行分解，发现调节功能的发挥依赖于免征额、最低边际税率、最高边际税率、最高边际税率适用的收入最低限额，随后运用简单线性回归模型对四要素进行分析，得出税率结构是提高个人所得税再分配效应的主要途径[⑤]。

4. 税制改革的行为反映

岳希明等（2012）利用大样本数据（样本容量为66000户），对2011年的个人所得税改革的再分配效应进行分解发现，平均税率是

[①] 王亚芬、肖晓飞、高铁梅：《我国收入分配差距及个人所得税调节作用的实证分析》，《财贸经济》2007年第4期。

[②] 陈建东、赵艾凤：《个人所得税对省际间城镇居民收入差距和社会福利的影响》，《财政研究》2013年第7期。

[③] 刘元生、杨澄宇、袁强：《个人所得税的收入分配效应》，《经济研究》2013年第1期。

[④] 詹新宇、杨灿明：《个人所得税的居民收入再分配效应探讨》，《税务研究》2015年第7期。

[⑤] 胡华：《个人所得税四要素与收入差距关系研究》，《中央财经大学学报》2015年第8期。

个人所得税再分配效应的决定性因素。起征点的提高使得累进性呈现"倒 U 型"，而 3500 元却是"倒 U 型"的顶端，下一阶段的改革如果还是围绕起征点进行，那么就会降低个人所得税的累进性。杜莉（2015）运用 2012 年城镇住户调查数据，对 2011 年改革的再分配效应进行分析发现，起征点和累进税率的提高、级次级距的扩大，并没有使得个人所得税的再分配效应明显改善，但是引入衡量高低收入群体内部收入差距不平等的广义熵指数后，发现税改对于调节"高收入群体"的效果最为显著，中等偏上收入户从起征点的提高中受益最大。为此提出双向调节措施，不仅调节高收入，也要调节低收入，如引入劳动所得抵免安排等。常世旺等（2015）运用 5001 个样本值，对我国 2011 年改革的再分配效应进行了分析，发现改革不仅减少了税收收入，而且弱化了个人所得税的累进性，降低了调节效果，为此得出结论，起征点的提高只会让高收入阶层受益，甚至加剧了收入分配的不平等，改革的深化应该是税率结构的调整而非起征点的提高[1]。李国峰等（2015）采用构建收入分布的纳税能力测算积分模型和 PLS 路径模型，估算了我国 2005—2012 年的三次起征点提高对纳税能力的影响程度，发现 2011 年的个税改革对纳税能力影响较大，而其余两次则未有变动，对纳税能力影响最大的是居民收入的增长[2]，也就是说税收规模的增加不是由税制因素决定的，而是取决于居民收入的增长。

与国外对个人所得税的再分配研究相比，国内研究略显单薄。学者们从现实角度研究了我国所得税的调节地位和效果，形成了较为一致的结论，即我国累进性个人所得税的税制设置和收入规模阻碍了再分配功能的发挥，使得调节效果不佳。

三 国内外研究总结

通过比较国内外研究发现，我国个人所得税的收入再分配研究仍

---

[1] 常世旺、韩仁月：《工资薪金 个人所得税改革的再分配效应：基于微观数据的分析》，《财贸经济》2015 年第 3 期。

[2] 李国峰、刘黎明：《个税起征点对纳税能力的影响：基于居民收入分布的估算》，《数量经济技术经济研究》2015 年第 8 期。

有继续深入的必要，同时也为本书确定了研究方向和切入点。

首先，国外对个人所得税的再分配功能比较肯定且理论研究深厚，而国内对个人所得税的效率和公平之争一直是个人所得税改革的理论焦点，实证研究也多围绕个人所得税的立税原则，检验其再分配效应的数量程度。

其次，税收再分配效应的方法论研究较少。在对我国现有近100篇有效文献进行梳理统计后发现，方法论研究基本可以分为三个阶段，第一个阶段为2002—2006年以郝春红为代表的古典累进性方法论的扩展和运用；第二个阶段为2008—2011年以彭海燕为代表的税制因素的指数分解研究；第三个阶段为2009—2015年以岳希明、徐静等为代表的纵向公平和横向公平的再分配效应分解研究。现有的研究也多围绕这三个阶段的研究开展。

再次，实证研究的有效数量较少，质量千差万别，较高质量的实证研究除了严谨的理论推导外，大样本数据为理论研究的深度提供了有力支持，对于此类效应检验的研究，数据的样本容量直接决定了研究的精确度，这是一般研究无法媲美的，也是国内外实证研究的最大差别之一。除此之外，我国个人所得税再分配效应的实证研究多是使用两类指数进行的中国数据检验或者更新，基本没有涉及KP指数的检验，缺少探讨税收规模对再分配效应的数量影响，未涉及税收流失的效应损失测算、不同计征模式的效应差异等相关研究。

最后，提高个人所得税收入再分配效应的措施多是方向性的，而未细化或提出阶段性实施步骤和内容。

第二节 税收再分配的理论基础

一 以实现收入公平为目标的税收理论

瓦格纳系统性地论述了实现收入公平为目标的税收理论。他认为税收除了要筹集资金以满足社会经济发展的需要外，还应成为纠正社会财富分配不均的工具，以实现社会公平。"从社会政策的意义上来看，赋税是在满足财政需要的同时，或者无论财政有无必要，以纠正国民所得的分配和国民财产的分配，调整个人所得和以财产的消费为目的而征收的赋课物①"。据此，他以税收作为重要的政策工具，构建了课税的"四目九项"原则，其中之一的"社会公正原则"是指税收负担应该是每个社会成员按纳税能力大小承担税收。通过税收负担在各阶级、个人之间进行公平的分配，实现调节社会财富分配以及缓和不同阶级间矛盾，抑制贫富两极分化，促进社会稳定。社会公正原则包括普遍原则和平等原则②，普遍原则要求课税应遍及社会上的每个人，不能因为身份、地位等而有所区别。平等原则要求社会上的所有人都应按照能力的大小纳税，能力大的多纳税，能力小的少纳税，无能力的贫困者不纳税，实行累进税率。平等原则为建立累进税率制度奠定了理论基础。在税种设置上，对工资薪金等劳动所得要实施较轻的赋税制度，对满足基本生活需要的商品课以轻税，对奢侈品等高消费商品课以重税，运用累进税率改善高收入和低收入之间因个人收入和财富造成的分配差距。

马斯格雷夫认为税收具有调节存量财富和流量收入差距的作用，按照"支付能力"原则，高收入者多负担税收，低收入者少负担税收，以实现"纵向公平"；收入相同的人承担的税负相同，以实现"横向公平"，最终结果是收入分配达到社会上认可的"公平"或者"公正"状态。

二 以最小福利损失为目标的税收理论

福利经济学以最小福利损失作为指导税收制度的基本目标，通过加强累进所得税、财产税或者遗产税的征收来解决财产分配不公和失业问题，以增进社会整体福利水平③。

税收的再分配功能之所以能够发挥，从根本上说是税收通过改变价格对消费者福利产生影响，价格改变产生的效应变化包括消费者效用的等价变化与补偿变化。Creedy（2000）的税收福利效应模型阐述

---

① 王传伦、高培勇：《当代西方财政经济理论》（上、下册），商务印书馆1995年版，第231—232页。
② 郭庆旺、赵志耘：《财政学》，中国人民大学出版社2002年版，第327—328页。
③ 韩丽萍：《我国生产税及其主体税种的收入分配效应研究》，博士学位论文，中央财经大学，2014年。

了税收对消费者效用的等价变化 cv 和补偿性变化 ev [1]。

假定，x_i, k_i 分别为消费者消费的第 i 种商品的数量和最低需求数量；α_i 为第 i 种商品的支出占总支出的比重。

在预算约束 $M = \sum_{i=1}^{n} p_i x_i$ 下，最大化效用 U：

$$U = \prod_{i=1}^{n} (x_i - k_i)^{\alpha_i}$$

消费者第 i 种商品的支出函数：

$$p_i x_i = p_i k_i + \alpha_i (M - \sum_{i=1}^{n} p_i k_i)$$

其中，$x_i \geq k_i, 0 \leq \alpha_i \leq 1, \sum_{i=1}^{n} \alpha_i = 1, i = 1, 2, \cdots, n$

效用函数表达式改写为：

$$U = \frac{M - a}{b}$$

其中，$a = \sum_{i=1}^{n} p_i k_i, b = \prod_{i=1}^{n} \left(\frac{p_i}{\alpha_i}\right)^{\alpha_i}$

总支出函数：

$$f(p, U) = \sum_{i=1}^{n} p_i x_i = a + bU$$

假设，税收导致商品价格从 $p_i^0 \rightarrow p_i^1$，那么，新价格 p_i^1 下，为保持原有效用水平所需要的最小支出与原支出的差值就为补偿变化 cv，价格变化对消费者造成的货币损失就为等价变化 ev。

$$cv = f(p^1, U^0) - f(p^0, U^0)$$
$$ev = f(p^1, U^1) - f(p^0, U^1)$$

则有：

$$cv = a^1 + b^1 U^0 - M^0$$
$$ev = M^1 - (a^0 + b^0 U^1)$$

税收福利效应模型：

---

[1] John Greedy, "Measuring Welfare Change and the Excess Burden of Taxation", *Bulletin of Economic Research*, 2000, 52 (1), pp. 370 – 378.

$$cv = a^0\left[\frac{a^1}{a^0} + \frac{b^1}{b^0}\left(\frac{M^0}{a^0} - 1\right)\right] - M^0$$

$$ev = M^1 - a^0\left[1 + \frac{b^0}{b^1}\left(\frac{M^1}{a^0} - \frac{a^1}{a^0}\right)\right]$$

所以，只要能够确定税收导致商品价格的变化即可以测算出税收导致的消费者福利补偿变化和等价变化。

三 以有效需求为目标的税收理论

以有效需求理论为基础的税收理论主张改变传统的以流转税为主体的税收体系，形成以所得税为主体的税制结构，并推行累进税率，其目的在于通过税收手段调整收入分配结构，以矫正社会财富和收入分配的不公平，促进整个社会消费倾向的增长，以刺激有效需求，实现充分就业。当经济增长理论和收入分配理论相结合时，经济增长就会产生"富裕中的贫困"。政府应该运用税收手段对国民收入分配进行调节，对高收入者课以重税，对低收入者免税或者轻税，对奢侈品课以重税，对必需品免税或轻税，即实行累进的税收制度改变社会财富和收入分配不均的状况，提高社会边际消费倾向，刺激有效需求，从而解决经济矛盾。在课税原则上，主张以消费为课税基础，因为消费支出更多的人运用了较多的社会资源来满足自己的欲望和需求，且消费支出较收入而言更容易课税。在课税种类上，应该征收除所得税之外的资本利得税、财产税、个人支出税和赠与税等。

第三节 税收再分配的作用机理

税收要实现公平收入分配的职能，必须首先分析国民收入的三次分配过程。在分析国民收入分配层次的基础上，分析税制结构，税种及要素对收入分配格局的影响程度。

一 国民收入分配的层次和特点

一般而言，国民收入分配包括初次分配和再分配。但是，随着市场经济的发展，第三次分配的概念开始兴起。总体上，三次分配的顺序为：国民收入在生产领域进行第一次分配（初次分配）；在初次分配的基础上在全社会范围内进行第二次分配（再分配）；再分配之后，通过第三部门、第三阶段进行第三次分配。

1. 初次分配

初次分配是国民经济各部门及其成员直接对国民收入进行的分配，劳动力、资本、土地和技术在初次分配中按照提供的份额取得报酬。企业（厂商）通过支付要素报酬后的生产剩余获取利润。个人（劳动者）提供劳动力获取收入，以实现自身效用的最大化[①]。但是个人由于存在着先天性或者后天因素造成的禀赋不同，决定了其产出价值的不同即产品价值的不同，而这一禀赋不同是不能通过初次分配的公平性政策而纠正的。

在完全竞争市场条件下，企业的利润由生产函数和成本函数决定，生产要素劳动力和资本的价格分别由劳动力市场供求和资本市场供求决定。按照柯布—道格拉斯（Cobb-Douglas）生产函数，假定生产中只使用劳动和资本两种生产要素，且整个经济体规模报酬不变。

生产函数：$f(L,K) = Y = AL^{\alpha}K^{1-\alpha}$，$0 < \alpha < 1$

成本函数：$C(L,K) = \omega L + rK$

利润函数：$\pi(L,K) = P \cdot f(L,K) - C(L,K)$

其中，Y 是企业的产量；L 是劳动；K 是资本；A，α 为参数；C 是企业的生产成本；ω 是劳动的价格，即工资率；r 是资本的价格，即利息率；P 为商品价格；π 是企业的利润；Y、C、π 都为劳动 L 和资本 K 的函数。

在完全竞争市场条件下，追求利润最大化的企业可以实现最优的生产要素组合。

$$\max[\pi(L,K)] = \max[P \cdot f(L,K) - C(L,K)]$$

即 $\dfrac{\partial \pi(L,K)}{\partial L} = P\dfrac{\partial f(L,K)}{\partial L} - \dfrac{\partial C(L,K)}{\partial L} = P\alpha AL^{\alpha-1}K^{1-\alpha} - \omega = 0$

[①] 虽然政府通过生产性的税收引导和调节资源的合理配置，但在初次分配中对个人收入的改变是同比例的。

$$\frac{\partial \pi(L,K)}{\partial K} = P\frac{\partial f(L,K)}{\partial K} - \frac{\partial C(L,K)}{\partial K} = P(1-\alpha)AL^{\alpha}K^{-\alpha} - r = 0$$

得 $\omega = P\alpha A\left(\dfrac{L}{K}\right)^{\alpha-1}$

$r = P(1-\alpha)A\left(\dfrac{L}{K}\right)^{\alpha}$

假定商品价格 $P = 1$，就有：

$\omega = \dfrac{\partial f}{\partial L} = \alpha A\left(\dfrac{L}{K}\right)^{\alpha-1} = MP_L$

$r = \dfrac{\partial f}{\partial K} = (1-\alpha)A\left(\dfrac{L}{K}\right)^{\alpha} = MP_K$

那么，个人收入：

$W = \omega \cdot L = \alpha A L^{\alpha}K^{1-\alpha}$

禀赋不同的个人提供不同的劳动 L_i 而获取个人收入 W_i，将所有人仅分为高收入和低收入两类，那么就有：

$W_i = \omega \cdot L_i = \alpha A L_i^{\alpha}K^{1-\alpha}$

$G = W_{高} - W_{低}$

其中，将劳动 L_i 重新定义为第 i 个人的禀赋①；$W_{高}$ 和 $W_{低}$ 分别为高低收入两类人的禀赋收入；G 为由禀赋差异造成的个人收入差距。

由模型推导可知，企业为了获取最大利润而进行的最优生产要素配置就是使得劳动的边际产量 MP_L 等于工资率 ω，资本的边际产量 MP_K 等于利息率 r。禀赋 $L_{高}$ 的个人，会因为具有较高的劳动要素质量（如同一时间生产更多的产品，同一产品处于更高的质量等级等）或较有利的外在因素（如市场垄断、地区发展不平衡、行业差异）而获得较高的禀赋收入 $W_{高}$，禀赋 $L_{低}$ 的个人获取较低的禀赋收入 $W_{低}$，或者平均工资 $\overline{W}$（维持劳动力所需的最低生活资料的价值）。禀赋决定的收入差距会产生较高的效率水平，获取 $W_{高}$ 的个人会在实现自身效用最大化（劳动和闲暇之间取舍）之前继续提高劳动生产效率以获取更高的 $W_{高}$，低收入者会通过技术培训、自身努力等提高自身禀

---

① 在这里假定禀赋可以通过人力资本投资而提高。

赋以增加未来的收入。两类人由禀赋不同造成的收入差距 G 在初次分配中已经确定。

2. 再分配

在初次分配中，个人按照既定工资率 ω 提供 L_i 以获取 W_i。为了在 $t+1\cdots+n$ 期获取更高的 $W_{i,t+1}$，假定个人通过人力资本投资不断提高各期禀赋初始值①，然而，第 t 期人力资本投资的力度又取决于 $t-1\cdots-n$ 期的储蓄 S（财富积累）。由于 $W_{低}$ 的个人用于维持基本生活资料的成本占收入的比重（恩格尔系数）远大于 $W_{高}$ 的个人，这就使得 $W_{低}$ 的个人用于人力资本投资的 $S_{低}$ 较少。而 $W_{高}$ 的个人会将更多的财富积累用于人力资本投资，以获取 $t+1\cdots+n$ 期更多的收入。这样，初始禀赋造成的收入差异因为用于人力资本投资的 S 不同，造成了 $t+1\cdots+n$ 期更大的收入差距，加之外在因素的客观存在，个人收入差距会进一步扩大。收入差距的扩大必定会引起社会矛盾的产生和激化，造成社会生产效率的损失，带来国家治理成本的增加，社会公平问题就必须被重视。当然，所谓的收入分配公平不是绝对平均，是要求社会群体之间的收入差距维持在一个合理的区间，扭转由各期初始禀赋不同而造成的收入差距进一步扩大的趋势，需要政府在初次分配的基础上，进行旨在公平的再分配。政府可以通过所得税、财产税、社会保障、贫困救助等方式缩小不同群体之间的收入差距。

以所得税中的个人所得税为例，依然假定所有人分为 $W_{高}$ 和 $W_{低}$ 两类，为了缩小收入分配差距，体现社会公平，在不挫伤劳动者劳动积极性的条件下，政府按照"普遍原则"和"平等原则"，开征个人所得税②，那么累进税率表的设置就成为缩小收入差距 G 的关键因素。

在征税条件下，个人收入：

$$W_i = (1 - t_i)\omega \cdot L_i$$

高收入者和低收入者的收入：

---

① 人力资本投资、工资和职业选择、利率和市场信贷均衡、财政政策、内生社区结构和人口分离等因素都影响初始禀赋，但为了直观论述，这里仅考虑人力资本投资。

② 不考虑个人所得税的组织收入职能。

$$W_{高} = (1 - t_{高})\omega \cdot L_{高}$$

$$W_{低} = (1 - t_{低})\omega \cdot L_{低}$$

$$G = W_{高} - W_{低}$$

其中，t_i 为个人所得税累进税率；W_i 为个人税后收入；$W_{高}$ 和 $W_{低}$ 分别是高收入和低收入劳动者的税后收入；$t_{高}$ 和 $t_{低}$ 分别为两类劳动者适用的边际税率；G 为收入再分配差距。

由于税率的设置要求不能损害劳动积极性（用 L_i 表示），则有 $\Delta L_i \geq 0$。

最优收入分配差距的累进税率①设置就必须满足：

$$\min(G) \quad st. \ \Delta L_i \geq 0$$

其中，ΔL_i 为当期与上一期的劳动变化量。这样，利用最优累进税率，就缩小了由初次分配产生的个人收入分配差距。通过这种机制，税收政策就起到了再分配调节的作用。

3. 第三次分配

政府主导的收入再分配，旨在侧重公平而达到的调节效果，却可能因为制度因素而造成弱化或者逆向，如税制结构的不合理设置使得所得税的调节作用不强，对存量财富调节的税种缺失，征管制度的不完善，社会保障体系的不健全等。正是由于再分配可能出现的调节效果不充分，使得第三次分配概念崛起。这样，市场经济条件下的收入分配就包括三次分配——初次分配、再分配和第三次分配。其中，第三次分配是在道德力量的作用下，通过个人收入转移及个人自愿缴纳和捐献等非强制性方式再一次进行分配②。第三次分配是具有转移支付功能的收入分配，与个人的信念、社会责任心、对某种事业的感情、对故乡或者学校的眷恋等有关。第三次分配不涉及政府的调节行为，与政府的强制性无关。但是，这种自愿方式进行的财富分配不可能从根本上改变收入分配的基本格局，对缩小初次分配和再次分配造成的收入差距作用有限，而且非强制性的大额捐赠在一定程度上被部分捐助者视作社会地位提高的一种方式。

---

① 理论上应使用的是个人效用函数，为了推导方便而使用个人收入函数。
② 厉以宁：《股份制与现代市场经济》，商务印书馆1996年版，第87页。

二 税制结构与收入分配

不同的税制结构对收入分配的影响不同,世界各国的税制结构因自身经济、文化、制度、征管等因素的不同而不同,但无外乎三种,所得税(直接税)为主体、流转税(间接税)为主体、流转税和所得税双主体。目前,绝大多数发达国家和少数发展中国家以所得税为主体,如 OECD 成员国、欧盟各国等。大多数的发展中国家以流转税为主体,如土耳其、印度、中国等。较少的国家选用直接税和间接税的双主体结构,如罗马尼亚、秘鲁等。

1. 所得税

以所得税为主体的税制结构,所得税在整个税收体系中居于主导地位,税收收入占总税收收入的比重较高,如 2011 年,丹麦、新西兰和美国的所得税占税收收入的比重分别为 54.43%、45.65% 和 39.20%[①]。所得税为主体的税制结构具有较好的税收弹性,税收收入能准确反映国民收入的增减变化,能够灵活调节纳税人的实际收入,对消费、储蓄和投资等行为能够产生迅速而强有力的影响和制约作用。但是,所得税为主体的税制结构必须以较高的税征管水平、纳税遵从度和发达的征信体系等为基础。

假定,企业的收益在政府、企业、个人之间进行分配,政府的所得税收入即为税收总收入,那么政府在征收所得税后,企业和个人的收入水平就发生了变化。

个人税后收入水平:

$$W = (1 - t_p)\omega \cdot L$$
$$= (1 - t_p)\alpha A L^{\alpha-1} K^{1-\alpha} \cdot L$$
$$= (1 - t_p)\alpha A L^{\alpha} K^{1-\alpha}$$

企业税后净利润:

$$\pi = (1 - t_s)(Y - A\alpha L^{\alpha-1} K^{1-\alpha} \cdot L)$$
$$= (1 - t_s)(A L^{\alpha} K^{1-\alpha} - A\alpha L^{\alpha-1} K^{1-\alpha} \cdot L)$$

[①] 国家税务总局税收科学研究所:《外国税制概览》(第 4 版),中国税务出版社 2012 年版,第 121 页。

$$= (1 - t_s)(1 - \alpha)AL^{\alpha}K^{1-\alpha}$$

政府税收收入：

$$T_s = (1 - t_p)(1 - t_c)\omega L$$

$$= t_p \alpha AL^{\alpha}K^{1-\alpha} + t_s(1 - \alpha)AL^{\alpha}K^{1-\alpha}$$

$$= (t_p\alpha + t_s\alpha + t_s)AL^{\alpha}K^{1-\alpha}$$

其中，t_p 为个人所得税的税率，$0 < t_p < 1$；t_s 为企业所得税的税率，$0 < t_s < 1$；π 为企业税后净利润；T_s 为政府税收收入。

由政府、企业、个人的收入方程可以看出，政府通过征收所得税改变了收入分配格局，使得企业和个人的收入呈比例下降，不同程度地缩小了企业和个人的收入份额，企业和个人收入的合计减少量即为政府的税收收入。由于累进税率 t_p 随着收入的提高而提高，使得所得税具有了收入再分配的功能。

2. 流转税

流转税为主体的税制结构是流转税在整个税收体系中居于主导地位（税收份额较高）。由于流转税是对商品和劳务流转过程的增值额征收，具有较强的隐蔽性（税负痛感较轻）、较低的征管要求和征管成本、税收刚性较强而被大多数发展中国家使用。

假定，政府的流转税收入即为税收总收入，政府对企业的生产经营过程中产品征收单一税率的流转税，流转税收入即为政府的税收总收入，那么 C – D 生产函数变为：

$$Y = (1 - t_c)A\alpha L^{\alpha}K^{1-\alpha}$$

其中，t_c 为流转税税率，$0 < t_c < 1$。

当商品价格 $P = 1$ 时，如果产品的税后收益在企业和个人之间进行分配，那么生产者最优的生产要素组合就为：

$$\omega = \frac{\partial f}{\partial L} = (1 - t_c)\alpha AL^{\alpha-1}K^{1-\alpha}$$

$$r = \frac{\partial f}{\partial K} = (1 - t_c)\beta AL^{\alpha}K^{-\alpha}$$

政府在征收流转税后，企业和个人的收入水平就发生了变化。

政府税收收入、企业税后净利润、个人税后收入为：

$$W = (1 - t_c)\omega L$$
$$\pi = (1 - t_c)rK$$
$$T_c = t_c\omega L + t_c rK$$

与初次分配中没有政府参与相比,企业和个人的净利润和收入都同比例下降 $1/(1 - t_c)$,下降的总量即为政府税收收入。政府通过流转税的征收,改变了国民经济的收入分配格局。在其他条件不变下,不同收入群体的收入也同比例下降 $1/(1 - t_c)$,但是并未改变由个人禀赋不同而造成的社会群体之间的收入差距。

3. 流转税和所得税

流转税和所得税双主体的税制结构,是流转税和所得税在税制结构中都占据主导地位,两者的税收收入占所得税的比重相当,流转税刚性特征和所得税弹性特征相结合,充分发挥了调节宏观经济、保证经济建设所需资金的作用。一般来说,一个国家的税制结构是经过长期演变而形成的,税制结构的转变需要较长时间的政策积累。流转税和所得税双主体税制结构只是一种过渡模式,是以所得税向流转税或者流转税向所得税税制结构过渡的必经之路。

前面的分析都假设企业的产品收益在政府、企业和个人之间按照一定的比例进行分配。但是,企业的收益最终通过股东分红或者投资再分配等方式,属于个人。在双主体的税制结构下,政府征税发生的时间不一致,流转税发生在前,所得税发生在后。流转税先以税率 t_c 从产品的总收益中扣除,然后个人所得税以 t_p 的税率从个人要素报酬中扣除。由于个人拥有全部的收益,那么:

个人税后收入:
$$W = (1 - t_p)(1 - t_c)\omega L$$

政府税收收入:
$$T = T_c + T_s$$
$$= t_c\omega L + t_p(1 - t_c)\omega L$$

由于流转税和所得税双主体税制结构下,流转税 T_c 与所得税 T_s 的税收规模相当,那么就有:
$$T_c \approx T_s$$

$$t_c \omega L \approx t_p(1-t_c)\omega L$$

假定流转税 T_c 与所得税 T_s 的税收收入完全相等即 $T_c = T_s$，那么就有：

$$t_c \omega L = t_p(1-t_c)\omega L$$

变换得：

$$t_c = t_p(1-t_c) \qquad t_c = t_p(1-t_c)$$

$$(1-t_c) = \frac{1}{(1+t_p)} \text{①} \qquad (1-t_p) = \frac{1-2t_c}{(1+t_c)} \text{②}$$

将①式和②式分别代入 $W = (1-t_p)(1-t_c)\omega L$

得出新的个人税后收入方程：

$$W = (1-t_p)\frac{1}{(1+t_p)}\omega L = f(t_p)\omega L$$

$$W = (1-2t_c)\omega L = f(t_c)\omega L$$

其中，令 $f(t_p) = (1-t_p)\frac{1}{(1+t_p)}, f(t_c) = (1-2t_c)$。

因为，$f'(t_p) = \frac{-2}{(1+t_p)^2} < 0, f'(t_c) = -2 < 0$，

所以，$f(t_p)$ 和 $f(t_c)$ 分别是 t_p 和 t_c 的减函数。

又因为，$W'(t_p) = f'(t_p), W'(t_c) = f'(t_c)$

所以，$W(t_p)$ 和 $W(t_c)$ 分别是 t_p 和 t_c 的减函数。

由减函数性质可知，随着 t_p 的提高，收入越高税后收入下降越快。$W'(t_{高p}) > W'(t_{低p})$ 说明，累进性税率的设置使得高收入者的税后所得下降的速度比低收入者下降的速度快，达到了缩小高收入和低收入之间的收入差距，这一推导与累进税率体现纵向公平相一致。

由 $W'(t_c) = f'(t_c) = -2 < 0$ 可知，$f(t_p)$ 是一条向下倾斜的直线，表明流转税的税率提高，所有纳税人的收入都下降，而且下降的程度相等。

综上可以看出，三种税制结构都改变了收入分配的格局，政府参与分配使得企业和个人的收入都按一定的比例下降，下降的数量即为政府的税收收入。但是，三种税制结构对收入分配差距的矫正因税率结构而不同，流转税由于单一税率并未矫正由个人禀赋造成的收入分

配差距；以所得税为主体的税制结构由于累进税率缩小了低收入者和高收入者之间由禀赋不同造成的税前收入差异，使得所得税具有直接调节收入分配差距的作用。流转税和所得税双主体税制结构由于是一种过渡的税制结构模式，其调节力度因为流转税和所得税的税收规模相当，调节收入分配差距的力度小于以所得税为主体的税制结构模式，大于以流转税为主体的税制结构模式。

三 税种及要素设计与收入分配

理论上讲，增值税、营业税为中性税种，一般不直接具有调节收入分配差距的作用，消费税不是对商品和劳务普遍征税，应税项目多为特定的商品和劳务，如奢侈品等被认为是调节收入分配的间接税种。所得税类、财产税类、资本税等由于直接对收入、财产和资本课税，对调节收入分配差距具有直接作用（见表1-1）。

表1-1 税制结构、税种、税制要素对收入分配的调节作用

税制结构	税种	纳税对象	纳税环节	转嫁能力	税率结构	调节能力
流转税	增值税 营业税 消费税	商品及劳务的增值额	初次分配	价格传导易转嫁	比例税率	间接调节，不直接影响收入分配格局，调节效果微弱，低收入者税负高于高收入者
所得税	企业所得税 个人所得税 社会保障税	企业或个体的真实收入	再分配	不易转嫁	比例税率 累进税率	直接改变收入分配格局，调节居民间收入分配差距效果明显
财产税	契税 土地增值税 房产税 遗产税 赠与税	财产收入	初次分配 再次分配	不易转嫁	比例税率 累进税率	有效缩小居民间收入分配差距

以个人所得税和消费税为例，依据前面的假定，企业产品收益最终仍归个人所有，个人所得税税率为 t_p，个人税后收入为 $W = (1 -$

$t_p)\omega \cdot L$。将对收入分配有间接作用的消费税引入数理分析。假设个人的收入全部用于消费 C，不发生储蓄行为。

$$C = W = (1 - t_p)\omega \cdot L$$

为了便于计算，依然将所有人分为 $W_{高}$ 和 $W_{低}$ 两类，适用的个人所得税率分别为 $t_{高P}$ 和 $t_{低P}$，消费税税率为 t_0；所有商品分为普通商品和含消费税商品，普通商品价格总水平为 P，由于消费税为价内税，所以含消费税商品的总价格水平就为 $(1 + t_0)P$；$W_{低}$ 的个人只购买普通商品，$W_{高}$ 的个人购买普通和含消费税商品，用于购买两类商品占收入的比重为 θ 和 $1 - \theta$，则 $W_{高}$ 和 $W_{低}$ 个人购买的商品数量为：

$$Q_{低} = \frac{W_{低}}{P} = \frac{(1 - t_{低P})\omega \cdot L_{低}}{P} \quad \text{③}$$

$$Q_{高} = \frac{\theta(1 - t_{高P})\omega \cdot L_{高}}{P} + \frac{(1 - \theta)(1 - t_{高P})\omega \cdot L_{高}}{(1 + t_0)P} \quad \text{④}$$

假定，其他条件不变，Q 是 t_P 的函数，即 $Q = Q(t_P)$，Q 是 t_0 的函数，即 $Q = Q(t_0)$，那么就有：

$$Q_{低}{}'(t_{低P}) = \frac{-\omega \cdot L_{低}}{P} < 0$$

$$Q_{高}{}'(t_{高P}) = -\frac{\theta\omega \cdot L_{高}}{P} - \frac{(1 - \theta)\omega \cdot L_{高}}{(1 + t_0)P} < 0$$

$$Q_{高}{}'(t_0) = -\frac{P(1 - \theta)\omega \cdot L_{高}}{[(1 + t_0)P]^2}$$

因为 $0 < t_0\theta < 1, 0 < 1 + t_0\theta < 1 + t_0$，

所以 $Q_{低}{}'(t_{低P}) < Q_{高}{}'(t_{高P})$。

又因为 $P(1 - \theta)\omega \cdot L_{高} > 0$，

所以 $Q_{高}{}'(t_0) = -\frac{P(1 - \theta)\omega \cdot L_{高}}{[(1 + t_0)P]^2} < 0$。

其中，购买量 Q 是所得税税率 t_P 的减函数。随着所得税税率的提高，两类人群购买非消费税商品的数量都减少，但减少的程度不同，高收入者所购买的非消费税商品数量减少的速度要大于低收入者的购买量。这一论述与现实相符，非消费税商品多为保证最低生活水平的商品，低收入者的恩格尔系数大于高收入者，所得税税率的提高，使

得高收入者寻求价格更高的替代性商品以满足生活需求，减少对非消费税商品的购买量，而低收入者的替代性商品较少，购买量的下降必须以满足最低生活消费的需要为前提条件，所得税的征收直接缩小了高收入和低收入者之间购买非消费税商品的差距，此外，$Q_{高}$是消费税税率t_0的减函数，随着t_0的提高，高收入者购买消费税类商品的数量下降，使得高收入者的$Q_{高}$下降，消费税进一步缩小了低收入者购买商品数量$Q_{高}$和$Q_{低}$之间的差距。

四 税收调节收入分配有效性的一般条件

1. 税收制度必须反映在收入分配的各环节

由以上分析可知，初次分配环节是由市场竞争决定的，个人投入的劳动力要素因初始禀赋的不同带来了不可改变的收入差距，这一差距可以通过税种设计以改变初始禀赋来达到调节收入差距的目的，这也符合税制设置的税收公平原则。其实，现实生活中，当代人的初始禀赋不同是由上一代人的收入决定的，如教育子女的花费等。假定个人初始禀赋完全由上一代人的财产赠与决定，当代人用赠与的全部财产进行人力资本投资，以增加投入到初次分配中的初始禀赋，那么赠与财产的大小就决定了当代人初始禀赋的大小，为了缩小初次分配的收入差距，就必须对财产赠与课税，如发达国家征收的赠与税。假定对当代人获得的财产赠与开征赠与税，税种的设计使当代人为初始禀赋进行的人力资本投资相同，那么当代人在进入初次分配环节时的收入差距会尽可能地缩小。

由此可知，个人禀赋L_i是赠与财产的函数，即：

$L_i = L_i(\rho_i), W_i(\rho_i) = \omega \cdot L_i(\rho_i)$

其中，ρ_i为第i个人开征赠与税后的财产。

赠与税的目的是尽可能地缩小初次分配的收入差距。假定，赠与税使得财产赠与的税后资产完全相等，在$K = \bar{K}$，有：

$\rho_i = \rho$

$L_i(\rho_i) = L(\rho)$

就有$W_i = \omega \cdot L_i(\rho_i) = W = \omega \cdot L(\rho)$。

那么个人在初次分配中获得的收入都相同，收入分配没有因为初始禀赋的不同而造成收入差距。

当然,通过征收赠与税而达到的无差异分配的理想状态是不可能实现的,必须由再分配进行弥补,然而税收征管等限制性因素、个人收入的模糊界定、游离在所得税以外的应征但未征税收入,都在一定程度上制约着税收政策的实施效果,使得缩小收入分配差距的作用有限。基于民间自发捐赠的第三次分配缩小收入差距的程度取决于捐赠的力度。以美国为例,美国富裕阶层和企业每年通过各类基金会运作的慈善公益捐助达6700亿美元[①]。而2004—2014年我国社会累计捐赠金额仅为3787.7亿元,年人均捐赠不足50元。我国较小的捐赠规模不能起到调节收入分配差距的作用,那么,第三次分配以政策支持就变得充分必要。为了鼓励捐赠,我国通过向慈善公益组织捐赠的个人和组织实行一定的税收优惠,纳税人利用所得进行捐赠的税收支持涉及《个人所得税法》和《企业所得税法》。对于企业通过慈善基金会等非营利性社会团体进行的公益性捐赠支出不超过年度利润12%的部分,允许税前扣除。个人通过非营利性团体进行的公益性捐赠支出不超过应税所得30%的部分,可以在应税所得额中扣除。但是,由于我国慈善公益事业起步较晚,配套的税收优惠政策较为有限。

表1-2　　　　　　　　　　我国社会货币捐赠情况

指标	2004年	2005年	2006年	2007年	2008年	2009年	2010年	2012年	2013年	2014年
社会捐赠款(亿元)	34	60.3	83.1	132.8	744.5	507.2	596.8	490.1	572.5	566.4
人均捐赠款(元)	2.62	4.61	6.32	10.05	56.06	38.01	44.51	36.88	42.28	41.63

注：1. 数据来源：《中国民政统计年鉴》(2014)。
　　2. 人均捐款 = 社会总捐款/年末人口总数。

2. 税种设计应体现调节的范围和力度

税收制度调节收入分配最终是通过各税种实现的。不同的税种及

---

① 李萌：《公益捐赠的税收之痛 中美两国公益事业状况比较》,http://finance.people.com.cn/GB,2005年11月21日。

其要素由于其功能、组织收入能力的强弱,调节范围的大小和力度不同,而产生不同的调节效果。所得税的税种是对收入的直接调节,消费税是对收入的间接调节,所得税的调节力度要强于消费税。税基的宽窄、税率结构和税收优惠对收入分配的调节程度也是不同的。税基是横向公平原则的具体表现方式,宽税基的税种调节收入分配差距的作用较强,如个人所得税;窄税基的税收调节收入分配差距的效果较小,如遗产税和赠与税;税收的纵向公平要求税率结构的选择必须使得税制具有较强的累进性以达到调节收入分配的目的。当然,不同的税率结构也存在不同的调节差异,累进税率的作用效果强于比例税率。税收优惠的辐射范围也对调节力度有积极的作用,如免征额的规定等都可以有效地缓解低收入者因个人所得税负担而造成的收入下降。

运用①②方程,假定低收入者和高收入者购买的非消费税商品都是为了满足基本生活需要,那么就有:

$$\frac{(1-t_{低p})\omega \cdot L_{低}}{P} = \frac{\theta(1-t_{高p})\omega \cdot L_{高}}{P} = Q_{低} \quad ⑤$$

将⑤式代入

$$Q_{高} = \frac{\theta(1-t_{高p})\omega \cdot L_{高}}{P} + \frac{(1-\theta)(1-t_{高p})\omega \cdot L_{高}}{(1+t_0)P}$$

得 $Q_{高} - Q_{低} = \dfrac{(1-\theta)(1-t_{高p})\omega \cdot L_{高}}{(1+t_0)P}$。 ⑥

在其他条件不变下,由⑥可以看出,当 $t_{高p} \to 1$ 时,有 $Q_{高} - Q_{低} \to 0$,$W_{高} - W_{低} \to 0$,那么个人所得税调节收入分配差距的作用被无限放大,然而,由"倒 U 型""拉弗曲线"可知,当 $t_{高p}$ 达到某一特定值后,税收收入不会随着 $t_{高p}$ 的提高而增加,反而会下降。$t_{高p}$ 的提高会对高收入者的劳动供给产生效率损失,继而影响下一期初次分配获取的收入,损害了初次分配的效率要求,不利于经济发展。因此,税种及要素的设置必须以尽可能小的损失效率为前提,达到调节收入分配的目的。

3. 税收调节应具有特殊性与普遍性

无论是哪一种税,其调节收入分配都应具有特殊性和普遍性。就个人所得税而言,普遍性要求对每一个符合税法要求的纳税人都要征收,如免征额。特殊性要求对不同收入的个人运用不同的税率,高收入者适用高税率,低收入者适用低税率,以体现纵向公平。

假定,对应税所得规定一个起征点,低收入群体的收入由于小于或等于起征点,而不用缴纳个人所得税,那么就有:

$$Q_{低} = \frac{\omega \cdot L_{低}}{P}$$

$$Q_{高} = \frac{(1 - t_{p高})(\omega \cdot L_i - B)}{P}$$

其中,B 为起征点,起征点的存在使得低收入群体的商品购买量没有下降,高收入群体的购买量有所下降。依靠商品量的变化,缩小了高低收入群体间的不平等。

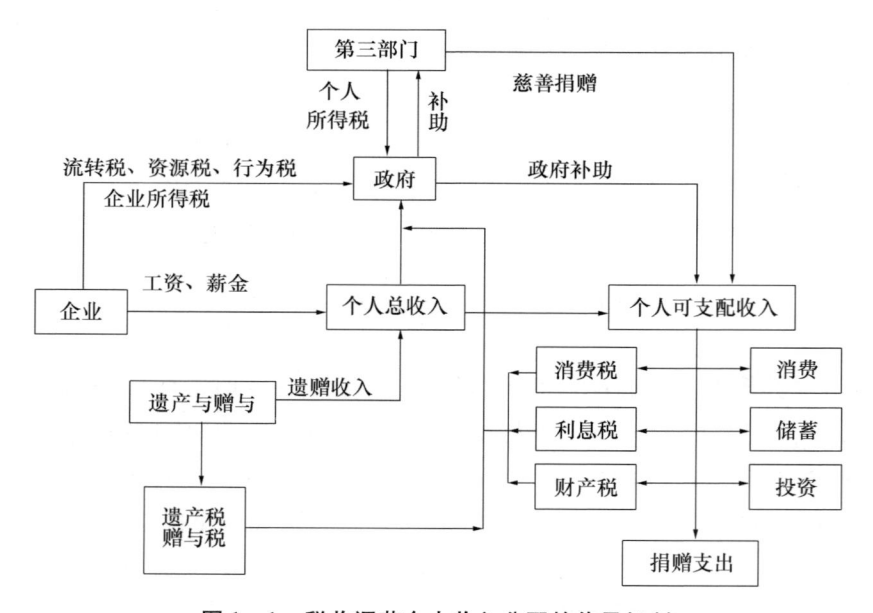

图 1-1 税收调节个人收入分配的传导机制

资料来源:万莹:《缩小我国居民收入分配差距的税收政策研究》,中国社会科学出版社 2013 年版,第 95 页,图 3-1。

综上,税收调节贯穿个人收入形成、消费、投资、转让、遗赠的全过程。通过构建多层次、全方位的税收调控体系，良好的税收制度安排可以影响纳税人的劳动报酬、消费成本、投资收益和财富积累，改变纳税人的经济行为选择，从而达到调节收入分配的政策目标[①]。

第四节 本章小结

通过对国内外已有文献的梳理发现，国外对税收再分配的研究，无论从理论还是实证研究都较为丰富。在所得税的功能界定上，凯恩斯学派、制度经济学派等都支持所得税具有或应该具有实现收入分配公平的功能，而自由经济主义学派则持否定的观点。然而，公平和效率的权衡并未影响个人所得税再分配效应的方法论和实证研究，并得出了较为一致的研究结论，即个人所得税在一定程度上缩小了收入分配差距，起到了收入再分配的作用。虽然，国内学者对个人所得税的功能定位一直是历次改革的争论焦点，但对方法论也进行了较为有意义的研究，并涌现了许多新的测度方法。但是，国内外研究最大区别就在于可供研究的数据较为坚实。由于缺乏研究所需要的微观数据以及系统的理论分析框架，国内相关研究主要停留在个人所得税再分配效应和累进性程度的判断上，没有对税收再分配效应的贡献因素进行分解，而且研究方法相对简单。

无论是以实现收入公平、最小福利损失还是有效需求为目标的税收理论都支持以累进性税率的个人所得税作为实现调节收入分配的工具。但是个人所得税不可能解决收入分配差距的所有问题，因为调节收入分配的税收结构不仅需要各税种设计及要素搭配，而且税收制度必须反映在收入分配的各环节，税种设计也应体现调节的范围和调节目标，税收调节还应具有特殊性和普遍性。

---

① 万莹：《缩小我国居民收入分配差距的税收政策研究》，中国社会科学出版社 2013 年版，第 95 页。

第二章 税前收入不平等的检验

20世纪80年代中期以后,我国城镇居民税前收入快速增长,但是收入不平等的扩大趋势却不容忽视。收入差距的扩大寻求财税政策的解决有其理论依据,税前税后收入不平等的变化程度是政策效果的体现。这样税前收入不平等的定性定量分析就成为个人所得税再分效应研究的逻辑起点,也是个人所得税介入收入再分配的现实依据。

本章首先分析我国城镇居民税前收入水平的动态趋势;然后在收入不平等方法论的基础上对我国收入不平等进行实证分析;最后,与发达国家收入不平等的演进历程进行比较[①]。

第一节 税前收入水平的动态趋势

随着经济的发展,我国城镇居民税前收入增加的同时,收入差距扩大的趋势日益明显,主要表现在收入快速增长,收入结构格局基本不变,各阶层收入差距扩大。

一 收入快速增长

从1985年开始,国家统计局城市调查队对城镇居民家庭人口及其构成、现金收支等进行大样本和小样本抽样调查,根据1994—2013年居民收入结果进行统计(见表2-1和图2-1),我国城镇居民人均总收入(税前收入)从3502.3元增加到29547.1元,收入增幅为7.43倍,年均增长率为11.95%,剔除基期为1994年的价格指

---

① 本章部分内容已由笔者发表。

数后，年均增长率为 9.23%；可支配收入从 3496.2 元增加到 26955.1 元，增幅为 6.71 倍，年均增长率为 11.41%，不变价格年均增长率为 9.01%。按收入增速对税前总收入和可支配收入进行阶段化分，1994—2001 年总收入和可支配收入为快速增长期，两者年均增长率为 10.23%，不变价格年均增长率为 8.12%；2001—2013 年为飞速发展期，总收入年均增长率为 12.96%，可支配收入平均增长率为 12.10%；不变价格增长率分别为 10.78% 和 9.89%。可支配收入在飞速发展期增速明显低于总收入增速，其原因是从 2002 年开始，我国将个人作为社会保险缴纳的主体之一后，社会保险的主要组成部分五险一金已占个人工薪收入的 10%。

表 2-1　　　　我国城镇居民税前收入与可支配收入　　　　单位：元

年份	1994	1995	2000	2001	2002	2003	2004	2005
总收入	3502.3	4288.1	6295.9	6868.9	8177.4	9061.2	10128.5	11320.8
可支配收入	3496.2	4283.0	6279.9	6859.6	7702.8	8472.2	9421.6	10493.0

年份	2006	2007	2008	2009	2010	2011	2012	2013
总收入	12719.2	14908.6	17067.8	18858.1	21033.4	23979.2	26959.0	29547.1
可支配收入	11759.5	13785.8	15780.8	17174.7	19109.4	21809.8	24564.7	26955.1

注：1. 数据来源：《中国统计年鉴》（1995—2014）。
　　2. 可支配收入 = 总收入 - 缴纳的个人所得税 - 个人缴纳的社会保障支出 - 记账补贴。

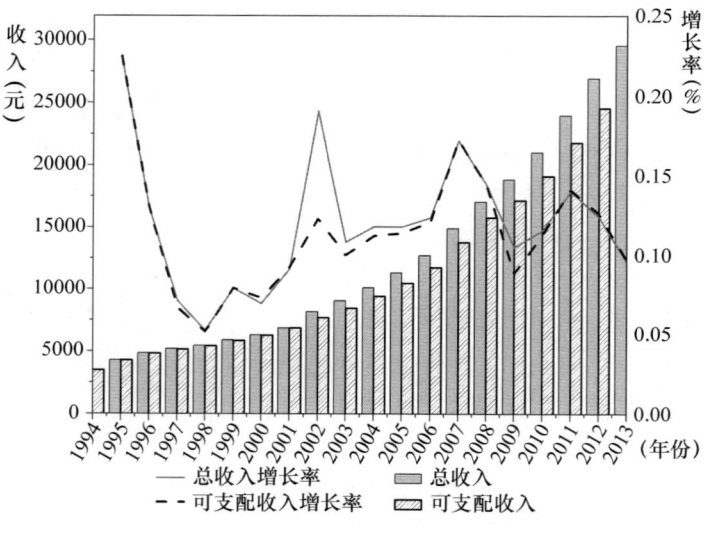

图2-1 我国居民收入水平动态趋势

二 收入结构基本不变

根据抽样分类，城镇居民总收入按收入来源不同分为工薪收入、经营净收入、财产性收入和转移性收入四类。其中，工薪收入是指就业人员通过各种途径得到的全部劳动报酬，包括所从事主要职业的工资以及从事第二职业、其他兼职和零星劳动所得的其他劳动收入。经营净收入指个体或私营业主在一个记账周期内取得的全部营业收入或销售收入以及经营房屋出租业务的租金收入。财产性收入指家庭依靠拥有的动产（如银行存款、有价证券）、不动产（如房屋、土地等）所获得的收入，包括出让财产使用权所获得的利息、租金、专利收入；财产营运所获得的红利收入、财产增值收益等。转移性收入指国家、单位、社会团体对居民家庭的各种转移支付和居民家庭间的收入转移，包括政府对个人收入转移的离退休金、失业救济金、赔偿等；单位对个人收入转移的辞退金、保险索赔、住房公积金、家庭间的赠送和赡养等[1]。

---

[1] 韩海燕：《中国城镇居民收入结构、不稳定性与消费问题研究》，博士学位论文，西北大学，2010年。

表 2-2　　　　　我国城镇居民分类收入结构变动趋势　　　　单位:%

年份	工资性	经营性	财产性	转移性	年份	工资性	经营性	财产性	转移性
1994	78.77	1.76	1.97	17.51	2004	70.62	4.88	1.59	22.91
1995	78.53	2.11	2.11	17.25	2005	68.88	6.00	1.70	23.41
1996	78.12	2.39	2.31	17.18	2006	68.93	6.36	1.92	22.79
1997	75.96	3.25	2.40	18.40	2007	68.65	6.31	2.34	22.70
1998	74.19	3.42	2.43	19.96	2008	66.20	8.52	2.27	23.02
1999	72.60	3.77	2.18	21.45	2009	65.66	8.11	2.29	23.94
2000	71.17	3.91	2.04	22.88	2010	65.17	8.15	2.47	24.21
2001	70.32	3.99	1.96	23.74	2011	64.27	9.22	2.71	23.81
2002	70.19	4.06	1.25	24.50	2012	64.30	9.45	2.62	23.62
2003	70.74	4.46	1.49	23.31	2013	64.07	9.47	2.74	23.73

注:1. 数据来源:《中国统计年鉴》(1995—2014)。

2. 总收入 = 工资性收入 + 经营性收入 + 财产性收入 + 转移性收入。

由表 2-2 可以看出,1994—2013 年,我国城镇居民的工资性收入占总收入的比重(份额)虽然从 78.77% 下降到 64.07%,但是以工资性收入为主的居民收入结构并未发生根本性的变化,工资性收入份额的平均值为 70.37%。伴随着工资性收入份额的下降,经营性收入份额快速增长,从 1.76% 扩大至 9.47%,增长了 4.38 倍,这是因为统计区间内我国经济发展快速且未出现较大波动,市场经济日趋完善,个体经营者人数增加,增值税营业税起征点提高、营改增等税收改革,使得个体工商户的经营性收入快速增加。财产性收入份额先下降后缓慢增加,2007 年随着我国居民房产性投资增速加快,房屋租金涨幅较大,城镇居民人均出租房屋收入增长较快,使得居民的财产收入份额有所增长,从 1.97% 增长到 2.74%。转移性收入稳步增加,从 17.51% 增长到 23.73%,年均增长率保持在 2% 的水平,这是因为社会保障体系日益成熟,最低生活保障水平和企业退休人员基本养老金每年保持 10% 的增幅。

三 各阶层收入差距扩大

伴随着我国城镇居民收入水平的快速增长，以收入递增排序的各收入户之间的收入差距迅速扩大。根据城调队的大样本分类，城镇居民家庭按照收入分为最低收入户、低收入户、中等偏下收入户、中等收入户、中等偏上收入户、高收入户、最高收入户七组。为了衡量不同收入户之间的收入差距，将最低收入户的收入作为基准，其他收入户作为参照，统计出1994—2013年最低收入与其他收入阶层的收入差距（见表2-3）。

表2-3 其他收入阶层与最低收入阶层税前（总）收入差距　　单位：倍

年份	收入类型	最高	高	中等偏上	中等	中等偏下	低
1994	总收入	3.94	2.89	2.35	1.90	1.57	1.29
	可支配收入	4.11	2.99	2.43	1.97	1.61	1.32
1995	总收入	3.78	2.77	2.28	1.87	1.54	1.28
	可支配收入	3.92	2.86	2.35	1.92	1.58	1.30
2000	总收入	5.00	3.54	2.81	2.21	1.74	1.37
	可支配收入	5.02	3.56	2.82	2.22	1.74	1.37
2001	总收入	5.37	3.68	2.90	2.26	1.76	1.37
	可支配收入	5.39	3.70	2.91	2.27	1.76	1.38
2002	总收入	7.99	4.97	3.73	2.79	2.06	1.52
	可支配收入	7.89	4.89	3.68	2.76	2.05	1.52
2003	总收入	8.50	5.10	3.79	2.81	2.07	1.52
	可支配收入	8.43	5.07	3.77	2.81	2.08	1.53
2004	总收入	8.92	5.24	3.85	2.84	2.08	1.52
	可支配收入	8.87	5.23	3.86	2.85	2.10	1.55
2005	总收入	9.25	5.53	4.03	2.93	2.12	1.54
	可支配收入	9.18	5.49	4.02	2.93	2.14	1.56
2006	总收入	9.00	5.35	3.93	2.85	2.09	1.54
	可支配收入	8.96	5.34	3.94	2.88	2.12	1.55

续表

年份	收入类型	最高	高	中等偏上	中等	中等偏下	低
2007	总收入	8.69	5.24	3.84	2.82	2.08	1.52
	可支配收入	8.74	5.28	3.89	2.86	2.11	1.55
2008	总收入	9.11	5.48	3.99	2.89	2.11	1.52
	可支配收入	9.17	5.52	4.05	2.94	2.14	1.55
2009	总收入	8.63	5.24	3.87	2.83	2.07	1.51
	可支配收入	8.91	5.40	4.00	2.93	2.14	1.55
2010	总收入	8.42	5.11	3.80	2.82	2.08	1.53
	可支配收入	8.65	5.22	3.90	2.90	2.14	1.56
2011	总收入	8.24	5.02	3.72	2.74	2.03	1.50
	可支配收入	8.56	5.17	3.84	2.84	2.11	1.55
2012	总收入	7.59	4.72	3.56	2.66	2.00	1.49
	可支配收入	7.77	4.82	3.63	2.73	2.04	1.52
2013	可支配收入	4.93	2.83	2.14	1.62		

注：1. 数据来源：《中国统计年鉴》(1995—2013)。

2.2013年对各阶层分组由七等分变为五等分且只统计可支配收入，未统计总收入。

统计区间内，各收入户与最低收入之间的差距都呈现了不同的扩大趋势。其中，最高收入户与最低收入户的差距最为突出，从1994年的3.94倍，扩大至2008年的9.11倍，扩大幅度为231.71%；2005—2008年收入差距小幅降低后，2008年出现了较大的增幅；以绝对数比较，最高收入户的收入从6837.81元，连年增加到69877.34元，增长921.92%，平均增速为46.09%，而最低收入户的收入增加幅度为430.93%，平均增速为21.55%，最高收入户收入增速是最低收入户的两倍，使得最高与最低收入户的收入差距迅速扩大；其他收入户与最低收入户的差距扩大幅度分别为189.85%、169.84%、151.90%和134.43%。各阶层与最低收入户的可支配收入差距的扩大趋势要大于总收入的扩大趋势，这是因为社会保障支出和缴纳的个人所得税都是在总收入基础上进行的测算，最低收入户的两类收入明显要低于其他收入户。2008—2012

年，最低收入阶层与其他收入阶层的差距开始缩小，最高收入与最低收入之间的差距由 9.11 降至 7.59，其他收入阶层与最低收入阶层的差距也在缓慢缩小。

第二节 税前收入不平等的测度与实证分析

收入不平等是收入分配差距的存在及数量特征。对收入不平等方法论的研究，是衡量税前收入不平等数量程度的基础。

一 收入不平等的测度

国外学者提出了较多可行且常用的收入不平等测度方法，如洛伦茨曲线、基尼系数、收入不良指数、库兹涅茨指数及其"倒U型"曲线、等分法、恩格尔系数法、熵指数法等。由于库兹涅茨指数及其"倒U型"曲线偏向测量区域间的收入差距，并未涉及不同群体之间的收入差距；恩格尔系数是家庭用于生活资料的食物支出额占总支出额的比重，通常作为国际收入差距比较的指标之一，但是无论发展中国家还是发达国家，家庭维持基本生活之一的食物支出的资金数量具有刚性特征，家庭间购买力的不同和选择食物质量的差异有可能造成恩格尔系数的值不可靠。等分法要求使用的数据必须均等划分收入群体，如十等分、五等分等，而且要求各等分群体的收入比重必须按照单调顺序进行有序排列，限制了其使用。洛伦茨曲线和基尼系数的计算方法和数值能较为客观地反映一个国家的总体收入分配差距和居民内部收入分配差异状况，在其发展过程中根据调查数据的可得性和资料的不同，衍生出较多可操作的计算方法。正是由于基尼系数具有的横向比较性、计算的可实施性、数据的易获得性使其成为国际上最为通用的测量指标。由于个人所得税收入再分配效应的定量研究都是以基尼系数为基础的，因此选择基尼系数作为税前收入不平等的基础研究工具，但是基尼系数对中等收入群体的收入变动反应较为敏感，对低收入和高收入阶层的收入变化较为迟钝。在研究收入不平等时，将衡量各阶层内部和各阶层之间收入不平等的泰尔熵指数法、不良指数法作为基尼系数的补充。

(一) 洛伦兹曲线

Lorenz（1905）在研究生产要素收入分配的公平程度时，将某国某年的人口按照财富（收入）从低到高进行排列的累计百分比和人口对应的财富占社会总财富的累计百分比作为变量分布在一个正方形的横轴和纵轴上，绘制出该国该年度收入分配的洛伦兹曲线。

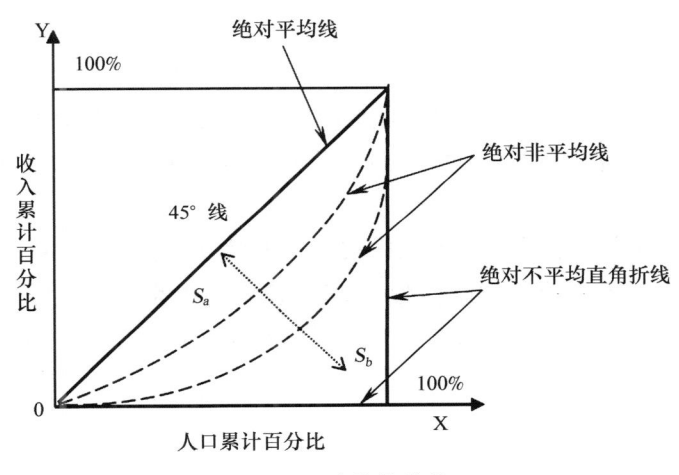

图 2-2 洛伦兹曲线

1. 洛伦兹曲线的特点

如图 2-2 所示，洛伦兹曲线从（0，0）点出发，到（1，1）点结束；当洛伦兹曲线为 45 度绝对平均线时，表明该国收入分配绝对公平，人均收入水平绝对平均；当洛伦兹曲线是横轴与人口占比达 100% 的垂直直线合成的直角折线时，表明该国收入分配绝对不公平，人均收入水平绝对不平均。45 度绝对平均线和绝对不平均直角折线是两种极端收入分配状态。通常情况下，洛伦兹曲线位于 45 度线和直角折线之间，即绝对非平均线。当洛伦兹曲线趋向 45 度线时表明收入分配趋向绝对公平，当越接近直角折线时表明收入分配越趋向绝对不公平。

2. 洛伦兹曲线方程的拟合方法

虽然洛伦兹曲线较为直观地描述收入不平等，但是却没有统一的测量（量测）方程。准确的洛伦茨拟合曲线可以提高研究的精确度。一般来说洛伦茨曲线的拟合方法有三种：几何计算法、间接拟合法和曲线拟合法。几何计算法是根据统计数据按照各分组数据进行分块拟合，精确性较差；间接拟合法是在已知收入分配概率密度函数的前提下，得出洛伦茨曲线方程；曲线拟合法是通过分组数据拟合出连续的洛伦茨曲线，虽然存在误差，但精确度高于几何计算法和间接拟合法，是一种较为理想的方法[①]（曾杨，2014）。

（二）基尼系数

Gini（1912）依据洛伦茨曲线提出了基尼系数的概念和具体的计算方法，以数量的形式确定了收入分配的不平等程度，弥补了洛伦茨曲线对收入分配不平等的定量缺失。

基尼系数是将洛伦茨曲线中用于不平等收入分配的面积 S_a 与绝对平等和绝对不平等围成的面积 S_b 进行比较，以衡量收入分配的不平等程度（见图 2-2）。这样，基尼系数的计算公式为：

$$Gini = \frac{S_a}{S_a + S_b}$$

又因为 $S_a + S_b = \frac{1}{2}$；所以 $Gini = \frac{S_a}{S_a + S_b} = 2S_a$，其中，$0 \leq S_a \leq \frac{1}{2}$。

当 $S_a = 0$ 时，有 $S_b = \frac{1}{2}$，$Gini = 0$，表明收入绝对公平，即洛伦茨曲线为 45 度线。

当 $0 < S_a < \frac{1}{2}$ 时，$0 < Gini < 1$，表明收入差距非公平，即洛伦茨曲线位于 45 度线和直角直线之间的绝对非平均线。

当 $S_a = \frac{1}{2}$ 时，有 $S_b = 0$，$Gini = 1$，表明收入绝对不公平，即洛伦茨曲线为收入绝对不平均直角折线。

[①] 曾杨：《税制对个人所得税再分配效率的影响》，硕士学位论文，北京师范大学，2014 年。

在洛伦茨曲线已知的条件下，基尼系数为：

$$Gini = \frac{\int_0^1 XdX - \int_0^1 Y(X)dX}{\int_0^1 XdX} = 1 - \frac{\int_0^1 Y(X)dX}{\int_0^1 XdX} = 1 - 2\int_0^1 Y(X)dX$$

其中，$\int_0^1 XdX$ 为 45 度线和绝对不平均直角折线围成的面积 $S_a + S_b$，即 $\int_0^1 XdX = \frac{1}{2}$，$\int_0^1 YdX$ 为绝对非平均线和绝对不平均直角折线围成的面积 S_b。

在洛伦茨曲线未知的条件下，Gini（1912）为：

$$Gini = \frac{\sum_{i=1}^{t}\sum_{j=1}^{t}|Y_i - Y_j|}{2t^2\gamma}$$

其中，Y_i，Y_j 为第 i 和第 j 人口的收入，$Y_i - Y_j$ 为第 i 和 j 人口的收入差，γ 为收入期望值，基尼系数表明收入差距偏离收入期望值的程度。

Gini（1912）被后者称为基尼系数。此计算方法虽然较为直观，但是需要大量的收入数据和辅助计算，而实际中多为抽样调查数据，组数较少会大大降低基尼系数计算的准确性[①]（徐万坪，2004）。为此，国内外学者在前人研究的基础上总结出较为实用的直接法、面积法和等分法等。其中，面积法有上梯形面积法（高铁梅，2012；常世旺，2015）和下梯形面积法（王亚芬等，2007；古建芹等，2011）。

1. 上梯形面积法

上梯形面积法是求得 S_a 以计算出 Gini 系数。假设将人口和财富或收入数据按照人口规模 P_i（$P_i \neq P_j$）分为 n 组，P_i 对应的第 i 组的收入总额为 Y_i，第 i 组人口占总人口的比重为 $p_i = P_i / \sum_{i=1}^{n} P_i$，第 i 组人口收入占总收入的比重为 $y_i = Y_i / \sum_{i=1}^{n} Y_i$，那么收入分配不平等程度 S_a 等于若干矩形面积与若干三角形面积之和减去 45 度线上方直角三

[①] 徐万坪：《基尼系数的算法》，《统计与决策》2004 年第 9 期。

角形的面积。

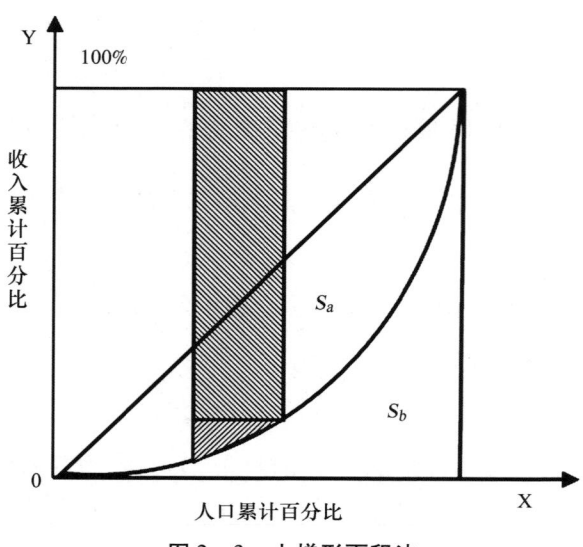

图 2-3 上梯形面积法

根据上梯形面积法，得出 S_a 为：

$$S_a = \frac{1}{2}p_1y_1 + p_1(1-y_1) + \frac{1}{2}(p_2-p_1)(y_2-y_1) + (p_2-p_1)(1-y_2) + \frac{1}{2}(p_3-p_2)(y_3-y_2) + (p_3-p_2)(1-y_3) + \cdots$$

$$+ \frac{1}{2}(p_n-p_{n-1})(y_n-y_{n-1}) + (p_n-p_{n-1})(1-y_n) - \frac{1}{2}$$

$$= \frac{1}{2}\sum_{i=1}^{n}(p_iy_{i+1} - p_{i+1}y_i) + p_n - \frac{1}{2}p_ny_n - \frac{1}{2}$$

又因为 $Gini = 2S_a$，$p_n = y_n = 1$，所以 Gini 系数为：

$$Gini = 2S_a$$

$$= \sum_{i=1}^{n}(p_iy_{i+1} - p_{i+1}y_i) + 2p_n - p_ny_n - 1$$

$$= \sum_{i=1}^{n}(p_iy_{i+1} - p_{i+1}y_i)$$

如果将人口按照收入递增排序分为 k 组，且 $P_1 = P_2 = P_3 = \cdots =$

P_k,那么基尼系数为:

$$Gini = \frac{2}{k}(y_1 + 2y_2 + \cdots + ky_k) - \frac{k+1}{k} = \frac{2}{k}\sum_{i=1}^{k}iy_i - \frac{k+1}{k}$$

2. 下梯形面积法

下梯形面积法是计算出 S_b,再根据 $S_b + S_a = \frac{1}{2}$,得出基尼系数,其中 S_b 为若干个梯形面积之和。

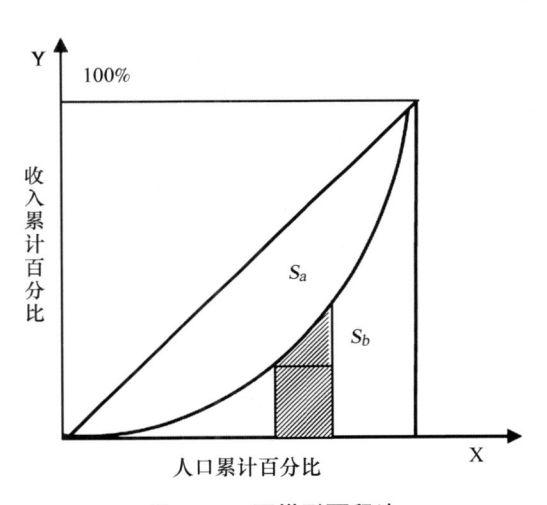

图 2 - 4 下梯形面积法

$$S_b = \frac{1}{2}p_1y_1 + \frac{1}{2}(p_2 - p_1)(y_1 + y_2) + \frac{1}{2}(p_3 - p_2)(y_2 + y_3)$$
$$+ \cdots + \frac{1}{2}(p_n - p_{n-1})(y_{n-1} + y_n)$$
$$= \frac{1}{2}p_1y_1 + \frac{1}{2}\sum_{i=1}^{n-1}(p_n - p_{n-1})(y_{n-1} + y_n)$$

$$Gini = 2S_a = 2(\frac{1}{2} - S_b) = 1 - 2S_b = 1 - p_1y_1 + \sum_{i=1}^{n-1}(p_n - p_{n-1})(y_{n-1} + y_n)$$

3. 直接法

根据 $Gini$(1912)的公式,推导出较为实用的直接法。

$$Gini = 1 - \sum_{i=1}^{n} p_i \times 2 \sum_{k=1}^{i} (y_k - y_i)$$

基尼系数的计算方法除了上梯形面积法、下梯形面积法外还有矩形面积法、拟合曲线法等,不同的测算方法得出的结论也不相同。由于本书不使用矩形面积法,故不作介绍;拟合曲线法是在洛伦茨拟合曲线的基础上进行的基尼系数计算,在第二节中具体介绍。

(三) 等分法

等分法是将所有或者抽样调查的家庭或个人的收入数据,按照递增顺序进行排列,将对应的人口规模划分成 n 等份,即 $P_1 = P_2 = P_3 = \cdots = P_n$。在计算出各等份组平均收入后,将各组平均收入占总收入的比重进行比较,以得出各组之间的收入分配差距。国际上常用的等分法有五分法、十分法等,一般将五分法称作不良指数法。按照 OECD 和 IMF 通常使用的五等分法为例,收入群体由最低收入户、低收入户、中等收入户、较高收入户和最高收入户组成,每组的人口规模 P_i 相等。按照五等分法,有:

$$P_1 = P_2 = P_3 = P_4 = P_5 = 0.2$$

$$M_i = Y_i / P_i$$

$$m_i = M_i / \sum_{i=1}^{n} Y_i$$

其中,M_i 为第 i 组平均收入,m_i 第 i 组平均收入占总收入的比重,那么收入五等分法下的基尼系数为[①]:

$$Gini = \frac{1}{n} \sum_{i=2}^{5} \sum_{j<i} (m_i - m_j)$$

$$= \frac{1}{5} [(m_2 - m_1) + (m_3 - m_1) + (m_3 - m_2) + (m_4 - m_1) + (m_4 - m_2) + (m_4 - m_3) + (m_5 - m_1) + (m_5 - m_2) + (m_5 - m_3) + (m_5 - m_4)]$$

$$= \frac{1}{5} (m_2 + 2m_3 + 3m_4 + 4m_5 - 4m_1 - 3m_2 - 2m_3 - m_4)$$

---

① 胡祖光:《基尼系数理论最佳值及其简易计算公式研究》,《经济研究》2004 年第 9 期。

$$= \frac{1}{5}(4m_5 - 4m_1 + 2m_4 - 2m_2)$$

为了简易计算基尼系数，胡祖光（2004）在 Kakwani 等（1980）、Cowell（1995）对基尼系数进行优化的基础上，将调查的家庭七分组重新划分为五等分后，假定各组收入数据呈等差数列（公差为 D），以此推算出简易的基尼系数 g，依此测算出 34 个国家的 g 后与世界银行官方公布的基尼系数值进行比较，其误差在千分位内，精确度较高。

简易基尼系数 g：

$$g = m_5 - m_1$$

简易 $Gini$ 系数 g 表明，基尼系数值为最高收入组的收入百分比与最低收入组收入百分比的差值。

（四）泰尔熵指数法

Theil（1967）将信息理论中的熵引入收入分配不平等的定量测算，推导出泰尔熵指数（Theil index）。泰尔熵指数是衡量不同收入群体、个人之间或者不同群体内部的收入不平等对总收入不平等的贡献程度，计算公式为：

$$Theil = \sum_{i=1}^{n} y_i \log(\frac{y_i}{p_i})$$

按照收入群体所处的阶层不同，泰尔熵指数可分为泰尔熵指数 T 和泰尔熵指数 L。泰尔熵指数 T 和泰尔熵指数 L 分别对高收入阶层和低收入阶层的收入变化较为敏感，其计算公式为：

$$T = \sum_{i=1}^{n} y_i \log n y_i$$

$$L = \frac{1}{n} \sum_{i=1}^{n} \log \frac{\bar{Y}}{Y_i}$$

其中，$\bar{Y}$ 为总收入的平均值，即 $\bar{Y} = \dfrac{\sum_{i=1}^{n} Y_i}{n}$。

（五）收入不良指数法

收入不良指数又称为欧希玛指数（Incomeun healthy index），是以等分法为基础，将收入水平最高的 20% 与最低的 20% 人口的平均收入的比率作为衡量收入分配状况的指标，其计算公式为：

$$IUI = \frac{M_5}{M_1}$$

其中，M_1 为最高收入组平均收入，M_5 为最低收入组平均收入。

当最低收入组平均收入等于最高平均收入组时，收入不良指数为1，表明收入分配绝对公平；收入不良指数越大，收入越不公平。

二 税前收入不平等的实证分析

运用收入不平等的定性和定量指标，分析我国1994—2012年税前收入不平等的变动趋势。

（一）税前洛伦茨曲线的直观描述

1. 洛伦茨曲线拟合方程的选择

由于我国收入分组数据较少，为了提高基尼系数的精确度，本书选用洛伦茨曲线拟合法对居民收入不平等的离散数据进行拟合。选用Hossain（2011）拟合函数[1]，因为该函数不仅满足洛伦茨曲线的所有特性，而且针对分组数据的拟合度 R^2 优于其他模型（如 Kakwani 等[2]，1976；Rasche 等[3]，1980；Ortega 等[4]，1991；等等）。

Hossain（2011）洛伦茨曲线拟合函数：

$$y = f(x) = x^a e^{\beta(x-1)}[1-(1-x)^\theta]$$
$$f(0) = 0 \quad f(1) = 1$$
$$f'(x) \geq 0 \quad f''(x) \geq 0 \quad f(x) \leq x$$

其中，x 为人口累计百分比，$f(x)$ 为收入累计百分比，a、β、θ 为参数，且 $a, \beta > 0, 0 < \theta \leq 1$。

2. 税前洛伦茨曲线的动态趋势

根据 Hossain（2011）拟合函数，利用 Matlab 7.0 和 Origin 7.5，

---

[1] Sharif Hossain, Chikayoshi Saeki, "A New Functional Form for Estimating Lorenz Curves", *Journal of Business and Economics Research*, 2011, 1 (1), pp. 43–58.

[2] Kakwani N., Podder, N., "Efficient Estimation of Lorenz Curve and Associated Inequality Measures from Grouped Observations", *Econometrica*, 1976, 14 (2), pp. 278–291.

[3] Rasche, R. H., Gaffney, J. Koo, A. Y., and Obst, N., "Functional Forms for Estimating the Lorenz Curve", *Econometrica*, 1980, 48, pp. 1061–1062.

[4] Ortega P., G. Martin, A. Fernandz, M. Ladoux, A. Garcia, "A New Functional Form for Estimating Lorenz Curves", *Review of Income and Wealth*, 1991, 37, pp. 447–452.

拟合出 1994—2012 年各期税前洛伦茨曲线（拟合程序和拟合曲线参数见附录 A-1、A-2）。由于区间内各期洛伦茨曲线区别较小，叠加性较强，所以选取具有波峰波谷特性的年份以演示税前收入不平等的变动趋势。

从图 2-5 可以看出，1994—2005 年，洛伦茨曲线快速偏离收入绝对平均 45°线。如果将洛伦茨曲线分成 20% 低收入段（人口累计百分比为 0—20%）、60% 中等收入段（人口累计百分比为 20%—80%）、20% 高收入段（人口累计百分比为 80%—100%），从衡量曲线变量在各时间点变化快慢程度的斜率可以看出，曲线低收入段，斜率快速下降；中等收入段，斜率略有下降；高收入段斜率日趋陡峭，表明我国收入不平等迅速拉大；特别是占人口 80% 的收入阶层（群体）（累计人口 0—80%）所拥有的收入份额日益下降，收入快速向高收入阶层聚集，高低收入阶层间的收入差距迅速拉大。将各阶层收入份额统计后发现，最高收入阶层所拥有的收入份额从 1994 年的

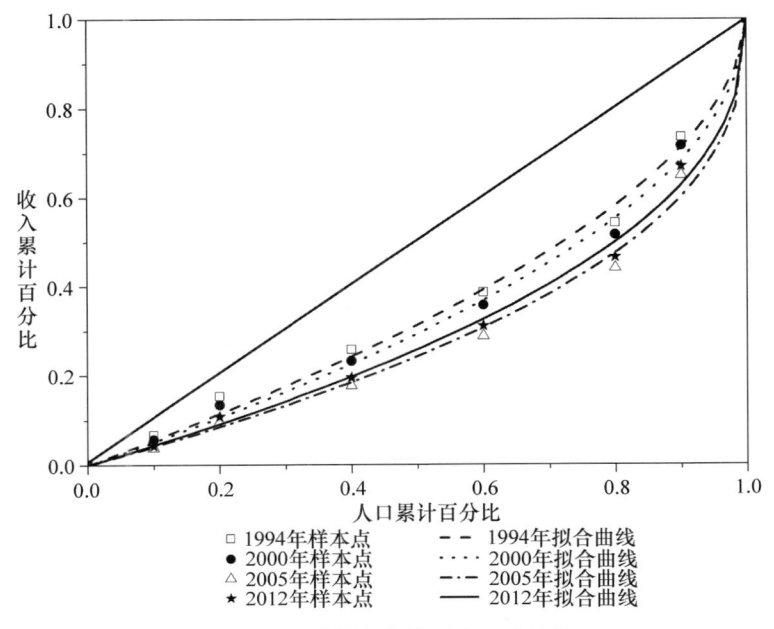

图 2-5 税前洛伦茨拟合曲线演进

样本点数据来源：《中国统计年鉴》（1995、2001、2006、2013）。

45.6%，扩张到 2005 年的 55.99%，涨幅近 23%，而较低收入阶层收入份额却下降了 35.1%、低收入阶层下降了 30%，中等收入阶层（中等偏下、中等、中等偏上）下降了近 5%；2005—2012 年收入不平等状况虽然有所改观，但是，不平等缩小的程度较为有限，特别是 10% 的最低收入阶层和 10% 的最高收入阶层之间的收入不平等状况并未改观。

（二）税前基尼系数的动态趋势

1. 洛伦茨曲线已知的税前基尼系数测算

税前基尼系数 $Gini_b$ 测算方程：

$$Gini_b = 2S_a = 2\left(\frac{1}{2} - S_b\right) = 1 - 2S_b$$

$$= 1 - 2\int_0^1 y\,dx = 1 - 2\int_0^1 f(x)\,dx$$

$$= 1 - 2\int_0^1 (x^a e^{\beta(x-1)}[1-(1-x)^\theta])\,dx$$

根据已拟合的洛伦茨曲线 $f(x)$，使用 Origin 7.5 进行公式编辑，求得曲线 $f(x)$ 与绝对不平均直接折线围成的面积，然后按照下梯形面积法，求得各期税前基尼系数精确值（见表 2-4）。

表 2-4　　税前基尼系数测算值

年份	测算 S_b	测算 $Gini_b$	官方 $Gini_b$	年份	测算 S_b	测算 $Gini_b$	官方 $Gini_b$
1994	0.36088	0.27824	0.389	2004	0.29022	0.41956	0.473
1995	0.36515	0.26970	0.375	2005	0.28723	0.42554	0.485
1996	0.36531	0.26938	0.371	2006	0.28944	0.42112	0.487
1997	0.35602	0.28796	0.384	2007	0.29220	0.41560	0.484
1998	0.35144	0.29712	0.389	2008	0.28785	0.42430	0.491
1999	0.34670	0.30660	0.409	2009	0.29258	0.41484	0.49
2000	0.33964	0.32072	0.403	2010	0.29613	0.40774	0.481
2001	0.33277	0.33446	0.433	2011	0.29642	0.40716	0.477
2002	0.30069	0.39862	0.479	2012	0.30415	0.39170	0.474
2003	0.29480	0.41040	0.389	2013			0.473

数据来源：《中国统计年鉴》（1997—2001）；《世界银行发展报告》（2002）；国民经济运行情况发布会，2011—2014 年。

统计区间内，我国基尼系数值大幅增加。从1994年的0.27824增加到2005年的最大值0.42554，扩大幅度为52.95%；尤其是2001—2003年，收入差距快速扩大，中等收入阶层内部的收入差距迅速分化，中等偏上阶层的收入增速远远大于中等和中等偏下阶层，究其原因是我国工资收入改革开启，居民收入迅速扩张的结果；2005—2012年略有下降至0.3917（其中2008年为极值点），表明我国收入不平等的下降趋势有所缓和，收入不平等有缩小趋势，但是降幅较低，仅为7.95%。我国基尼系数表现出的先快速增长后缓慢下降的趋势（见图2-6）与我国居民收入的增长速度及居民内部各阶层收入差距扩大的表现一致。

2. 各类公式法的税前基尼系数测算

为了将拟合的税前基尼系数值与各类公式法计算的基尼系数值进行比较，利用Origin 7.5测算出各类基尼系数值（见表2-5）。

根据测算的各类基尼系数值可以看出，洛伦茨曲线拟合下的基尼系数值与官方值较为接近，但仍有差距，其原因是官方基尼系数值是以全国城乡居民家庭的抽样调查为样本进行的测算，而拟合曲线法下的基尼系数值是以城镇居民家庭抽样调查为样本，按照每一单位进行的估算，所以造成了一定的差距，但是拟合的基尼系数值优于离散数据下的公式法测算，其原因是离散数据仅为8个，几何法估算值的精确度较低。因此，本书所有与基尼系数相关的测算都选用拟合曲线法，以提高估算的精确度。

表2-5　　　　　　　　各类公式法的税前基尼系数值

年份	面积法	直接法	等分法	胡祖光等分法①	年份	面积法	直接法	等分法	胡祖光等分法
1994	0.27824	0.2729	0.2050	0.2248	2004	0.41956	0.4100	0.3133	0.3542
1995	0.26970	0.2646	0.1982	0.2171	2005	0.42554	0.4159	0.3189	0.3652
1996	0.26938	0.2643	0.1983	0.2162	2006	0.42112	0.4115	0.3152	0.3594

① 胡祖光等分法的基尼系数计算值与官方统计值相差较大，这与胡祖光（2004）的结论差距较大，这是因为胡祖光使用的是城乡居民收入数据。本书使用的是城镇居民收入数据。

续表

年份	面积法	直接法	等分法	胡祖光等分法	年份	面积法	直接法	等分法	胡祖光等分法
1997	0.28796	0.2824	0.2121	0.2330	2007	0.41560	0.4062	0.3106	0.3523
1998	0.29712	0.2913	0.2191	0.2401	2008	0.42430	0.4147	0.3181	0.3681
1999	0.30660	0.3005	0.2266	0.2489	2009	0.41484	0.4055	0.3103	0.3585
2000	0.32072	0.3142	0.2374	0.2627	2010	0.40774	0.3986	0.3040	0.3506
2001	0.33446	0.3275	0.2477	0.2757	2011	0.40716	0.3980	0.3040	0.3507
2002	0.39862	0.3898	0.2969	0.3229	2012	0.39170	0.3830	0.2915	0.3354
2003	0.41040	0.4011	0.3061	0.3376					

（三）其他指标的动态趋势

为了全面衡量各收入群体间以及群体内部的不平等程度，按照拟合的洛伦茨曲线对应的人口累计百分比与收入累计百分比，测算出泰尔熵指数 T、泰尔熵指数 L 和收入不良指数 IUI（见表 2-6 和图 2-6）。

表 2-6　　　　　　税前收入不平等指数测算值

年份	泰尔熵指数 T	泰尔熵指数 L	收入不良指数 IUI	年份	泰尔熵指数 T	泰尔熵指数 L	收入不良指数 IUI
1994	0.0409	0.0584	2.9814	2004	0.0965	0.1430	5.6103
1995	0.0385	0.0548	2.8788	2005	0.0989	0.1480	5.8189
1996	0.0383	0.0546	2.8698	2006	0.0970	0.1443	5.6567
1997	0.0438	0.0631	3.1203	2007	0.0942	0.1401	5.5297
1998	0.0467	0.0674	3.2464	2008	0.0982	0.1469	5.7880
1999	0.0497	0.0719	3.3775	2009	0.0936	0.1397	5.5356
2000	0.0544	0.0795	3.6099	2010	0.0905	0.1348	5.3502
2001	0.0595	0.0867	3.8171	2011	0.0902	0.1336	5.2975
2002	0.0861	0.1284	5.1509	2012	0.0832	0.1229	4.9423
2003	0.0920	0.1364	5.3876				

资料来源：根据《中国统计年鉴》（1995—2013），《中国城市（镇）价格统计年鉴》（1996—2011），《中国价格及城镇居民收支调查统计年鉴》（1996—2011）相关数据，计算得出各指标值。

统计区间内，衡量收入不平等的各个指标值均表现出上升趋势，收入不平等加剧，收入差距扩大较为明显。各阶层收入不平等均表现出"快速上升后缓慢下降"的一致性趋势，表明各统计指标值的计算结果并未发生偏差。反映高收入阶层收入变化敏感性的泰尔熵指数 T 从 1994 年的 0.0409 迅速上升至 2012 年的 0.0832，上升 2 倍左右，高收入群体内部之间收入差距成倍数扩大。与之相比较，衡量低收入群体内部之间的泰尔熵指数 L 从 1994 年的 0.0584 迅速上升至 2012 年的 0.1229，泰尔熵指数 L 明显大于 T，表明低收入群体内部的收入分化尤其突出。收入不良指数从 1994 年的 2.9814 上升到 2012 年的 4.9423，高收入群体的收入增加快于低收入群体的收入增加，高低收入群体间的收入差距扩大加剧。从 2008 年开始，我国收入不平等的趋势得到缓解，但是缩小程度有限。

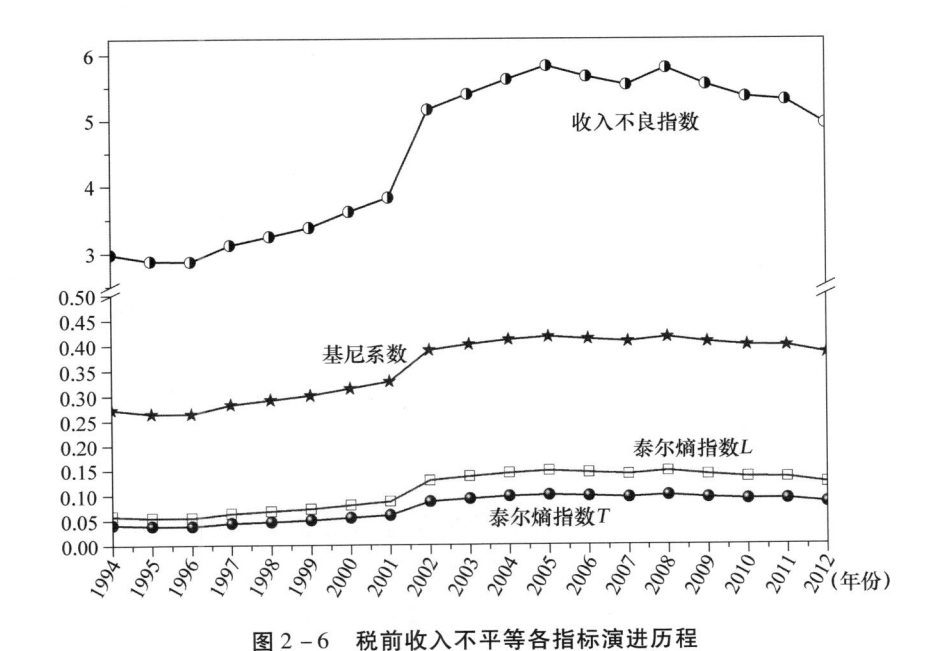

图 2-6 税前收入不平等各指标演进历程

我国税前收入不平等逐步扩大的原因，可以按照不平等扩大的不同时期进行分析。20 世纪 90 年代后期，尤其是 1997—1999 年，由于亚洲金融危机，股市陷入低迷，富人资产和收入相对于穷人而言迅速缩水，社会范围内的居民收入分配差距较小，但是2000年以后，我国经济快速发展，股市和房地产市场呈现繁荣局面，富人资产相对于穷人而言迅速积累，居民收入分配差距也迅速扩大，2005—2007年，税前基尼系数值较快上升；从2007年开始，美国金融危机虽然对我国经济影响较大，但是国内固定资产投资加速，4万亿元投资对经济增长的贡献起到了决定性作用，工资性收入连年增长，房地产市场火热。然而，公共资金、资源的不合理配置，导致"灰色收入"增加，政府积累财富的比重越来越大而个人收入占比越来越小，财富越来越向少数人集中而导致大量隐性收入的存在①，使得富人阶层的财产性收入和工薪收入的增长速度都高于较低收入阶层，国内的收入分配差距继续扩大。随着我国地区间、行业间、城乡间收入差距的不断扩大，使得税前收入不平等的趋势呈现了上升的态势，从2005年开始，在一系列旨在缩小收入分配差距的政策措施的实施下，税前基尼系数缓慢下降，虽然2008年有较大的增长，但总体下降趋势未变。

第三节　发达国家税前收入不平等的演进历程

一　税前基尼系数演进历程

国际上一般认为，基尼系数若低于0.2表示收入绝对平均，0.2—0.3为收入差距比较合理，0.3—0.4表示相对合理，0.4—0.5表示收入差距较大，0.6以上表示收入差距悬殊，通常把0.4作为收入差距的警戒线，若基尼系数超过0.6则属于社会动乱随时可能发生的危险状态。

将OECD 35个成员国和中国税前基尼系数值（见图2-7）和收入不平等金字塔（见图2-8）进行比较后发现，除了少数国家外，OECD各国的税前收入不平等都呈现了逐步扩大的趋势，但基本保持在国际警戒线内。2001—2013年，基尼系数各年值超过国际警戒线

---

① 黄桂兰：《我国居民收入分配差距现状、影响及财税对策分析》，《财政监督》2013年第2期。

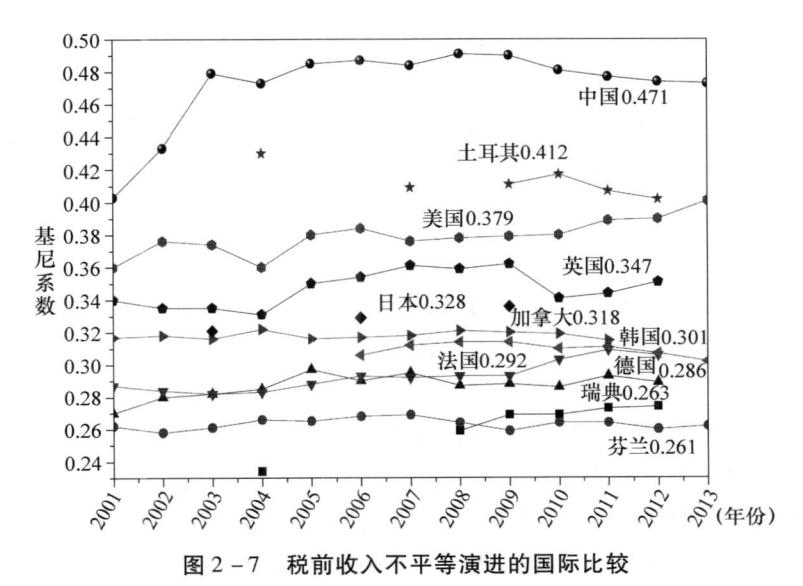

第二章 税前收入不平等的检验

图 2-7 税前收入不平等演进的国际比较

注：根据 OECD（2015），"Income Distribution"，OECD Social 和 Welfare Statistics（Database）公布的基尼系数绘制，其中部分国家个别年度基尼系数值缺失；中国数据为官方公布值。

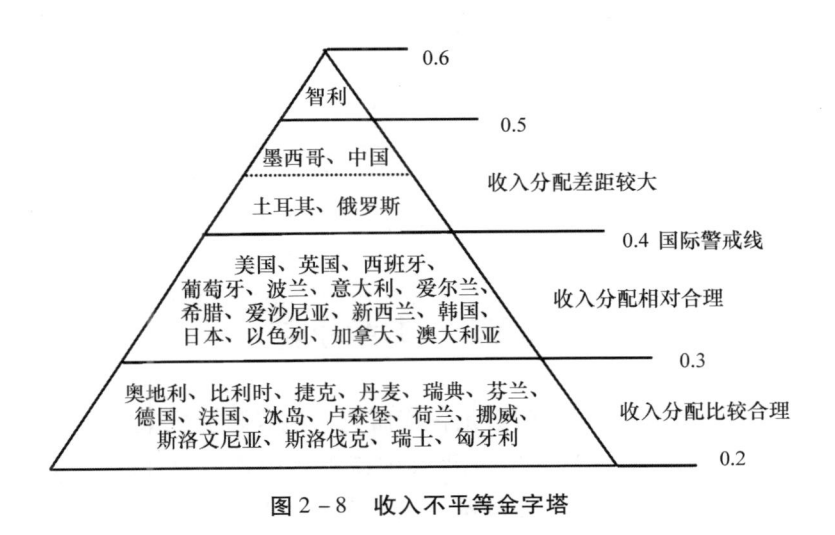

图 2-8 收入不平等金字塔

0.4 的仅有智利、土耳其、俄罗斯和墨西哥 4 个国家；奥地利、比利时、捷克、丹麦、瑞典、芬兰、德国、法国、冰岛、卢森堡、荷兰、挪威、斯洛文尼亚、斯洛伐克、瑞士、匈牙利16个国家的收入分配维持在比较合理的0.2—0.3。除了美国（2013年，$Gini = 0.401$）外，统计区间内其余各国都维持在0.3—0.4；而同期我国的税前基尼系数平均值为0.467。OECD成员国与我国基尼系数比较，我国收入分配差距处于收入不平等金字塔靠近塔尖处。

二 税前收入不良指数的比较

从税前收入不良指数的国际比较（见表2-7）可以看出，OECD五国的税前收入不良指数均超过了5，表明占人口20%的高收入阶层掌握的收入是低收入阶层的五倍以上。其中，税前收入不良指数最高的为美国，收入差距两极化程度非常严重，相比较而言，我国税前收入不良指数1994年仅为2.98，2013年可支配收入的不良指数也只有4.93，这一指标说明我国高收入和低收入阶层间的贫富差距两极化并没有达到较为严重的程度。

表2-7　　　　　税前收入不良指数 IUI 的国际比较

	中国	美国	加拿大	德国	瑞典	芬兰
年份	1994	1994	1994	1994	1995	1992
IUI	2.98	12	8	7	5	6

注：转自Mariacristina De Nardi, Liqian Ren and Chao Wei, "Incomeinequality and Redistribution in Five Countries", http://www.chicagofed.org/publications/Economic perspectives/2000/2qep1.pdf。

第四节　本章小结

税前收入分配不平等的数量程度研究是税收再分配效应研究的逻辑起点，本章在对1994—2013年我国城镇居民税前收入水平进行事实描述的基础上，介绍了五种衡量收入不平等的指标。由于我国收入分组数据较少，为了提高收入不平等程度的精确度，运用Hossain（2011）拟合函数对收入不平等的离散数据进行拟合，使用Matlab 7.0和Origin 7.5作为拟合和测算各指标的统计工具，得到了以下结论：

第一，城镇居民税前收入和可支配收入快速增长，平均增长率为11.95%和11.41%。工资性收入份额虽然从78.77%下降到64.07%，但是以工资性收入为主的收入结构并未发生根本性的变化，工资性收入份额缓慢下降的同时，经营性和转移性收入份额稳步增加，财产性收入有所增加。最低收入阶层与其他收入阶层的收入差距快速扩大，特别是与最高收入阶层的收入差距扩大最为突出，从1994年的3.94倍扩大到2008年的9.11倍。2008—2012年最低收入户与其他收入阶层的差距开始缩小，但下降速度明显低于前期增速。

第二，通过洛伦茨拟合曲线对收入不平等的定性描述以及基尼系数、泰尔熵指数T和L、收入不良指数IUI的定量测算发现，我国城镇居民无论是低收入阶层内部（泰尔熵指数L）、中等收入阶层内部（基尼系数Gini），还是高收入阶层内部（泰尔熵指数T）、高低收入阶层间（收入不良指数IUI）的收入差距都呈现先迅速扩大后缓慢下降的趋势，其中2005年达到了峰值，2006—2012年各指标值开始下降，收入不平等的趋势得到了缓解，但缩小程度相当有限。

第三，与OECD 35个成员国的收入不平等进行比较，我国基尼系数处于收入不平等金字塔结构靠近塔尖处（基尼系数为0.4—0.5），超过0.4国际警戒线的也仅有智利、墨西哥、土耳其和俄罗斯，但是我国的贫富两极化还未达到较为严重的程度。

总而言之，本章采用指标分析法，结合规范分析，认为收入差距已经到了不能不作为的地步，持续扩大的收入分配差距已经成为影响我国当前和未来经济发展、社会稳定的问题之一。而市场经济本身不能解决收入分配差距问题，税前收入不平等的数量描述为政府税收调节收入分配差距提供了必要性和现实依据。

第三章　个人所得税与再分配：
事实与特征

税前收入不平等为税收政策提供了发挥公平作用的空间，个人所得税是否具有再分配功能，是由其税制特点决定的。本章首先结合第二章税前收入不平等程度，阐述我国个人所得税法的演变和发展进程；然后，对个人所得税的运行状况（地位）进行分析；最后，对影响税收政策发挥空间的内因——税制特点是否具有再分配功能进行论述。

第一节　个人所得税法的发展进程与收入分配

我国个人所得税从 1950 年的税制条款雏形到 2011 年的《个人所得税法》的第六次修订，大致经历了三个发展阶段，各阶段的发展基本都有着调节收入分配差距的要求（见表 3-1）。

第一阶段，萌芽期（1950—1980 年）。中华人民共和国成立后，1950 年 1 月，按照"国家税收政策，应以保障革命战争的供给，照顾生产的恢复和发展及国家建设的需要为原则，简化税制，实行合理的负担[1]"精神，政务院颁布了《全国税政实施要则》。《实施要则》确定了除农业税以外的 14 个税种，其中"薪给报酬所得税""存款利息所得税"为个人所得课税的税种，可视作我国个人所得税的雏形[2]。1950

---

[1] 蔡新火：《经济全球化背景下我国税法的发展》，《长春理工大学学报（社会科学版）》2012 年第 11 期。

[2] 计金标：《个人所得税政策与改革》，立信会计出版社 1997 年版，第 15 页。

表 3-1　　我国个人所得税法的历史演变与收入分配

阶段		时间	内容	收入分配①
萌芽期		1950 年 1 月	《全国税政实施要则》 "薪给报酬所得税" "存款利息所得税"	平均分配，收入差距较小
立法期（暂行规定、条例）		1980 年 9 月 10 日	三税	《中华人民共和国个人所得税法》	居民收入快速增长，平均增速 16.74%
		1986 年 1 月 7 日		《城乡个体工商户所得税暂行条例》	
		1986 年 9 月 25 日		《个人收入调节税暂行条例》	
修订期	一	1994 年 1 月	"三税"合并为新《中华人民共和国所得税法》	居民收入以年均 13.47% 的速度增长，基尼系数从 0.389 上升到 0.485，收入差距超过国际警戒线
	二	1999 年 8 月 30 日	恢复"储蓄存款利息所得"课税	
	三	2005 年 10 月 27 日	提高"工资、薪金所得"起征点	
	四	2007 年 6 月 29 日	暂停征收"储蓄存款利息所得"	2008 年，基尼系数达到最大值 0.491，收入差距处于基尼系数金字塔靠近塔尖处
	五	2007 年 12 月 29 日	提高"工资、薪金所得"起征点	
	六	2011 年 6 月 30 日	提高"工资、薪金所得"起征点，超额累进税率由九级减为七级 调整"个体工商户生产、经营所得""企事业单位承包、承租经营所得"应税级距	居民收入保持在 10% 以上的增长速度，收入不平等状况有所改善

年 7 月，国家对税收做出了进一步调整，决定"薪给报酬所得税"暂不开征。随后，由于我国工资收入长期较低，稿酬因政治因素取消，除工资以外的其他劳务报酬所得几乎为零，使得"薪给报酬所得税"一直未征收。1950 年 12 月，"存款利息所得税"改为"利息所得

---

① 数据来源：本书第二章税前收入不平等的检验。

税"。利息税从1950年开征到1959年停征，每年大约取得1000万元[①]，共9000万元的税收收入。这一阶段的30年里，由于高度集中的计划经济体制，简单的"平均分配"工资制度，单一的工薪收入来源，居民间收入差距较小，重工商、土地税的思想，使得所得税没有受到重视。因此，独立的个人所得税制度并未建立，也没有开征过实际意义上的个人所得税类的税种。

第二阶段，立法期（1980—1993年）。改革开放后，我国个人所得税的立法进程加快。这一阶段实际上先后开征了适用于不同公民身份、不同税目、不同税率、不同征管方式的三类"个人所得税"。十一届三中全会以后，中国经济迅速融入世界经济，外国企业投资进程加速，以管理人员和工程师身份的高报酬外籍工作人员增多。我国居民的收入水平迅速增长，收入日益多元化，为了维护国家的经济权益，调节收入差距，1980年9月，颁布了《中华人民共和国个人所得税法》。但是400元的扣除标准实际是参照外籍工作人员在我国的收入水平确定的，在较长时间我国公民达到这一收入水平的寥寥无几，因此，实际上的征税对象是在我国工作的外国公民。随着我国放开演出市场和私人医疗制度，恢复稿酬制度，作家、演职人员、外事人员等取得的非奖金、工资等劳务报酬所得增多；部分我国居民在外资企业取得的收入较高，为了缩小我国居民之间的收入差距、缓解居民收入分配不公、妥善处理经济体制改革中出现的新问题，运用税收杠杆适当调节，1986年9月，国务院颁布了《个人收入调节税暂行条例》，规定个人收入调节税的纳税人是具有中国国籍、户籍，并在中国境内居住，取得达到规定纳税标准收入的公民。至此，内外有别的个人所得税"双轨制"实施。此外，在个体经济飞速发展下，为了统一个体经济税制，公平地区间税负，调节个体工商户的收入水平，保护个体工商户的合法利益，1986年1月，针对个体工商户经营所得，国务院颁布实施《城乡个体工商户所得税暂行条例》。这一阶段，由于我国"个人所得税"征税范围较窄，起征点较高，个人所得税运行较为平稳，整体税收规模较小。但是各类所得税法条例较多，增加了税收的运

[①] 数据来源：《中国税务年鉴》（1993）。

行成本，降低了征管效率，阻碍了个人所得税的健康发展。

第三阶段，修订期（1994年至今）。随着收入的高速增长，收入分配不公平程度日益突出，为了适应经济形势的发展和宏观经济政策目标的需要，调节收入分配差距，促进社会公平，个人所得税法进入了密集的修订期。1994年1月，为了简化和规范税制，遵循"合理分权"的原则，推进分税制改革。其中，对1980年的《个人所得税法》进行了修正，按照身份不同所涉及的《中华人民共和国所得税法》《城乡个体工商户所得税暂行条例》《个人收入调节税暂行条例》（三税）合并为统一的个人所得税，废止了《城乡个体工商户所得税暂行条例》《个人收入调节税暂行条例》。1994年1月，国务院颁布实施了新的《个人所得税法》。同月，发布了《中华人民共和国个人所得税法实施条例》。新《个人所得税法》对原来个人所得税制度进行了全面改革，从纳税人、税目、税基、免税项目、起征点、税率、费用扣除等方面加以完善。增设5个征税项目，税基扩大至11个，不分内外所有居民和来源于中国所得的非居民都作为个人所得税的纳税人。为鼓励个人投资、公平税负、完善所得税制度，2000年9月，财政部、国家税务总局根据《国务院个人独资企业和合伙企业征收所得税问题的通知》有关"对个人独资企业和合伙企业停征企业所得税，只对其投资者的经营所得征收个人所得税"的规定，制定了《关于个人独资企业和合伙企业投资者征收个人所得税的规定》。1999年，为了扩大内需、适当分流居民储蓄，恢复对"储蓄存款利息所得"征收所得税。随后，为适应改革开放和经济发展的现状及个人所得税纳税人收入现状，个人所得税法经历了多次修订（见表3-2），包括"工资薪金所得"的四次[①]修订，起征点从800元提高至3500元，税率结构由九级超额累进税率减至七级，并扩大了级次级距；"利息税"的两次修订；一次征管方式的增设，新增了年收入超过12万元的纳税人自行申报环节。这一阶段，费用扣除标准的攀升，成为我国个人所得税法变迁的主要力量，但是分类计征方式、劳务报酬所得等的所得税改革都未涉及。

---

① 第一次为新《个人所得税法》将起征点从400元提高至800元。

表 3-2 1994年起《个人所得税法》各次具体修订内容

修订次序	时间	税目/修订内容
第一次	1994年1月1日	费用扣除标准800元或4000元
第二次	1999年8月30日	
第三次	2005年10月27日	费用扣除标准1600元或4800元
第四次	2007年6月29日	
第五次	2007年12月29日	费用扣除标准2000元或4800元
第六次	2011年6月30日	费用扣除标准3500元或4800元

1. 工资、薪金所得

第一次（1994年1月1日）九级超额累进税率表：

级数	应税所得额区间（元/月）	税率（%）	速算扣除
一	≤500	5	0
二	500—2000	10	25
三	2000—5000	15	125
四	5000—20000	20	375
五	20000—40000	25	1375
六	40000—60000	30	3375
七	60000—80000	35	6375
八	80000—100000	40	10375
九	>100000	45	15375

第六次（2011年6月30日）七级超额累进税率表：

级数	应税所得额区间（元/月）	税率（%）	速算扣除
一	0—1500	3	0
二	1500—4500	10	105
三	4500—9000	20	555
四	9000—35000	25	1005
五	35000—55000	30	2755
六	55000—80000	35	5505
七	>80000	45	13505

2. 个体工商户生产经营所得
3. 对企事业单位承包承租经营所得

第一次（1994年1月1日）五级超额累进税率表：

级数	应税所得额区间（元/年）	税率（%）	速算扣除
一	≤5000	5	0
二	5000—10000	10	250
三	10000—30000	20	1250
四	30000—50000	30	4250
五	>50000	35	6750

第六次（2011年6月30日）五级超额累进税率表：

级数	应税所得额区间（元/年）	税率（%）	速算扣除
一	≤15000	5	0
二	15000—30000	10	750
三	30000—60000	20	3750
四	60000—100000	30	9750
五	>100000	35	14750

第二节 个人所得税的运行描述

一 个人所得税收入规模分析

个人所得税从1981年开征以来，收入规模与个人所得税法的实施、修订各阶段相匹配，与我国居民收入水平的发展脉络基本吻合。

由表3-3和图3-1可以看出，1981—2014年，我国个人所得税的收入规模不断扩大，增长水平逐步趋于合理。1981—1985年，针对外籍工作人员征收的个人所得税收入规模从1981年的500万元，逐年成倍扩大至1985年的1.32亿元，增长近26倍，年均增长率为140%。1986年开征个体工商户所得税和个人收入调节税后，两税收入呈现爆炸式增长，对"三税"的贡献率达到75%。"三税"收入从1986年的5.25亿元增长到1993年的46.73亿元，增长近9倍，剔除税改因素，年均增长率为38.71%。1994年，新的《个人所得税法》实施当年个人所得税收入规模为72.67亿元，是1993年的2倍。由于税制改革实施的时滞性影响，1995年税收规模增长率达80.95%，随后个人所得税以年均27.30%的增长速度，达到了2014年的7376.57亿元。

表3-3　　　　　　　　个人所得税收入规模　　　　　　　单位：亿元

年份	1981	1982	1983	1984	1985	1986	1987	1988	1989
个人所得税	0.05	0.10	0.17	0.34	1.32	5.25	7.17	8.68	17.12
年份	1990	1991	1992	1993	1994	1995	1996	1997	1998
个人所得税	21.13	25.11	31.43	46.73	72.67	131.49	193.19	259.93	338.65
年份	1999	2000	2001	2002	2003	2004	2005	2006	2007
个人所得税	413.66	660.37	996.02	1211.07	1417.33	1736.20	2093.96	2452.67	3184.94
年份	2008	2009	2010	2011	2012	2013	2014		
个人所得税	3722.31	3943.59	4837.27	6054.08	5820.32	6531.53	7376.57		

注：1. 数据来源：《中国税务年鉴》（1993—2014）；《2014年财政收支情况》，财政部，2015年1月30日。

2. 1981—1993年个人所得税总额 = 个人所得税 + 个体工商户所得税 + 个人收入调节税。

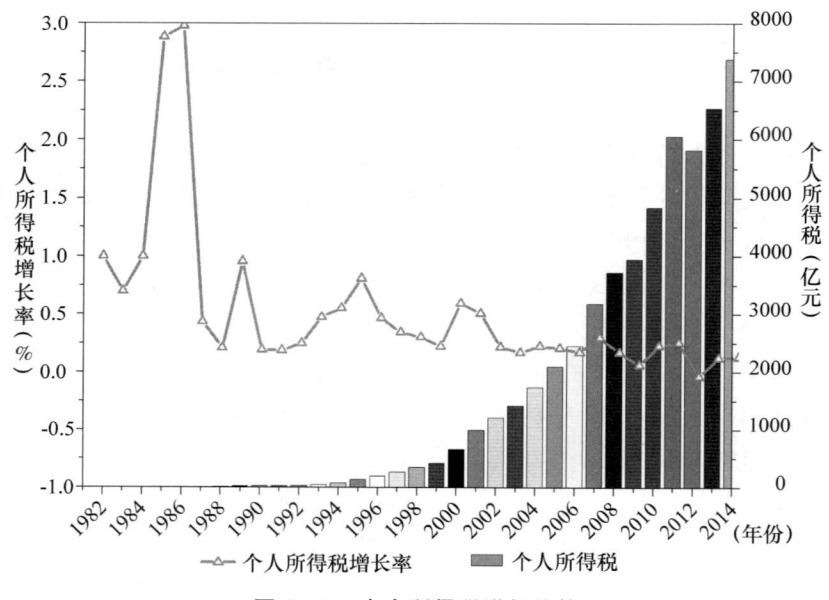

图 3-1 个人所得税增长趋势

二 个人所得税与 GDP、税收、人均收入增长率

将个人所得税增长率与 GDP、税收、人均收入增长率绘制成图 3-2。统计区间内，个人所得税增长率基本超过其他指标。

1981—1993 年，个人所得税年均增长率为 93.91%，除个别年份外，均远远超过其他指标增长率；1994—2002 年，个人所得税增长率与其他指标增长率的差距有所缩小，这一期间个人所得税、GDP、税收和人均收入年均增长率分别为 44.36%、8.93%、16.38% 和 11.33%。究其原因，税制改革、人均收入增长、税收征管加强等起到了决定性的作用；1999 年恢复征收"储蓄存款利息所得税"后，2000 年、2001 年利息、股息、红利所得税收入同比增加 28.70% 和 34.94%，极大地提高了个人所得税的增速。2003—2014 年（除个别年份外），个人所得税增长率与其他指标增长率之间的差距进一步缩小。个人所得税、GDP、税收和人均收入年均增长率分别为 16.59%、9.97%、17.93% 和 12.41%。个人所得税收入增速减缓，出现了较大

图 3-2 各指标增长率趋势

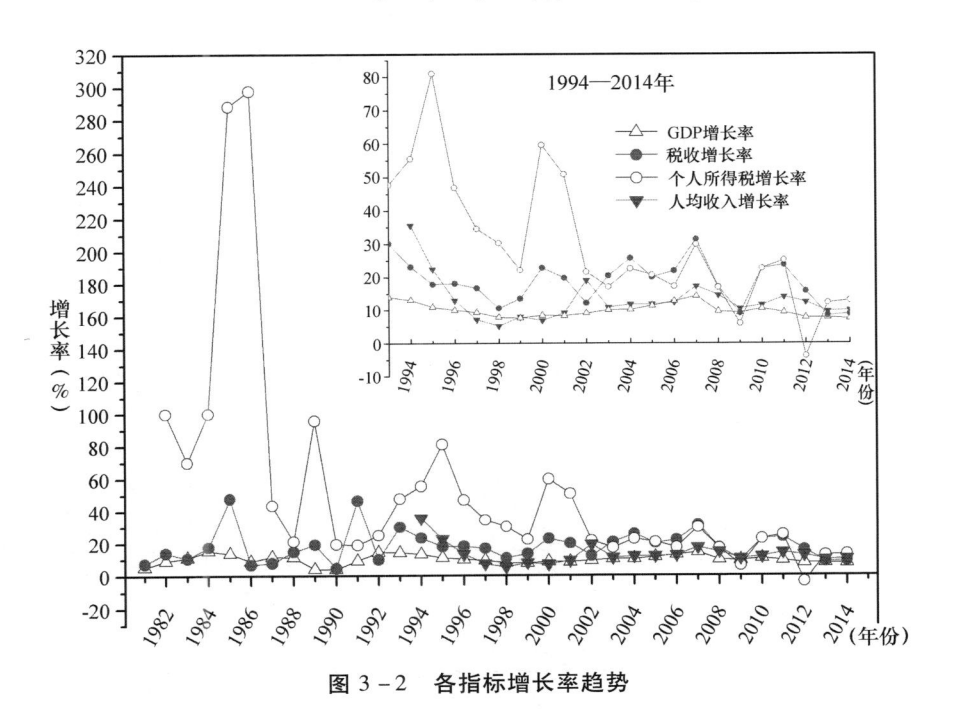

幅度的波动。波动原因可以归结为三次修订《个人所得税法》对费用扣除标准的提高，改革效应在实施滞后期 2 年内得到有效释放，个人所得税增长率较大幅度降低；特别是 2011 年大幅度提高费用扣除标准，扩大应税所得级距，缩小累进级次后，个人所得税出现了统计区间内的唯一负增长，个人所得税的减税效果较为明显；随后两年税收收入增长率迅速修正，各年增长率均保持在 12% 以上。这一时期，个人所得税增长率与税收增长率呈现一致性趋势，各年基本保持同步且略低于税收增长率，税制结构保持了较好的稳定性。

就整个征收期而言，个人所得税表现出的超国民收入增长，可以建立个人所得税 PT 和 GDP 的双对数函数模型①，运用 OLS 二元回归，以考察经济增长对个人所得税的贡献程度。

---

① 由于从个人所得税和 GDP 时序图和两时间序列相关图测算，两者为曲线关系而非线性关系，经过四种非线性模型的比较，二次函数模型虽然总拟合误差较小，但是近期误差却比双对数模型大，所以用于经济预测，使用双对数模型更加适合。

由于异方差的存在，对模型进行异方差修正后，回归结果如表3-4所示。

$$LPT = -15.9286 + 1.9068 LGDP$$

表3-4　　　　　　　　LGDP 对 LPT 影响模型的估计结果

解释变量	估计系数	标注差	T 统计量	Prob.
C	-15.92861	0.705869	-22.56597	0.0000
LGDP	1.906861***	0.061624	30.94357	0.0000
R-squared	0.971588	Mean dependent var		5.775476
Adjusted R-squared	0.970573	S. D. dependent var		2.529568
S. E. of regression	0.433926	Akaike info criterion		1.232457
Sum squared resid	5.272180	Schwarz criterion		1.325870
Log likelihood	-16.48685	Hannan-Quinn criter.		1.262341
F-statistic	957.5046	Durbin-Watson stat		0.377749
Prob（F-statistic）	0.000000			

注：＊＊＊表示1%显著性水平下，系数估计显著异于0。

在1%显著性水平下，方程拟合优度较高，系数估计通过了 t 检验。回归系数即为个人所得税的收入弹性，表明GDP每增长1%，个人所得税 PT 增长 1.91%。

个人所得税保持的增长态势不仅得益于社会经济的发展，人均收入的稳步提高，公民纳税意识的增强，而且也得益于税收监管的日益完善、偷逃税打击力度的加强。

三　个人所得税占税收收入、GDP 的比重

个人所得税占税收收入和 GDP 的比重是衡量个人所得税税收地位的重要指标。1981—2014 年，个人所得税占税收收入、GDP 的比重呈现明显的上升趋势，但各期增长速度明显不一致，出现了"略微增长、加速增长、不变增长"三个阶段（见图3-3）。1981—1993年，个人所得税占税收收入的比重不足1%，占 GDP 的比重不足0.15%。1994年"三税"合并后，个人所得税占税收收入、GDP 的

比重加速增长,从 1994 年的 1.43% 和 0.15% 快速增长到 2002 年的 7.13% 和 1%。2002—2014 年,个人所得税占税收和 GDP 的比重均呈现了下降和不变增长状态,各比重保持在年均 6% 和 1% 左右,个别年份出现的极端值与税制改革节点一致。2014 年,个人所得税占税收的比重为 6.19%,已成为继增值税、企业所得税、营业税和消费税后的第五大税种,但是个人所得税规模仅占全国城镇居民可支配收入总量的 3.41%(城镇居民人均可支配收入 28844 元,年末城镇居民总人口 749716 万人[①])。

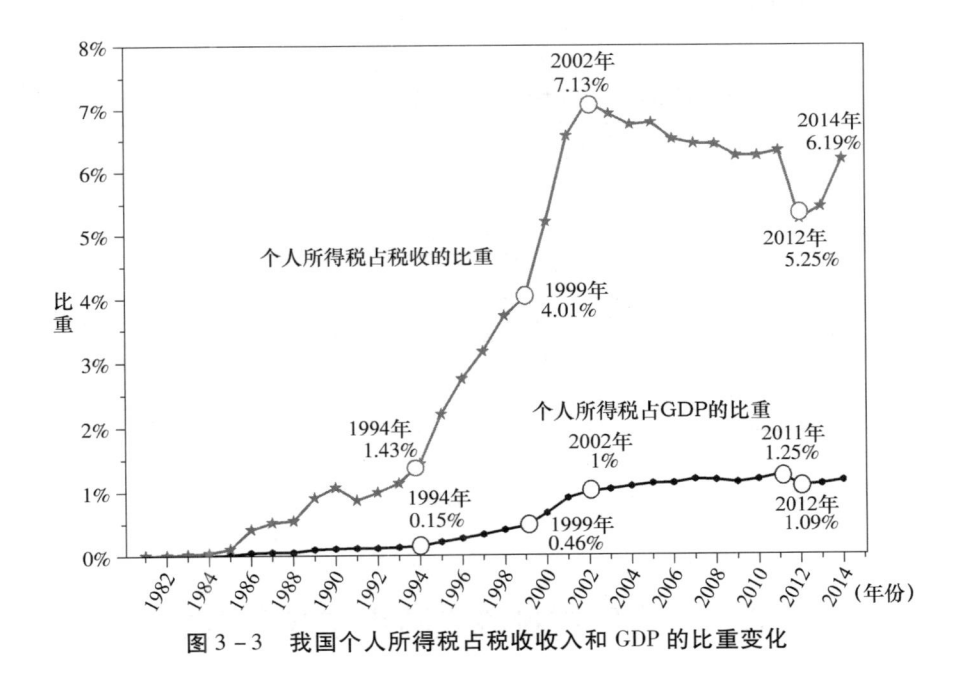

图 3-3 我国个人所得税占税收收入和 GDP 的比重变化

从国际比较看,我国个人所得税在经济中的份额明显较小。2009 年,世界各国个人所得税占 GDP 的比重平均水平约为 5.2%,OECD 国家平均约为 8.8%,亚洲国家平均约为 2.2%,亚洲以外的发展中

---

① 数据来源:《中国统计年鉴》(2015)。

国家平均约为 2.7%[①]。相比之下，我国个人所得税占 GDP 的比重不仅大大低于 OECD 国家，而且也明显低于许多发展中国家，如印度尼西亚、马来西亚、菲律宾、泰国、印度和孟加拉国等。从 IMF 公布的 2009 年国家收入分组中选取 25 个样本进行统计（见表 3-5）发现，个人所得税占税收收入和 GDP 的比重均值为 21.42% 和 7.36%，而我国仅为 6.82% 和 1.14%，仅为样本平均值的四分之一。2008 年，我国人均 GDP 达到 3000 美元，进入中等收入偏下组，与对应的指标值相比，我国个人所得税占税收收入的比重与样本平均值差距不大，但是占 GDP 的比重只为样本平均值的二分之一。

表 3-5　个人所得税占 GDP 和税收比重的描述性统计（2009 年）　　单位:%

收入组	占 GDP 的比重			占税收的比重		
	均值	最大值	最小值	均值	最大值	最小值
低收入组	3.48	10	2.15	37.56	14.59	3.15
中等偏下收入组	2.49	4.65	1.14	8.81	14.59	1.66
中等收入组	5.62	14.75	0.99	16.04	32.42	5.08
中等偏上收入组	3.32	4.21	1.66	12.13	15.14	7.57
高收入组	8.64	7.89	7.77	22.33	54.43	20.4

数据来源：1.《政府财政统计年鉴》(2010)，《国际金融统计年鉴》(2010)。

2. 国家税务总局税收科学研究所：《外国税制概览》(第 4 版)，中国税务出版社 2012 年版。

第三节　个人所得税税制特点与收入再分配

一　计征方式

个人所得税的税制特点是由计征方式决定的。一般来说，个人所得税有综合、综合与分类相结合（分类与综合相结合）、分类三种计征方式。三者的区别就在于应税收入是汇总后按照累进税率计算应纳

[①] 李林木：《高收入个人税收遵从与管理研究》，中国财政经济出版社 2013 年版，第 27 页。

税额，还是按照不同的应税项目规定不同的比例税率分别计算应纳税额。

综合所得税制是所有应税收入汇总后按照统一的税率结构和费用扣除标准综合纳税。这种所得税的优点是鼓励纳税人自行申报，并给予自行申报纳税人诸多优惠性措施，以培养税源和纳税意识；税制的收入再分配功能在三种计征方式中较强。缺点在于征管成本较高，依然存在逃避税问题；国际上使用此类所得税制的国家以美国和德国最为典型。

综合与分类相结合所得税制是介于综合和分类两种模式之间的一种过渡性所得税制，是将应税收入按照一定的规则分为综合计征部分和分类计征部分，分别使用各自的税率结构和费用扣除。这种所得税的优缺点介于分类计征和综合计征优缺点之间，税收征管成本高于分类计征低于综合计征；计入综合的应税收入越多，再分配功能越强。国际上使用此类所得税制的国家以法国和日本最为典型。

分类所得税是不同的税目设置不同的税率（比例或者累进）和费用扣除标准。这种所得税的优点是征管简便，可以通过源泉扣缴的办法征收，减少征管成本；按照不同性质的所得分类征税，实行区别对待，能够贯彻特定的政策意图。缺点在于对纳税人的总体收入水平和税负能力不易把握，收入来源较广、应税所得总额较大、按多种应税项目计征纳税的纳税人相对于收入来源单一、应税所得总额较小的纳税人承担较轻的税负，以至于无法有效贯彻税收的公平原则要求，容易造成纳税人行为的改变，产生逃避税问题和经济效率的扭曲。

我国的个人所得税制度是典型的分类计征模式，包括11个应税项目，超额累进税率、边际税率和比例税率共存的6种细化税率结构，定额、定率或定额和定率相结合的3种费用扣除标准。不同的税目、税率、费用扣除标准对不同纳税阶层的税收负担和税收份额的影响也不同。

二 收入结构

按照2011年新《个人所得税法》罗列的11个应税项目，分别是工资、薪金所得，劳务报酬所得，稿酬所得，个体工商户生产、经营所得，企事业单位承包承租经营所得，特许权使用费所得，利息、股息、红利所得，财产租赁所得，财产转让所得，偶然所得，其他所得。

2000—2013年，个人所得税的收入结构并未发生根本性的变化。工资、薪金所得，个体工商户生产、经营所得，利息、股息、红利所得为个人所得税的主要税源。其中，工资、薪金所得基本占个人所得税收入的一半（2000—2002年，低于50%）。2000年，工资、薪金所得份额为42.87%，个体工商户生产、经营所得与利息、股息、红利所得份额均超过20%，三类所得占个人所得税的比重为91.69%；其余所得合计占比不超过9%，其中，财产转让所得份额仅为0.14%，与稿酬所得份额相等。随着我国工资收入的不断提高，居民财产性收入的增加，个人所得税的收入结构虽未发生根本性变化，但是各分类项目的份额发生了一定的改变。其中，工资、薪金所得和财产转让所得份额不断提高，利息、股息、红利所得，个体工商户生产、经营所得，企事业单位承包经营所得大幅下降，剩余所得项目份额变化不大。与2000年相比，2013年，工资、薪金所得份额上升至62.70%，个体工商户生产、经营所得下降至8.84%，利息、股息、红利所得下降至11.11%，三类所得收入份额下降至82.64%，财产转让所得大幅上升至10.35%，其余所得份额都有不同程度的下降。

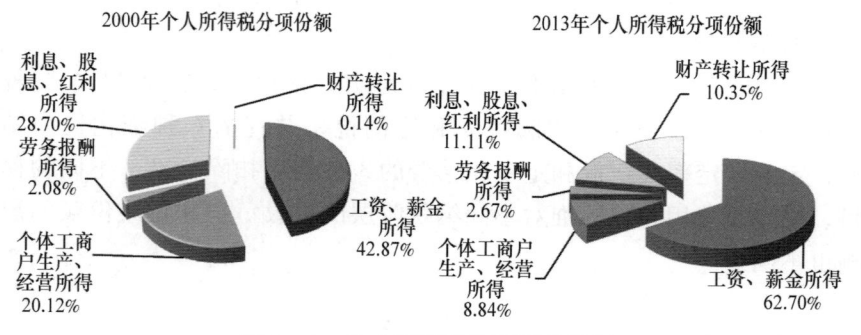

图3-4 个人所得税分项税收份额

1. 个人所得税收入结构与居民收入结构

将个人所得税的应税项目与居民分类收入进行匹配,工资、薪金所得,劳务报酬所得和稿酬所得对应于工薪收入,定义为工资性所得;个体工商户生产、经营所得,企事业单位承包、承租经营所得对应于经营净收入,定义为经营性所得;特许权使用费所得、利息、股息、红利所得、财产租赁所得、财产转让所得对应于财产性收入,定义为财产性所得;由于个人所得税分项收入中,偶然所得和其他所得所占比重年均不足2%且各年保持均衡,本节暂不做考虑。按照居民收入结构和个人所得税收入结构的对应关系,得出个人所得税分类收入结构(见表3-6)。

表3-6 城镇居民收入结构和个人所得税收入结构

收入或所得来源	各类收入	各类所得	应税项目
工资性	工薪收入	工资性所得	工资、薪金所得; 劳务报酬所得;稿酬所得
经营性	经营净收入	经营性所得	个体工商户生产、经营所得 企事业单位承包、承租经营所得
财产性	财产性收入	财产性所得	特许权使用费所得; 利息、股息、红利所得; 财产租赁所得;财产转让所得
转移性	转移性收入		暂免征税

统计区间内,对各收入数据进行分类、整理,计算得出居民收入和个人所得税收入结构(见表3-7)。其中,各类收入占总收入的份额和各类所得占个人所得税的份额如下:

$$ALY = \frac{LY}{Y} = \frac{LY}{LY + OY + QY + ZY}$$

$$AOY = \frac{OY}{Y} = \frac{OY}{LY + OY + QY + ZY}$$

$$AQY = \frac{QY}{Y} = \frac{QY}{LY + OY + QY + ZY}$$

$$AZY = \frac{ZY}{Y} = \frac{ZY}{LY + OY + QY + ZY} \quad ALT = \frac{LT}{T}$$

$$= \frac{\sum_{i=1}^{3} lt_i}{\sum_{i=1}^{3} lt_i + \sum_{i=1}^{2} ot_i + \sum_{i=1}^{4} qt_i}$$

$$AOT = \frac{OT}{T} = \frac{\sum_{i=1}^{2} ot_i}{\sum_{i=1}^{3} lt_i + \sum_{i=1}^{2} ot_i + \sum_{i=1}^{4} qt_i}$$

$$AQT = \frac{QT}{T} = \frac{\sum_{i=1}^{4} qt_i}{\sum_{i=1}^{3} lt_i + \sum_{i=1}^{2} ot_i + \sum_{i=1}^{4} qt_i}$$

其中，ALY 为工薪收入份额，是工薪收入 LY 占城镇居民总收入 Y 的比重；AOY 为经营净收入份额，是经营净收入 OY 占城镇居民总收入 Y 的比重；AQY 为财产性收入份额，是财产性收入 QY 占城镇居民总收入 Y 的比重；AZY 为转移性收入份额，是转移性收入 ZY 占城镇居民总收入 Y 的比重；ALT 为工资性所得份额，是工资性所得 LT 占个人所得税 T 的比重；AOT 为经营性所得份额，是经营性所得 OT 占个人所得税 T 的比重；AQT 为财产性所得份额，是财产性所得 QT 占个人所得税 T 的比重；由于转移性收入为暂免征税项目，所以转移性所得份额 AZT 为零。lt_i、ot_i、qt_i 分别为各类所得对应的应税所得项目。

表3-7　居民收入结构和个人所得税收入结构　　单位:%

年份	工薪性 ALY	工薪性 ALT	经营性 AOY	经营性 AOT	财产性 AQY	财产性 AQT	转移性 AZY	转移性 AZT
2000	71.17	45.09	3.91	23.3	2.04	29.16	22.88	0
2001	70.32	43.25	3.99	18.77	1.96	35.33	23.74	0
2002	70.19	48.34	4.06	17.24	1.25	32.07	24.50	0
2003	70.74	54.43	4.46	15.94	1.49	27.48	23.31	0
2004	70.62	56.24	4.88	15.73	1.59	26.2	22.91	0
2005	68.88	57.69	6	15.47	1.7	25.24	23.41	0
2006	68.93	54.68	6.36	14.84	1.92	28.77	22.79	0

续表

年份	工薪性 ALY	工薪性 ALT	经营性 AOY	经营性 AOT	财产性 AQY	财产性 AQT	转移性 AZY	转移性 AZT
2007	68.65	57.00	6.31	13.72	2.34	27.49	22.70	0
2008	66.2	62.52	8.52	14.2	2.27	21.34	23.02	0
2009	65.66	65.4	8.11	13.85	2.29	18.71	23.94	0
2010	65.17	67.6	8.15	13.83	2.47	16.75	24.21	0
2011	64.27	66.78	9.22	12.66	2.71	18.93	23.81	0
2012	64.3	64.36	9.45	11.79	2.62	21.77	23.62	0
2013	64.07	65.43	9.47	10.7	2.74	21.93	23.73	0

注：1. 居民收入结构由表 2-2 给出。

2. 数据来源：《中国税务年鉴》（1999—2014）。

从表 3-7 可以看出，统计区间内，我国居民收入结构和个人所得税收入结构并未发生根本性变化，两类收入结构中的各收入份额都呈现此消彼长的特性。居民收入结构中工薪收入份额虽然以 0.58% 的速度缓慢下降，但仍为城镇居民的主要收入来源，其份额基本保持在 64% 以上。工薪收入的下降伴随的是经营净收入份额稳步增长，从 3.91% 上升到 9.47%，平均增速为 5.26%；财产性收入份额以年均 3.3% 速度缓慢增长，从 2.04% 上升到 2.74%；转移性收入份额基本保持不变。

但与此相对应的个人所得税三大分类收入结构，却发生了方向相反、速度不同的变化。工资性所得份额以年均 3.05% 的速度持续上升，从 2000 年的 45.09% 上升到 2013 年的 65.43%；经营性所得份额以年均 5.65% 的速度持续下降，从 23.3% 下降到 10.7%，下降幅度超过 50%；财产性所得份额以 1.4% 的速度缓慢下降（除个别年份外），从 29.16% 下降到 21.93%。

2. 分类收入及所得增长率

为了便于解释居民收入份额和分类所得份额变化的趋势，对各类收入和所得增长率进行测算（见表 3-8）。

表 3-8　　　　居民分类收入和分类所得税增长率　　　　单位:%

年份	工资性 LY	工资性 LT	经营性 OY	经营性 OT	财产性 QY	财产性 QT	转移性 ZY	转移性 ZT
2001	12.86	44.66	16.54	21.49	9.79	82.71	13.16	—
2002	24.15	35.92	26.62	11.67	-20.75	10.38	22.87	—
2003	16.49	31.76	26.81	8.23	37.87	0.30	5.44	—
2004	15.65	26.59	26.75	20.89	23.73	16.78	9.87	—
2005	12.89	23.72	42.50	18.57	23.96	16.17	14.22	—
2006	16.58	11.00	23.52	12.40	31.16	33.54	9.35	—
2007	21.44	35.38	20.88	20.05	48.58	24.06	16.76	—
2008	13.62	28.18	59.03	20.92	14.29	-9.26	16.06	—
2009	13.29	10.83	8.72	3.32	15.35	-7.15	14.95	—
2010	14.94	26.78	16.38	22.49	25.10	9.83	12.77	—
2011	15.96	23.65	33.01	14.59	28.64	41.46	12.11	—
2012	15.91	-7.35	18.83	-10.50	12.25	10.55	11.55	—
2013	12.16	14.08	12.74	1.89	17.66	13.06	10.08	—

统计区间内,除个别年份外,工资性所得的增长率远大于工薪收入、经营性所得增长率,小于经营净收入增长率,财产性所得的增长率波动幅度较大。城镇居民的工薪收入增长率基本保持不变,年均增长率为15.84%;经营性收入波动幅度较大,2008年增长近59.03%,其余年份均在28%以下,年均增长率为25.56%;财产性收入年均增长率为20.59%,2002年,财产性收入增长出现较大幅度的负增长,增长率为-20.75%,随后迅速大幅度增长,2008年后,增长率不断下降。

除个别年份负增长外,个人所得税分类所得增长率波动较大,工资性所得年均增长率为23.48%,其中,2002年、2009年、2012年出现了较大幅度的下降,这与三次对工资、薪金所得的费用扣除标准调整时间吻合。受全球经济放缓、国内经济出现下滑和个人所得税改革的影响,经营性所得增长率持续下降,平均增长率为12.77%,其中2011年个体工商户生产经营所得的应税级次、级距改革,使得

第三章 个人所得税与再分配：事实与特征

2012 年经营性所得的税收收入出现了较大程度的负增长。财产性所得年均增长率为 18.56%，是三类所得中波动幅度最大的。究其原因是，1999 年存款利息税的重新开征，使得政策效应滞后的 2001 年财产税的增长率出现了近 80% 的增长，随后政策效应得到释放；2007 年存款利息暂停征收后的两年，财产性所得的税收收入减税效果明显，出现了负增长，随后年份逐渐修正。

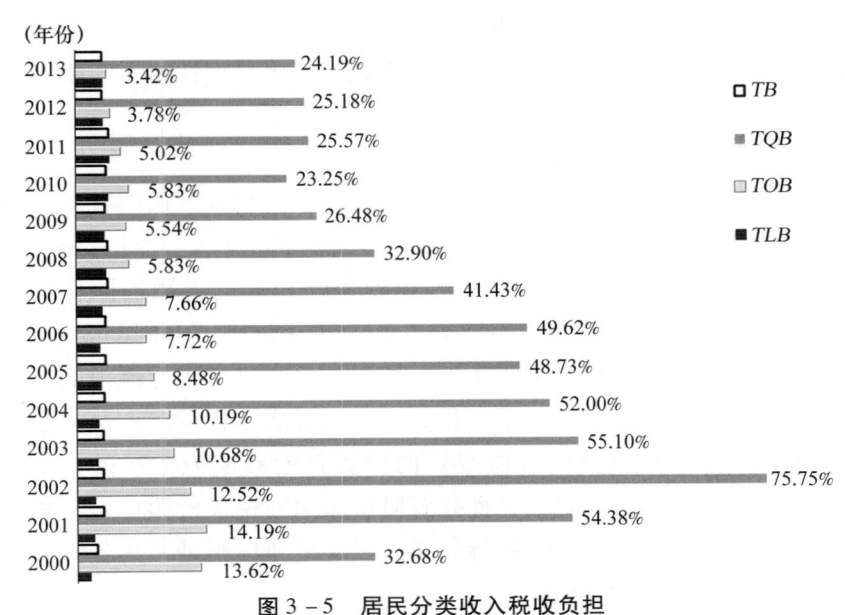

3. 居民分类收入税收负担

为了衡量居民分类收入中承担的税负公平程度，引入税收公平的数量指标——税收负担（平均税率）作为衡量标准。

$$TLB = \frac{LT}{LY}, TOB = \frac{OT}{OY}, TQB = \frac{QT}{QY}$$

$$TB = \frac{LT + OT + QT}{LY + OY + QY + ZY}$$

其中，TLB 为工资性税收负担，TOB 为经营性税收负担；TQB 为财产性税收负担；TB 为总税收负担。

图 3-5 居民分类收入税收负担

注：图中数据标签分别为财产性税收负担和经营性税收负担。

从图 3-5 可以看出，2000—2013 年，城镇居民个人所得税税收负担虽然以 2.74% 的速度稳步上升，但负担较轻，仅为收入的 3.11%（平均值）。工资性税收负担在分类税收负担中最轻、财产性税收负担最重。工资性税收负担稳步增加，经营性税收负担缓慢下降、财产性税收负担呈现先升后降的"倒 U 型"趋势。其中，工资性收入的平均税收负担仅为 2.75%，最大值为 3.80%，最小值为 1.45%，平均增长速度为 6.58%。工资性收入的税收负担与居民收入整体税收负担基本相同，这是由居民收入结构和个人所得税收入结构决定的。工资性收入税收负担的增速大于总税收负担增速的原因，可以归结为工资性所得的税收收入增长快于工资性收入的增长；由于全球经济增速放缓和个人所得税改革，经营性收入的税收负担以 1.35% 的速度逐年缓慢下降，从 2000 年的 13.62% 下降到 2013 年的 3.42%。财产性收入税收负担在三类税收负担中最大，平均税收负担为 40.52%，是总税收负担的 13 倍，工资性税收负担的近 20 倍，经营性税收负担的 5 倍，其中 2002 年高达 75.75%，随后持续下降至 2013 年的 24.19%。财产性收入的税收负担波动的原因是多方面的，其中之一是财产性个人所得税改革并未跟进居民财产性收入的增加。

三 纳税人收入阶层

税收的横向公平和纵向公平主要是通过不同收入阶层的税收负担（平均税率）来表示的，又称公平税负。税收负担是一个相对概念，是相对于纳税者纳税条件而言的，纳税条件相同的人缴纳同样的税额，纳税条件不同的人缴纳不同的税额。在支付能力原则的要求下，支付能力或者收入就成为纳税条件。纳税人根据自身支付能力的大小来纳税，低收入者少纳税或不纳税，高收入者应承担较多税负。这样对各收入阶层的税收负担（微观）的测算就能够成为考察税收是否具有再分配功能的指标之一，此外各阶层缴纳的税收份额也是考察个人所得税再分配功能的一个指标，而税收支出弹性则是考察各收入阶层税收支出敏感性的指标。

各阶层收入和税收基础数据是按各收入户人均值进行的统计，如果按照各阶层人均值计算税收份额、税收负担和税收支出弹性，会因未考虑家庭结构、家庭赡养人口、家庭就业人口等因素而产生计量误差。为了将这些因素纳入各指标的计算与分析中，引入家庭作为统计单位。除此之外，在收入和所得划分的基础上（见表3-6），必须确定数据统计区间。由于国家统计局城调队从2012年起改变了家庭分组结构统计口径，载有各收入户个人所得税支出的《中国城市（镇）生活与价格年鉴》不再出版，类似的《中国住户调查年鉴》中的各收入户家庭个人所得税支出也再未统计，为了不影响数据统计的连贯性，统计区间确定为1995—2011年。

由于各收入阶层1995—2000年的分类收入并未直接给出，需根据各期抽样调查收入明细计算得出。其中，工薪收入 LY 为各类劳动收入，包括国有经济单位、集体经济单位、其他经济单位职工工资性收入和奖金，个体被雇者收入、离退休再就业人员收入、其他就业者和其他劳动收入；经营净收入 OY 包括个体经营者的净收益、家庭副业生产收入。财产收入 QY 包括利息、红利、其他财产租金和收入。转移收入 ZY 包括离退休金、价格补贴、赡养收入、赠送收入、亲友搭伙费、记账补贴等。

1. 各阶层税收份额

各阶层税收份额是各收入户家庭（各阶层）缴纳的个人所得税占全部抽样调查家庭个人所得税的比重。

$$THP_i = \frac{T_i \times h_i \times P_i}{\sum_{i=1}^{7}(T_i \times h_i \times P_i)}$$

其中，THP_i 为第 i 户收入家庭缴纳的个人所得税份额；t_i 为第 i 户收入家庭人均缴纳的个人所得税；h_i 为第 i 户收入家庭户数；P_i 为第 i 户收入家庭平均每户人口数。

由表3-9和图3-6可以看出，统计区间内，各阶层税收份额随着收入的增加而上升。其中，10%的最高收入家庭承担了个人所得税总额的50%左右。中等收入户、中等偏上收入户和高收入户合计承担了个人所得税总额的44%。最低收入户、低收入户和中等偏下收入户合计承担的份额不足5%。由此可见，中等收入户以上家庭几乎承担了全部的个人所得税。1995—2011年，最高收入家庭缴纳的个人所得税份额平均值为51.247%，其中，1995—2006年，个税份额呈现先下降后上升的"U型"趋势，1999年为"U型"底，2006年达到统计区间内的最大值60.728%；2007—2011年，个税份额有所下降。最高收入户家庭个税份额表现的变化趋势，究其原因为①最高收入家庭的收入增速高于其他家庭收入户，1999—2011年，最高收入家庭的收入增速为13.86%，其他收入户增速按收入从高到低分别为12.47%、11.73%、10.98%、10.26%、9.56%和8.58%。②税收征管的加强，高收入群体纳税意识不断增强。2005年《个人所得税法》修订后要求年应税所得12万元以上纳税人自行申报缴纳个人所得税，2006年个人所得税自行申报人数为162万人，2010年上升至315万人，增长近1倍；自行申报人数占纳税人数的比重从2006年的1.94%增长到2010年的3.75%，个人所得税缴纳金额从810亿元增到1728亿元，增加近2倍，自行申报纳税人缴纳的个人所得税占个人所得税税收收入的比重从33%增长到35.7%。高收入户税收份额2000年以后变化不大，平均税收份额为18.749%，略高于均值为17.577%的中等偏上收入户①。③个人所得税费用扣除标准的改革，降低了高收入户的纳税份额，2007年费用扣除标准的提高使得最高收入户的份额开始逐年下降。

表3-9　　　　　　各收入户家庭个人所得税税收份额　　　　　单位:%

年份	THP_1	THP_2	THP_3	THP_4	THP_5	THP_6	THP_7
1995	0.406	1.159	3.224	8.105	14.967	24.052	48.079
1996	0.764	1.082	3.717	12.540	16.742	18.277	46.870
1997	0.600	0.861	4.616	8.893	18.581	20.911	45.530
1998	0.534	0.521	6.011	8.850	21.202	16.656	46.219
1999	0.705	1.129	4.563	9.610	23.303	18.787	41.897
2000	0.633	1.454	6.032	9.957	19.511	20.309	42.096

① 数据来源：国家税务总局：2006—2010年度年所得12万元以上个人自行纳税申报情况的通报。

续表

年份	THP_1	THP_2	THP_3	THP_4	THP_5	THP_6	THP_7
2001	0.409	1.218	4.513	10.665	19.961	21.736	41.490
2002	0.621	0.826	3.862	8.249	18.111	17.566	50.759
2003	0.306	0.697	3.340	7.083	16.733	17.142	54.692
2004	0.177	0.656	2.998	7.208	15.820	16.499	56.636
2005	0.251	0.695	3.318	7.946	17.353	17.970	52.461
2006	0.203	0.686	2.296	4.928	15.166	15.987	60.728
2007	0.172	0.446	2.146	5.860	15.069	16.364	59.938
2008	0.171	0.404	2.096	5.333	14.545	18.001	59.444
2009	0.145	0.509	2.196	6.373	16.958	17.359	56.454
2010	0.201	0.444	3.023	6.912	17.723	18.808	52.884
2011	0.227	0.719	2.663	6.595	17.055	17.716	55.020
均值	0.384	0.794	3.566	7.948	17.577	18.479	51.247

注：THP_1 为最低收入户、THP_2 为低收入户、THP_3 为中等偏下收入户、THP_4 为中等收入户、THP_5 为中等偏上收入户、THP_6 为高收入户、THP_7 为最高收入户。

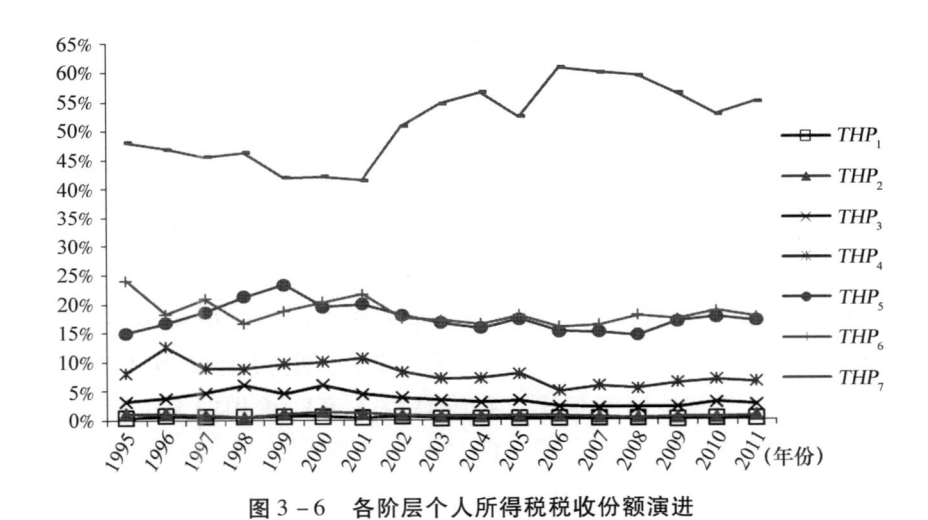

图 3-6 各阶层个人所得税税收份额演进

从图 3-6 可以看出，最低收入户和低收入户家庭的个人所得税税收份额较低，平均值仅为 0.384% 和 0.794%。除 1998 年外，最低收入户收入份额均大于低收入户。中等偏下收入户和中等收入户的税收份额呈下降趋势，平均份额分别为 3.566% 和 7.948%。中等偏上收入户、高收入户、最高收入户缴纳的个人所得税份额在关键年份具有此消彼长的特性。2006 年、2008 年、2011 年分别是应纳税所得使用新费用扣除标准的初始时间，然而最高收入户的税收贡献率有所下降，中等偏上收入户的税收份额都出现了上升。从对改革的反应程度可以看出，中等偏上收入户的敏感程度高于高收入户和最高收入户。

2. 各阶层税收负担

各阶层税收负担，是各收入户家庭缴纳的个人所得税占该抽样调查户家庭总收入的比重。

$$R_i = \frac{T_i \times h_i \times P_i}{Y_i \times h_i \times P} = \frac{T_i}{Y_i} = \frac{T_i}{L_i + O_i + Q_i + Z_i}$$

其中，$Y_i = L_i + O_i + Q_i + Z_i$。

R_i 为第 i 收入户家庭的税收负担；Y_i 为第 i 收入户家庭的人均应税收入；L_i 为第 i 收入户家庭的人均工薪收入；O_i 为第 i 收入户家庭的人均经营性净收入；Q_i 为第 i 收入户家庭的人均财产性收入；Z_i 为第 i 收入户家庭的人均转移性收入。

相应地，全国城镇居民家庭个人所得税税收负担 R 为：

$$R = \frac{\sum_{i=1}^{7} T_i \times h_i \times P_i}{\sum_{i=1}^{7} (Y_i \times h_i \times P_i)}$$

统计区间内（见表 3-10、图 3-7），各收入户家庭的税收负担不仅随着收入的增加而增加，而且逐年提高。但是，各收入户家庭的税收负担普遍较轻，即使是贡献个人所得税税收份额 50% 的最高收入户家庭税收负担平均值不足 1.2%，最大值仅为 2.295%（2010 年）。与其他国家相比，我国高收入家庭承担的个人所得税税负较轻。2009 年，英国 10% 的最高收入纳税人承担了全国 55% 的个人所得税，税收负担为 17.33%，其中，1% 的最富有纳税人的税收负担为 13.9%[①]。美国 10% 的最高收入纳税人占有美国

---

① HMRC, "Icome Tax Liabilities Statistics (2009—2010 to 2012—2013)", http://www.hmrc.gov.uk.

43.77%的收入，承担了全国近70%的税收份额，税收负担高达18.19%[1]，其中最富有的1%纳税人的税收负担为24.05%。同期，我国10%的最高收入户家庭拥有全国34.31%的收入，承担了全国近53%的税收份额，但是，税收负担仅为2.058%，仅是美国和英国的十分之一左右。如果将最高收入家庭的许多瞒报收入计算在内，实际税收负担将更低[2]。

表3-10　　　　　各收入户个人所得税税收负担　　　　　单位:%

年份	R	R_1	R_2	R_3	R_4	R_5	R_6	R_7
1995	0.024	0.002	0.004	0.005	0.01	0.016	0.043	0.073
1996	0.047	0.007	0.007	0.011	0.031	0.035	0.066	0.136
1997	0.062	0.007	0.008	0.017	0.028	0.051	0.098	0.177
1998	0.086	0.009	0.007	0.032	0.039	0.08	0.11	0.242
1999	0.116	0.016	0.02	0.033	0.057	0.117	0.165	0.3
2000	0.174	0.023	0.039	0.068	0.09	0.148	0.258	0.432
2001	0.233	0.02	0.046	0.068	0.131	0.199	0.365	0.552
2002	0.438	0.075	0.066	0.118	0.197	0.35	0.549	1.027
2003	0.607	0.053	0.08	0.148	0.237	0.451	0.742	1.456
2004	0.772	0.04	0.099	0.173	0.315	0.551	0.888	1.822
2005	0.879	0.069	0.124	0.22	0.401	0.69	1.093	1.867
2006	0.714	0.044	0.096	0.123	0.207	0.491	0.79	1.754
2007	0.785	0.039	0.067	0.125	0.268	0.54	0.895	1.927
2008	0.808	0.042	0.065	0.127	0.253	0.532	0.991	1.957
2009	0.871	0.036	0.086	0.14	0.325	0.667	1.046	2.058
2010	1.031	0.057	0.084	0.228	0.419	0.83	1.343	2.295
2011	0.951	0.059	0.124	0.186	0.368	0.748	1.185	2.159
均值	0.506	0.035	0.061	0.107	0.199	0.382	0.625	1.19

注：R_1为最低收入户、R_2为低收入户、R_3为中等偏下收入户、R_4为中等收入户、R_5为中等偏上收入户、R_6为高收入户、R_7为最高收入户。

---

[1] 数据来源：http://www.taxfoundation.org。
[2] 王小鲁：《灰色收入拉大居民收入差距》，《中国改革》2007年第7期。

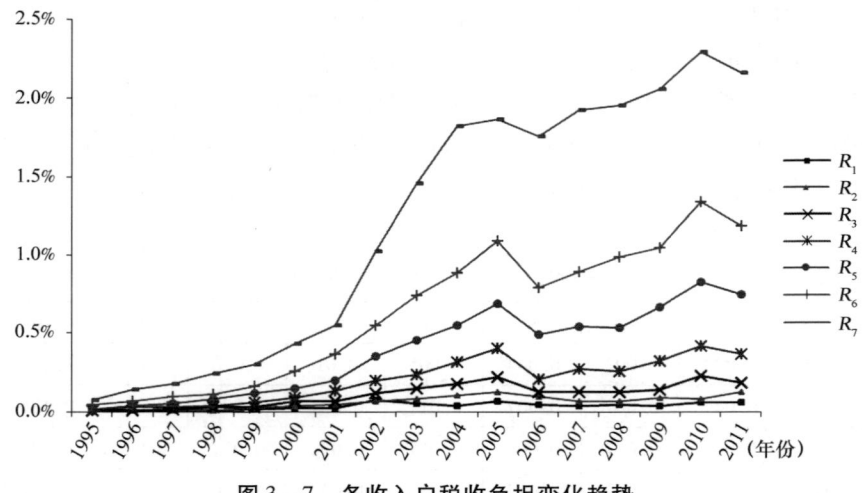

个人所得税的居民收入再分配效应与改革升级研究

图 3-7 各收入户税收负担变化趋势

虽然各收入户家庭的税收负担较轻,但是税收负担都呈现稳步缓慢上升的态势(见图3-7),但2001年后,各收入组的税收负担变化趋势不尽相同。其中,最低收入户、低收入户家庭的个人所得税税收负担变动趋势较为一致,除个别年份外,变动幅度不大,变化趋势比较平缓,年均税收负担仅为0.035%、0.061%和0.107%,税负增速较慢;中等收入户、中等偏上收入户、高收入户家庭个税变动趋势几乎完全一致,税负增长较快;最高收入户家庭的税收负担变化趋势波动最大,税收负担增速最快。2006年和2010年所有的收入户家庭的个税负担都明显下降,其原因可以归结为2006年和2008年的扣除费用标准提高各个税改革,表明费用扣除额提高让所有的收入家庭都受益,但是受益程度不同。2006年中等收入户家庭对费用扣除标准提高最为敏感,下降幅度达48.36%,最高收入户家庭的改革敏感性最弱,仅下降了6.06%。各收入组对改革的敏感程度如下:

中等收入户(48.4%)>中等偏下收入户(44.3%)>最低收入户(36.7%)>中等偏上收入户(28.8%)>低收入户(22.4%)>最高收入户(6.1%)

3. 各阶层税收支出弹性

个人所得税支出弹性表示个人所得税支出相对于收入变动的反应程度或者是收入的变动引起个人所得税支出的变动额。

$$E_{i,t} = \frac{\Delta(T_{i,t} \times h_{i,t} \times P_{i,t})}{T_{i,t} \times h_{i,t} \times P_{i,t}} \times \frac{Y_{i,t} \times h_{i,t} \times P_{i,t}}{\Delta(Y_{i,t} \times h_{i,t} \times P_{i,t})}$$

$$\Delta(T_{i,t} \times h_{i,t} \times P_{i,t}) = T_{i,t} \times h_{i,t} \times P_{i,t} - T_{i,t-1} \times h_{i,t-1} \times P_{i,t-1}$$

$$\Delta(Y_{i,t} \times h_{i,t} \times P_{i,t}) = Y_{i,t} \times h_{i,t} \times P_{i,t} - Y_{i,t-1} \times h_{i,t-1} \times P_{i,t-1}$$

其中，$E_{i,t}$ 为第 i 收入户家庭第 t 期个人所得税支出弹性。$\Delta T_{i,t}$ 为第 i 收入户家庭第 t 期与 $t-1$ 期缴纳人均个人所得税差额；$\Delta Y_{i,t}$ 为第 i 收入户家庭第 t 期与 $t-1$ 期人均应税收入差额。

根据公式，计算得出各收入户税收支出弹性，如图组 3-1 所示。统计区间内，各收入户税收弹性都呈现不断下降的趋势，但是水平值和变化程度却有较大的差异。为了便于比较，将各收入户支出弹性对数趋势线是否重合分为四类：总支出弹性；最高收入户和高收入户支出弹性；中等收入和中等偏上收入户支出弹性；最低收入户、低收入户和中等偏下收入户支出弹性。

1995—2011 年，总的支出弹性各年虽有波动，但总体呈现快速下降的趋势（趋势线斜率最大），弹性水平从 1996 年的 8.84 下降到 2011 年的 0.38，除了个别年份外，弹性水平向 1 靠近，表明个人所得税的增长率与居民收入增长率的差距在快速缩小。但是将总支出弹性放在两个时期进行比较发现，1996—2002 年，总支出弹性的趋势与中等收入和中等偏上收入户基本一致，2003—2011 年与最高收入户和高收入户一致，说明个人所得税转变为由高收入群体的收入决定，个人所得税的调节作用开始发生作用。1996—2011 年，最高收入户和高收入户家庭的个人所得税支出弹性呈现"先快速下降，后上升再下降"的波动性，2011 年税收支出弹性大幅下降，仅为 0.59，由此可见个人所得税支出对高收入和最高收入户家庭的影响越来越小，高收入群体的支出弹性比最高收入群体敏感；中等收入和中等偏上收入户家庭的个税支出弹性变化程度不及高收入户，下降趋势较为缓和，2003 年后两收入户家庭的弹性水平几乎一致。最低收入户、低收入户和中等偏下收入户的弹性水平先经历了较大的波动，但 2003 年以后，各年弹性水平保持在一个稳定的区间内，趋势性最为缓和。

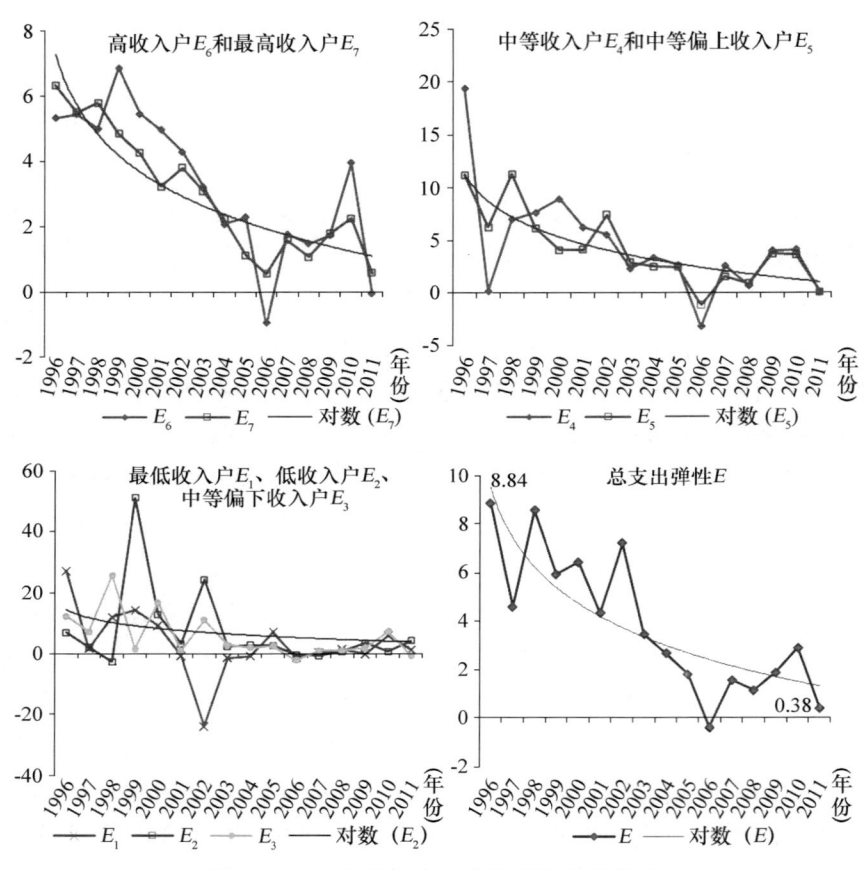

图组 3-1　各收入户个人所得税支出弹性

从各收入户的弹性极端值来看，2006 年，除高收入户以外，其他收入户的弹性值都为负数，表明 2005 年的费用扣除标准提高，大幅降低了居民家庭承担的个人所得税支出，政策的减税效果明显。各收入户对个人所得税改革的敏感程度与税收负担的分析相一致，个人所得税改革的最大受益者为中等偏下收入户、中等收入户和中等偏上收入户。对各阶层的税收支出弹性进行比较，低收入户的税收支出弹性远大于其他收入户，最高收入户弹性最低，表明低收入户对税收支出最为敏感，最高收入户最不敏感。将各收入户的个人所得税支出弹性进行大小排列：

低收入户＞最低收入户＞中等偏下户＞中等收入户＞中等偏上户＞高收入户＞最高收入户

四 税率结构

（一）现行税率结构

在分类计征下，不同的应税项目对应不同的税率结构，由超额累进税率、边际税率和比例税率组成。适用超额累进税率的工资薪金所得、经营类所得按照级次和级距适用不同的边际税率，其余项目采用比例税率。但是由于采用比例税率征收的劳务报酬所得、稿酬所得、特许权使用费所得、财产租赁所得在计算应税所得时，按应税项目收入级次，分别采用了定额或定率的费用减免。为了便于分析个人所得税的税率结构，将比例税率征税的应税项目按应税项目收入分级来定义级次，这样虽然都采用相同的比例税率，但应税项目具有了收入级次的累进性特征，个人所得税所有应税项目实质上就划分为6种细化的税率结构（见表3-11）。

从表3-11可以看出，对应税项目采用超额累进税率和比例税率，体现了纵向公平的要求，具有调节收入分配差距的作用，但是分类征税方式造成了横向公平缺失。如果按照收入或者所得来源这一纳税条件来判定是否具有横向公平，发现同属于工资性所得的工资、薪金所得、劳务报酬所得和稿酬所得具有不同的税率结构和税收优惠，就必然造成横向公平的缺失，在一定程度上抵消了纵向公平的调节效果。

（二）实际税率结构

累进性税率结构的特点为税基决定税率。税基越小、税率越高，税基越大、税率越低[①]，宽税基低税率，以实现调节收入分配差距的

[①] 当然税收效率和拉弗曲线确定了最高边际税率不能无限大。

表3-11 个人所得税税率结构

所得	应税项目	税率结构	应纳税所得额	税率(%)	速算扣除数减征额
工资性所得	工资、薪金所得	七级超额累进税率（元/月）	0—1500 1500—4500 4500—9000 9000—35000 35000—55000 55000—80000 >80000	3 10 20 25 30 35 45	0 105 555 1005 2775 5505 13505
	劳务报酬所得	两级比例税率（元/次）	0—800 800—4000（800）	0 20	0 0
		三级超额累进税率（元/次）	4000—20000（20%） 20000—50000（20%） >50000（20%）	20 30 40	0 2000 7000
	稿酬所得	三级比例税率（元/次）	0—800 800—4000（800） >4000（20%）	0 20 20	30%
经营性所得	个体工商户生产、经营所得 企事业单位承包、承租经营所得	五级超额累进税率（元/年）	≤5000 5000—10000 10000—30000 30000—50000 >50000	5 10 20 30 35	0 750 3750 9750 14750
财产性所得	特许权使用费所得 财产租赁所得	三级比例税率（元/次）	0—800 800—4000（800） >4000（20%）	0 20 20	
	利息、股息、红利所得 财产转让所得	比例税率	20%		
其他所得	偶然所得、其他所得				

注：800和20%为定量和定率减除费用标准。

目的。但是，诸如费用扣除额、减除费用、速算扣除数、减征率的存在，不同程度地侵蚀了税基，使得每一单位的应税收入承担的税负下降，即实际税率小于名义税率，税率的累进程度降低，调节收入分配差距的效果就会被削弱。对实际税率和税率累进性的衡量就能够分析现行个人所得税税率结构是否具有调节收入分配的功能。

将我国个人所得税费用扣除额、减除费用、速算扣除数、减征率等税收优惠作为实际税率的影响因素,对不同应税项目的实际平均税率和边际税率进行计算。

不存在税收优惠,实际平均税率和边际税率为:

$$AR = \frac{T}{Y} = \frac{Y \times t_i}{Y} = t_i$$

若存在定量减除费用,实际平均税率和边际税率为:

$$AR = \frac{T}{Y} = \frac{(Y-B) \times t_i(1-c) - k}{Y}$$

$$= t_i(1-c) - \frac{B \times t_i(1-c) + k}{Y} \qquad MR = t_i(1-c)$$

若存在定率减除费用,实际平均税率和边际税率为:

$$AR = \frac{T}{Y} = \frac{(Y-B) \times (1-b) \times t_i(1-c) - k}{Y}$$

$$= t_i \times (1-b) \times (1-c) - \frac{B \times t_i(1-c) + k}{Y} \qquad MR = t_i \times (1-b) \times (1-c)$$

其中,AR 为实际税率即平均税率;T 为应纳税额;Y 为应税收入;t_i 为税率结构表对应的名义边际税率;MR 为扣除税收优惠的实际边际税率;B 为费用扣除额或减除费用定量值;b 为减除费用定率值;c 为减征率;k 为速算扣除数。

由表3-12和图组3-2可以看出,我国个人所得税税率结构内部纷繁复杂,虽然个人所得税的不同应税项目采用不同的超额累进税率或比例税率,但是采用比例税率征收的部分应税项目因存在税收优惠,使得税率具有了累进性特征。具体来说,除了利息、股息、红利所得、财产转让所得、偶然所得和其他所得不存在累进性外,其余应税项目都不同程度地具有累进性,其中,工资、薪金所得、个体工商户生产、经营所得和企事业承包、承租经营所得因适用超额累进税率表而具有完全意义的累进性,工资、薪金所得的整体累进性要高于经营性所得的累进性;劳务报酬所得由于减除费用的计价单位不同和加成征收的存在具有间断累进性;稿酬所得、特许权使用费所得、财产租赁所得由于减除费用的计价单位或减征率的不同具有了先累进后比例的特性,在收入为[800,4000]区间内具有累进性,其他收入区间不具有累进性。然而，由于累进性应税项目的税收份额接近90%（2013年），可以判定，我国个人所得税的税率结构符合累进性税率特征，具有累进性。

表3-12　各应税项目的平均税率 AR 和实际边际税率 MR

工资、薪金所得				个体工商户生产、经营所得 企事业单位承包、承租经营所得			
Y	T	MR	AR	Y	T	MR	AR
0—3500	0	0	0	0—15000	5%	5%	5%
3500—5000	3%	3%	3%—105/Y	15000—30000	10%	10%	10%—750/Y
5000—8000	10%	10%	10%—455/Y	30000—60000	20%	20%	20%—3750/Y
8000—12500	20%	20%	20%—1255/Y	60000—100000	30%	30%	30%—9750/Y
12500—38500	25%	25%	25%—1880/Y	>100000	35%	35%	35%—14750/Y
38500—58500	30%	30%	30%—3825/Y			
58500—83500	35%	35%	35%—6730/Y			
>83500	45%	45%	45%—15080/Y			
劳务报酬所得				稿酬所得			
Y	T	MR	AR	Y	T	MR	AR
0—800	0	0	0	0—800	0	0	0
800—4000	20%	20%	20%—160/Y	800—4000	20%	14%	14%—112/Y
4000—25000	20%	16%	16%	>4000	20%	11.20%	11.20%
25000—62500	30%	24%	24%—2000/Y			
>62500	40%	32%	32%—7000/Y			
利息、股息、红利所得， 财产转让所得，偶然所得，其他所得				特许权使用费所得、财产租赁所得			
Y	T	MR	AR	Y	T	MR	AR
>0	20%	20%	20%	0—800	0	0	0
				800—4000	20%	20%	20%—160/Y
				>4000	20%	16%	16%

注：经营性所得为收入 Y 扣除成本、费用、税金和损失费用扣除后的应税所得。

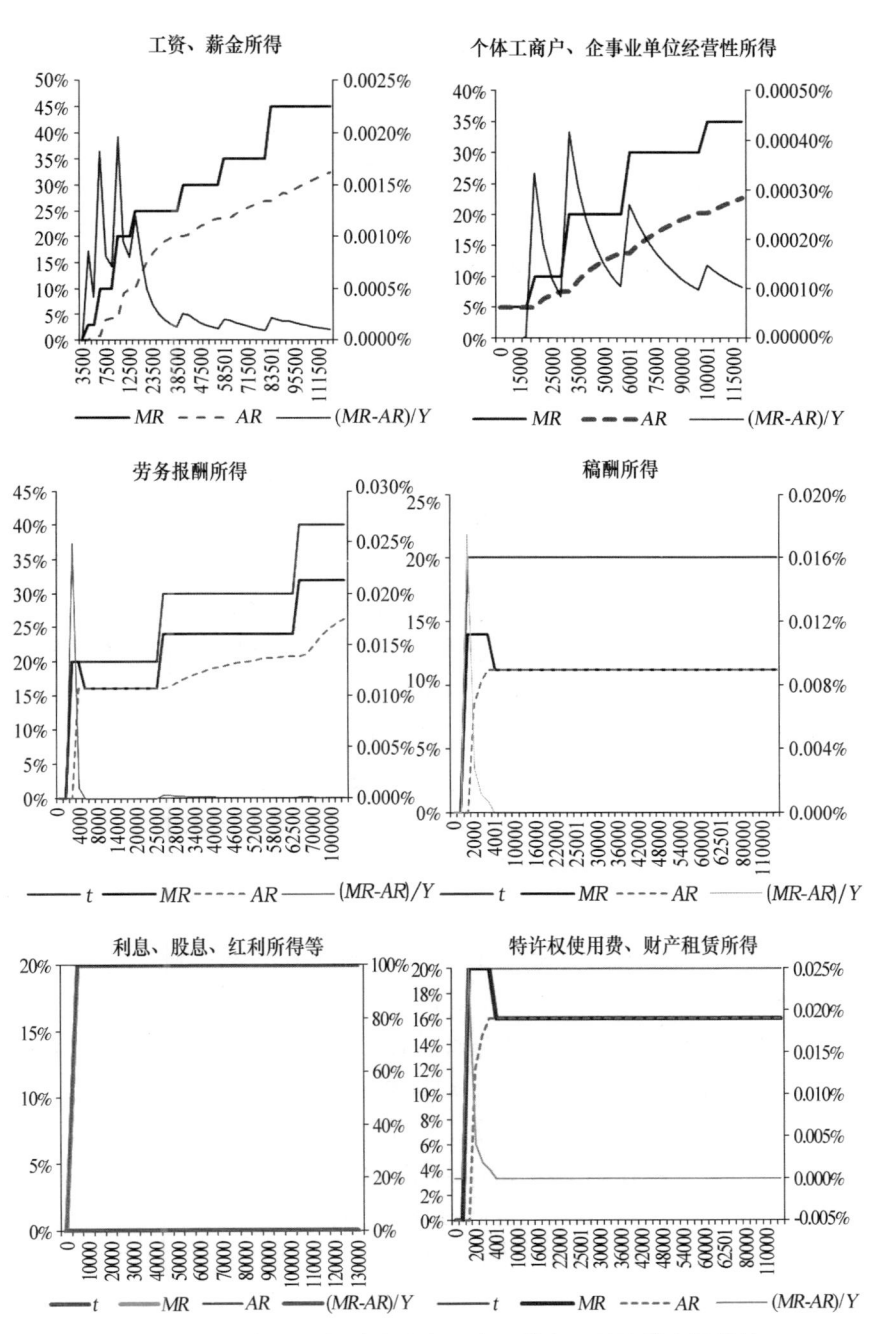

图组 3-2　各项所得平均税率、边际税率、平均税率累进性

1. 工资、薪金所得

工资薪金所得采用的七级超额累进税率是按照应税所得超过某一等级时，将超出部分以高一级税率作为边际税率计算应纳税额，超出部分越多缴纳的税额越高，以突出其累进性特质。我国工资薪金所得的超额累进税率具有税率跨度不均衡、级次过多、级距先窄后宽、整体呈现分布不均的特点。从税率跨度上看，七级边际税率跨度分别为7%、10%、5%、5%、5%、10%，跨度不均衡，尤其是第一至三级跨度过大，边际税率的跨度不均衡造成了平均税率呈现台阶式增长，平均税率累进性快速增加，中等收入及以下阶层税负过快增加；而第四至七级跨度相对均衡，使得相对于调节高收入阶层的平均税率却较为平缓，税负增加与收入增加极不匹配，平均税率累进性不断下降，累进性逐渐减弱；边际税率在收入[3500, 12500]之间存在4个级次，使得对低收入者面对过密的级次。从级距上看，第一至三级级距过窄，分别为1500、3000和4500，使得平均税率曲线波动较大，而第四至七级级距又相对平稳，分别为26000、20000和25000，使得平均税率曲线经过大幅波动后相对平滑。对中低收入阶层的税率跨度较大、级距较小、税率过密，造成了中低收入阶层单位收入的税负增加值大于高收入阶层的税负增加值，导致中低收入阶层的税负过重，损害了纵向公平。低收入阶层的累进性大于高收入阶层的累进性，更多地调节了低收入阶层之间的收入差距，对高收入和低收入之间的收入差距没有起到调节作用。

2. 个体工商户生产、经营所得和企事业单位承包、承租经营所得

经营性所得按照五级超额累进税率对净收益计征税额，从边际税率、平均税率和平均税率累进性曲线看，经营性所得的累进性设置较为合理，并优于工资薪金所得；边际税率对应的级距级次符合"扩中"的收入分配要求，第一至五级的级距分别为15000、15000、30000、40000；边际税率跨度也呈现中间宽两边窄的特性，税率跨度为5%、10%、10%、5%。各档税率的级距都较宽，级次适中，低档税率的适用范围较广；平均税率曲线接近直线，表明不同收入阶层承担的单位税负大体相当；从平均税率累进性看，呈递减趋势，表明平均税率曲线缓慢下降，高收入阶层承担的税负随着每单位收入的增

第三章 个人所得税与再分配：事实与特征

加而增加的税负逐渐减少。

3. 劳务报酬所得

劳务报酬所得作为工资性所得，并没有采用同工资薪金所得的七级超额累进税率，但是由于三级加成征收和定率定量减除费用的存在，使得劳务报酬所得实际上按照五级超额累进税率进行征收。实际边际税率比名义边际税率低4%—8%，平均税率曲线在收入为(800，4000]之间由于较低的征收起点和较窄的级距，使得较低的劳务报酬所得所承担的单位税负随收入的增加而增加，在收入为(4000，24000]之间平均税率曲线的斜率为零并与实际边际税率重合，使得平均税率的累进性为零，表明这一区间的收入阶层承担的税负相同；但是，当收入超过24000后，平均税率由于加成征收，曲线缓慢增加，平均税率累进性趋近于零，税负增加随每单位收入的增加而下降，直至税负增加额为零。劳务报酬所得表现出的间断累进性，在很大程度上增加了低劳务报酬所得获得者的税负，对高低劳务报酬所得的调节作用基本缺失。

4. 稿酬所得、特许权使用费所得和财产租赁所得

由于稿酬所得作为知识产权应给予适度的政策倾斜，我国对其采取应纳税额减征30%的办法予以鼓励和支持。在减征率和减除费用的存在下，使得稿酬所得适用的比例税率转换成了实际的边际税率。但是，由于起征额较低，(800，4000]的级距较窄，而高于4000元以后又缺乏级距级次的设置，使得平均税率曲线先陡峭后成直线，平均税率累进性在相应区间内先大于零后等于零，稿酬所得的税率结构依然对低稿酬所得的纳税过于严格，实际边际税率随级次的提高而下降，相当于放弃了对高收入的调节。特许权使用费所得和财产租赁所得与稿酬所得同属于一个税率结构，其差别为没有减征率的税收优惠，使得特许权使用费和财产租赁所得的实际边际税率比稿酬所得增加了30%，增加了低收入者的税收负担，对高收入不具有调节作用，调节高低收入之间的效果为零。

5. 股息、利息、红利所得，财产转让所得，偶然所得，其他所得

对这类所得不给予税收优惠并以较高的税率征税，符合对不劳而

获加重课税的思想。但这类所得征税范围较窄，缺乏累进性，使得调节这类收入的税收作用丧失。

按照累进性程度的不同，对 11 个应税项目累进性进行排序：

经营性所得＞工资、薪金所得＞劳务报酬所得＞特许权使用费所得、财产转让所得≥稿酬所得＞股息利息红利所得、财产转让所得、偶然所得、其他所得

五 费用扣除制度

费用扣除制度同累进税率结构决定了个人所得税再分配的调节力度，各国对个人所得税的费用扣除制度都做了比较细致的规定，按照功能定位的不同，对个人所得税的费用扣除制度可以分为基本宽免额（孙钢，2011）、成本费用扣除和特别扣除三类。基本宽免额与生计扣除（石绍宾等，2015）相关，是按照"保障纳税人基本生活费用不被课税"这一基本原则所确定的，是对劳动力再生产所需要的物质基础给予的税收鼓励，一般按照定额的办法进行税前扣除，扣除额按照工资收入水平的提高或者指数化进行修正。成本费用扣除是发生应税项目收入而必要的基本支出、成本费用等，按照定额或定率扣除。特别扣除是体现国家某种特定的公共政策目的、政府责任等而进行鼓励、支持的相应扣除。

1. 现行费用扣除制度

我国个人所得税的 11 个应税项目中涉及费用扣除的有 8 项。由于工资薪金所得的性质，其减除费用应归入基本宽免额；对同属于工资性收入的劳务报酬所得、稿酬所得的减除费用，因发生的相应收入而必要的费用支出，归入成本费用扣除；个体工商户生产、经营所得的成本支出，企事业单位承包、承租经营所得的减除费用属于成本费用扣除；其余允许扣除的应税项目都属于成本费用扣除。因特别扣除的特殊性，多反映在各应税项目中的特别规定，如通过公益性组织或者直接向民政部门进行个人公益性捐赠支出不超过个人所得税纳税额 30% 的部分予以扣除；为了支持 R&D 和技术转让，对研发费用、技术转让过程中发生的中介费用允许从应纳税所得中扣除等。

表 3-13 个人所得税费用扣除制度

基本宽免额		成本费用扣除		特别扣除
应税项目	扣除内容	应税项目	扣除内容	
工资、薪金所得	减除费用3500元	个体工商户生产、经营所得	成本、费用、税金、损失；或减除费用3500元	技术转让中介费；捐赠支出未超过30%的部分；研究开发经费
		企事业单位承包、承租经营所得	减除费用3500元	
		劳务报酬所得	减除费用定额800元或定率20%	
		稿酬所得		
		特许权使用费所得		
		财产租赁、转让所得	税金、教育费附加、修缮费用财产原值和合理费用	

2. 减除费用与家庭就业者平均工资

1994—2012 年，家庭就业者平均年收入从 6110.41 元增加到 51746.79 元，费用扣除标准从 9600 元增加到 42000 元，各收入阶层中，最低收入户是完全"0"纳税人，较低收入户是基本的"0"纳税人，中等偏下户是历次税制改革的最直接受益人。1994—1998 年，中等收入户不是个人所得税的纳税人，随着收入的提高，从 1999 年开始，中等收入户成为个人所得税的纳税人。1994—2012 年，费用扣除标准占最高收入户收入的比重从 0.92 下降到 0.38。最高收入户的 40% 收入是免税的；高收入就业者的免税比重从 0.89 下降到 0.56，高收入者一半的收入是免税的；中等偏上收入者的免税收入占收入的比重从 0.95 下降到 0.71，中等偏上收入户 30% 的收入是免税的；中等收入户这一比重从 0.98 下降到 0.90，中等收入户收入的 90% 的收入是免税的。但是，我国现行的费用扣除制度是无差别的宽免扣除制度，就可能导致超过费用扣除标准的低收入群体承担了较大的税负，同样收入的纳税人，就会因为不同的赡养人口和消费贷款支出造成不同的纳税负担。同时，费用扣除仅依靠不定期提高起征点的方式进行调整，使得实际费用扣除会因为通货膨胀而下降，造成实际税收负担的增加。

表 3-14　　费用扣除占家庭就业者平均年收入的比重

年份	年减除费用（元）	家庭就业者平均年收入（元）	年费用扣除占家庭就业者收入的比重（%）							
			均值	H_1	H_2	H_3	H_4	H_5	H_6	H_7
1994	9600	6110.41	1.57							0.92
1995	9600	7406.70	1.30							0.76
1996	9600	8335.11	1.15						0.89	0.68
1997	9600	9044.50	1.06					0.95	0.81	0.60
1998	9600	9582.42	1.00					0.90	0.74	0.55
1999	9600	10446.74	0.92				0.98	0.82	0.68	0.49
2000	9600	11729.88	0.82				0.89	0.73	0.60	0.43
2001	9600	12905.17	0.74			0.98	0.80	0.67	0.54	0.38
2002	9600	15733.73	0.61			0.93	0.73	0.56	0.43	0.28
2003	9600	17262.20	0.56			0.85	0.67	0.51	0.39	0.25
2004	9600	19348.05	0.50		0.96	0.76	0.60	0.45	0.35	0.21
2005	9600	22191.71	0.43		0.83	0.67	0.51	0.39	0.30	0.19
2006	19200	24523.93	0.78				0.93	0.70	0.54	0.34
2007	19200	28171.46	0.68				0.81	0.61	0.47	0.30
2008	23200	33558.95	0.69				0.80	0.61	0.47	0.31
2009	24000	36577.10	0.66			0.98	0.75	0.57	0.45	0.29
2010	24000	40655.20	0.59			0.86	0.67	0.52	0.41	0.26
2011	30000	46500.21	0.65			0.95	0.74	0.57	0.44	0.29
2012	42000	51746.79	0.81				0.90	0.71	0.56	0.38

注：H_1、H_2、H_3、H_4、H_5、H_6、H_7 分别代表最低收入阶层、低收入阶层、中等偏下收入阶层、中等收入阶层、中等偏上收入阶层、高收入阶层、最高收入阶层，如不特定说明，本书各阶层的代表字母均如此使用。

第四节　本章小结

本章是对个人所得税演进、现状（地位）和税制特点是否具有再分配功能的分析，得到以下结论：

第一，从整个征收期而言，个人所得税的"效率功能突出"。税收规模不断扩大，已经成为我国第五大税种。虽然增长速度呈下降趋势，但是远大于GDP增速和居民收入增速，与税收收入增速基本持平。与国际相比，个人所得税占GDP的比重不足1%，占税收的比重也不足8%。

第二，个人所得税采用分类征收的计征模式，以工薪所得为主的收入结构基本保持不变，但是，居民个人所得税总税收负担较轻。各类收入份额与其税收负担极不匹配。工资性收入份额和所得份额最大，但承担的税负最轻；财产性收入份额最小，所得份额较大，但承担的税负最重；经营性收入份额、所得份额和税收负担居中，转移性收入份额基本保持不变，而所得份额为0。从各收入阶层看，最高收入户税收贡献率近50%，但税收负担率较轻，不足2%，对税收支出最不敏感；高收入、中等偏上、中等收入户合计税收贡献率为44%，税收负担率不足1%，对税收支出较为敏感；最低收入户、低收入户和中等偏下收入户合计税收贡献率不足6%，税收负担可以忽略不计，对税收支出最为敏感。

第三，个人所得税整体具有累进性，将各应税项目存在的费用扣除、减征额、减征率等在税率结构中予以考虑，我国个人所得税的实际税率结构可以细化为6种，各应税项目基本具有累进性，但程度不同。对各应税项目累进性进行排序为经营性所得＞工资、薪金所得＞劳务报酬所得＞特许权使用费所得、财产转让所得≥稿酬所得＞股息利息红利所得、财产转让所得、偶然所得、其他所得。

第四，现行的费用扣除制度是无差别的宽免扣除制度，就可能导致超过费用扣除标准的低收入群体承担了较大的税负；费用扣除制度缺乏调整机制，增加了实际税收负担；费用扣除制度的存在，降低了实际税率结构的累进性。

总之，我国个人所得税在一定程度上体现了"支付能力"原则，高收入者承担高税负；税制设置也具有一定的再分配功能，但是，高收入者的税收负担率明显较轻，分类计征模式有利于多元化收入群体，对单一收入群体不利，无差别的宽免制度损害了公平性。

第四章　个人所得税再分配效应的检验

个人所得税收入再分配效应是个人所得税调节收入分配差距的数量程度。从第三章的分析可以看出，我国个人所得税从立法之初到各次修订都是以"公平"为原则。在对税前收入不平等程度和个人所得税税制特点分析的基础上，研究个人所得税是否能够起到"公平"的效果，或者多大程度缩小各收入阶层间的收入差距，不仅是对个人所得税立法原则的检验，也是为政策制定者提供决策支持的关键。

本章首先对税收再分配效应及分解的方法论进行阐述和尝试性的扩展；然后结合我国税前收入不平等，对个人所得税再分配效应及累进性进行实证检验，以检验个人所得税的"公平"力度或效果。

第一节　税收再分配效应的测度

税收再分配效应（Redistribute Effect，RE）是指税收对收入分配的数量改变程度。对应着衡量收入不平等的指标，相应的税收再分配效应的指标有税前税后洛伦茨曲线法、税前税后基尼系数法、税前税后泰尔熵指数法、税前税后收入不良指数法等。

一　税前税后洛伦茨曲线法

将税前和税后收入分配的洛伦茨曲线同时绘制在一个正方形里，以直观描述税收的再分配效应 RE。由于税前和税后收入数据得到的洛伦茨曲线可能存在相交或不相交两种情况①，在此加以区分。

1. 税前税后洛伦茨曲线不相交，税收再分配效应明确

图 4-1 中，ODK、OCK、OEK 均为绝对非平均的洛伦茨曲线。假定，OCK 为税前洛伦茨曲线，ODK 和 OEK 分别为两种税后收入分配的洛伦茨曲线，那么税后与税前洛伦茨曲线不相交的情况可以分为三种。然而无论三种情况的洛伦茨曲线位置如何，税收再分配定量效应都是明确的，即正、负和 0。

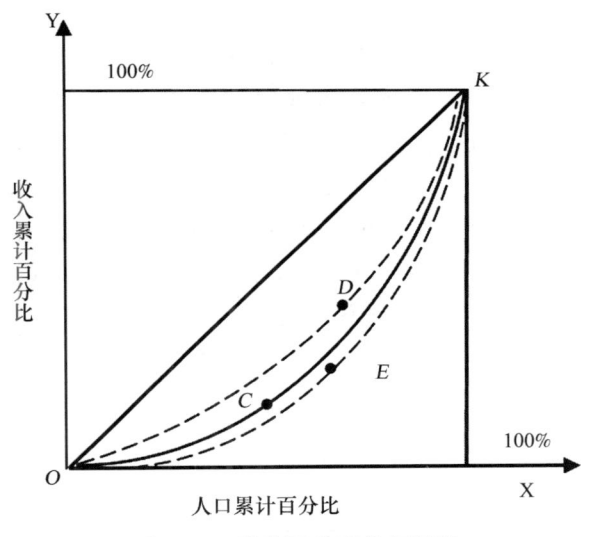

图 4-1 税收再分配效应明确

第一种，税后洛伦茨曲线为向 45°绝对平均线靠拢的 ODK，表明政府征税使得税后收入分配趋于公平，税收的再分配效应 RE 为正，税收缩小了收入分配差距，缩小程度为 ODKC 围成的面积。

第二种，税后洛伦茨曲线为向绝对不平均直角折线靠拢的 OEK，表明税收不仅没有产生公平的收入再分配，反而加剧了整个社会收入的不平等，税收的再分配效应 RE 为负，大小为 OCKE 围成的面积。

---

① 彭海燕（2012）、石子印（2014）仅对税前税后洛伦茨曲线不相交情况做了描述，而未考虑税前税后洛伦茨曲线相交的情况。

第三种，税后和税前洛伦茨曲线相重合，表明税收是中性的，政府征税不改变收入分配的格局，税收再分配效应 RE 为 0。

2. 税前税后洛伦茨曲线相交，税收再分配效应不明确

税后洛伦茨曲线可能与税前洛伦茨曲线相交于曲线上的任何一点。一旦交点产生，征税在部分阶层发挥了公平分配的作用，但是对其他阶层却加剧了不公平的程度，使得税收对整个社会的收入再分配效应不明确。因此，税收政策的制定不仅要考虑分配的总体状态，也要考虑特定收入范围的分配，如果按照不明确的税收效应就可能制定出更不公平的税收政策。

图 4-2 中，以税后洛伦茨曲线 ODK 与税前洛伦茨曲线 OCK 相交于 M 点为例，税后洛伦茨曲线 ODK 在 MK 段内进一步扩大了高收入阶层内部（假定 M 点对应的人口累进百分比为 80%）的收入差距，产生了负的 RE，大小为两段曲线 MK 围成的阴影面积 Sg；在 ODM 段内缩小了低收入和中等收入阶层的收入分配差距，RE 为正，大小为 OCMD 围成的阴影面积 Sn；整个社会的 RE 水平由正负效应共同决定，即 $RE = Sn - Sg$，若 $Sn > Sg$，则整个社会的税收再分配效应为正，反之，为负。

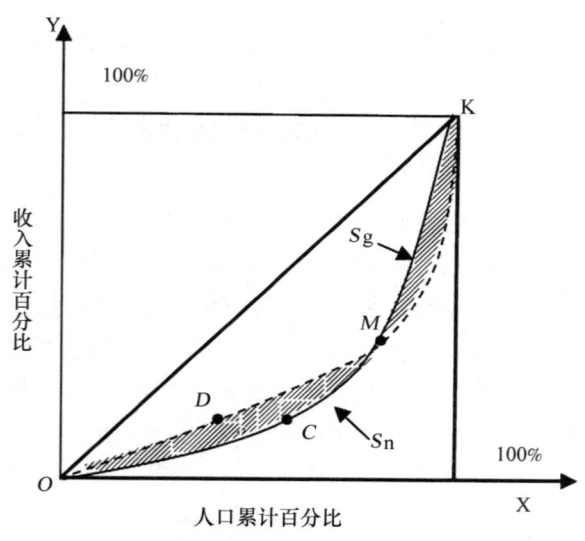

图 4-2 税收再分配效应不明确的一种特殊情况

二 税前税后基尼系数法

税收再分配效应的税前税后基尼系数法是指税收对税前基尼系数的改善程度。通常有三种表现方法，绝对差异法、相对差异法和比率法。用 $Gini_b$ 表示税前基尼系数，$Gini_a$ 表示税后基尼系数，RE 表示税收再分配效应。

1. 绝对差异法

绝对差异法是用税前基尼系数与税后基尼系数的差值表示税收再分配效应。

$$RE = Gini_b - Gini_a$$

绝对差异法下，税收再分配效应的判断标准为：当 $RE > 0$ 时，税收对收入分配起到了调节作用，缩小了收入分配差距，RE 越大，税收的再分配功能越强，调节效果越好；当 $RE = 0$ 时，税收的再分配功能丧失，税收制度（税种、税收体系）不具有调节作用；当 $RE < 0$ 时，税收扩大了收入分配差距，进一步扭曲了收入分配的不公平，RE 越小，税收的扭曲作用越小。

2. 相对差异法

地区间和国家间的税收再分配效应进行比较时，绝对差异法不是适合的度量指标，较多地使用 RE 的相对差异值，以表示税收对税前基尼系数的改变程度。

$$\gamma = \frac{Gini_b - Gini_a}{Gini_b} = \frac{RE}{Gini_b}$$

3. 比率法

以税前基尼系数和税后基尼系数的比值衡量税收再分配效应。

$$RE = \frac{Gini_b}{Gini_a}$$

比率法判断标准为：当 $RE > 1$ 时，税收发挥了收入再分配功能，缩小了收入分配差距，改善了收入不平等，RE 越大，税收的再分配功能越强；当 $RE < 1$ 时，税收加剧了收入分配不公平，扩大了收入分配差距，RE 越趋于 0，扩大的程度越小；当 $RE = 1$ 时，税收不具有调节收入分配差距的作用。

三 税前税后泰尔熵指数法

将税后收入引入泰尔熵指数,税后泰尔熵指数计算公式为:

$$Theil = \sum_{i=1}^{n}(y_i - T_i)\log(\frac{y_i - T_i}{p_i})$$

税后泰尔熵指数 T 和税后泰尔熵指数 L 分别对高收入阶层和低收入阶层的税后收入变化较为敏感。

$$T_T = \sum_{i=1}^{n}(y_i - T_i)\log n(y_i - T_i)$$

$$L_T = \frac{1}{n}\sum_{i=1}^{n}\log\frac{\overline{Y - T}}{Y_i - T_i}$$

其中,t_i 为第 i 收入阶层缴纳的个人所得税,$\overline{Y - T}$ 为税后总收入的平均值,即 $\overline{Y - T} = \dfrac{\sum_{i=1}^{n}(Y_i - T_i)}{n}$。

税前税后泰尔熵指数法的税收再分配效应 RE 表达式为:

$$RE_T = T - T_T = \sum_{i=1}^{n}y_i\log ny_i - \sum_{i=1}^{n}(y_i - T_i)\log n(y_i - T_i)$$

$$RE_L = L - L_T = \frac{1}{n}\sum_{i=1}^{n}\log\frac{\overline{Y}}{Y_i} - \frac{1}{n}\sum_{i=1}^{n}\log\frac{\overline{Y - T}}{Y_i - T_i}$$

如果 RE_T、$RE_L > 0$,那么,税收就起到了缩小收入分配差距的作用;如果 RE_T、$RE_L < 0$,则税收不仅没有起到调节作用反而加剧了收入不平等;如果 RE_T、$RE_L = 0$,则税收的公平功能失效。如果 $RE_T > RE_L > 0$,税收的累进性较强,对高收入的调节大于对低收入的调节,税收缩小了两个阶层之间的收入差距,反之,同理。

四 税前税后收入不良指数法

将高低收入组的个人所得税从税前收入中扣除后,得到高低收入组的税后收入不良收入指数。

$$IUI_T = \frac{MT_5}{MT_1}$$

其中，MT_1 为最高收入组平均税后收入，MT_5 为最低收入组平均税后收入。

那么，税前税后收入不良指数法为基础的税收再分配效应表达式为：

$$RE_{IUI} = IUI - IUI_T = \frac{M_5}{M_1} - \frac{MT_5}{MT_1}$$

如果，税前收入不良指数大于1，缴纳个人所得税后，高低收入组的税后收入相等，表明个人所得税改善了收入不良指数，达到了分配的绝对公平。收入不良指数的判断方法同税前税后基尼系数法和泰尔熵指数法。

第二节 个人所得税再分配效应的实证分析

一 税前税后洛伦兹曲线对 *RE* 的动态描述

运用税前税后洛伦兹曲线对 *RE* 进行动态描述时，仍然选用 Hossain（2011）函数作为税后洛伦兹曲线的拟合函数。

税后洛伦兹曲线拟合函数：

$$ty = tf(x) = x^{a_t} e^{\beta_t(x-1)} [1 - (1-x)^{\theta_t}]$$

其中，x 为人口累计百分比，ty 为税后收入累计百分比，a_t、β_t、θ_t 为参数，且 $a_t, \beta_t > 0, 0 < \theta_t \leq 1$。

基于数据的可得性，利用 Matlab 7.0 和 Origin 7.5 测算出税后洛伦兹拟合曲线参数（见附录 A-3），并绘制出 1995—2011 年税前税后洛伦兹曲线的动态演进图。由于区间内各期洛伦兹曲线区别较小，叠加性较强，所以选取具有波峰、波谷特性的年份以演示税后收入不平等的变动趋势，而税后洛伦兹曲线的趋势恰好与 1995—2011 年的税前洛伦兹曲线趋势相吻合。

由图 4-3 可以看出，1995 年、2000 年、2005 年税前税后洛伦兹曲线基本重合，个人所得税虽然发挥了缩小收入再分配差距的作用，但是再分配功能可以忽略不计。其中，2005 年税前税后洛伦兹曲线与 45°线的偏离达到了统计区间内的最大程度，说明该年度我国税前税后收入不平等程度达到了顶峰状态，个人所得税对缩小收入分配差距的作用微乎其微。从 2006 年开始，税前和税后洛伦茨曲线不仅逐步向 45°线靠近，而且税前与税后洛伦茨曲线缓慢分离，表明我国收入不平等加剧的状况得到改善，个人所得税调节收入分配差距的效果开始显现。

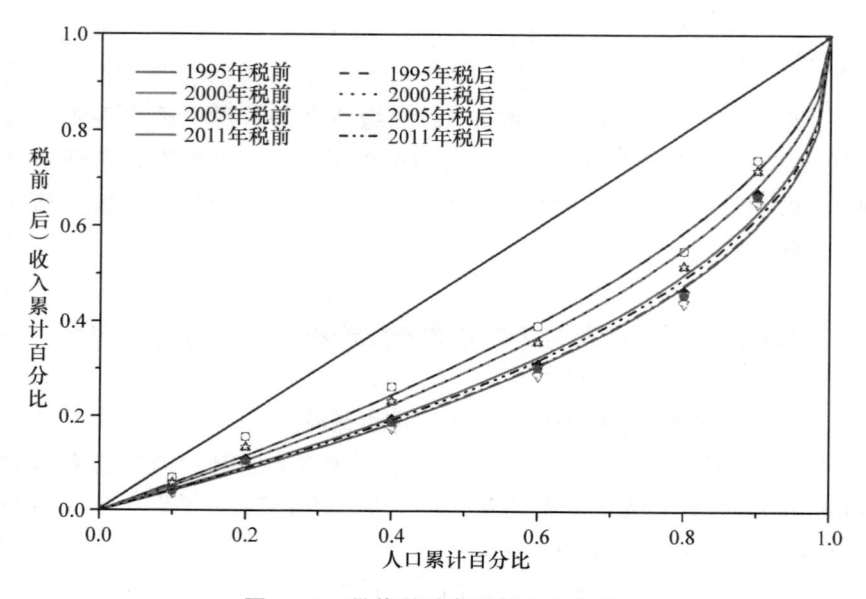

图 4-3　税前税后洛伦茨拟合曲线

由于洛伦茨曲线描述的是收入的累计百分比，为了深度研究收入阶层内部之间的税前税后收入变动，引入"收入份额受益（受损）"概念，即税前税后收入份额的绝对变化量，以表示各阶层收入份额的变动；以各阶层收入份额的受益（受损）比例考察个人所得税对不同阶层的收入份额贡献程度。

1. 受益（受损）比例

$$ZD_i = \frac{YT_i}{YT} - \frac{Y_i}{Y}, for \frac{YT_i}{YT} > \frac{Y_i}{Y}$$

$$ZD = \sum_{i=1}^{n} ZD_i, \lambda_{ZD_i} = \frac{ZD_i}{ZD}$$

$$FD_j = \frac{YT_j}{YT} - \frac{Y_j}{Y}, for \frac{Y_j}{Y} > \frac{YT_j}{YT}$$

$$FD = \sum_{j=1}^{m} FD_j, \lambda_{FD_j} = \frac{FD_j}{FD}$$

$$ZD + FD = 0, \lambda_{ZD_i} + \lambda_{FD_j} = 0$$

其中，ZD_i、YT_i、Y_i 分别为第 i 收入阶层的收入份额受益量、税后收入和税前收入，FD_j、YT_j、Y_j 为第 j 收入阶层收入份额受损量、税后收入和税前收入；λ_{ZD_i} 和 λ_{ZD_j} 分别为第 i、j 收入阶层受益、受损份额分摊率；总收入份额受益与受损之和为 0，表明个人所得税通过缩小某一（些）阶层的收入份额以增加其他阶层的收入份额，达到了缩小各阶层间收入差距的目的。

2. 正值表示受益，负值表示受损

由表 4-1 可知，个人所得税调节收入分配的功能在逐步加强，收入份额的差距从 1995 年的 0.0099% 缩小到 2011 年的 0.2817%，缩小幅度近 28 倍。最高收入阶层是缩小收入差距的主体，60% 的中等收入阶层（中等偏下、中等、中等收入偏上）是个人所得税的最大受益阶层，且各年变动不大，年均受益比例为 64.77%。从个人所得税改革节点可以看出，改革不仅提高了中等收入阶层的受益份额，也改变了高收入阶层的受损地位。

表 4-1　　　　各阶层收入份额受益（受损）比例　　　　单位：%

年份	受益总额（受损总额）	H_1	H_2	H_3	H_4	H_5	H_6	H_7
1995	0.0099	17.30	14.65	24.04	23.27	20.74	-19.28	-80.72
1996	0.0170	17.64	22.25	24.86	17.24	18.02	-6.99	-93.01
1997	0.0224	16.64	21.70	22.93	23.03	15.70	-13.54	-86.46
1998	0.0267	17.77	24.16	22.07	24.75	11.25	-1.46	-98.54
1999	0.0328	18.00	23.17	25.65	24.91	8.27	-9.84	-90.16
2000	0.0489	16.94	21.03	22.43	23.87	15.73	-13.78	-86.22
2001	0.0638	17.11	21.18	24.50	22.11	15.09	-19.70	-80.30
2002	0.1152	12.58	19.39	23.28	25.38	19.04	0.34	-100.00
2003	0.1820	12.10	17.71	21.57	24.88	20.11	3.62	-100.00
2004	0.2368	11.88	16.91	21.12	23.45	20.63	6.01	-100.00
2005	0.2280	12.88	18.72	23.16	25.07	20.18	-0.02	-99.98

续表

年份	受益总额（受损总额）	受益（受损）比例 λ						
		H_1	H_2	H_3	H_4	H_5	H_6	H_7
2006	0.2450	10.64	15.31	20.20	24.65	20.52	8.67	-100.00
2007	0.2669	11.09	16.34	20.97	23.82	20.77	7.00	-100.00
2008	0.2727	10.95	16.27	21.12	25.13	22.96	3.57	-100.00
2009	0.2705	12.00	17.23	22.44	24.91	19.49	3.93	-100.00
2010	0.2923	12.92	19.30	23.20	25.92	18.66	-2.96	-97.04
2011	0.2817	12.73	17.99	22.99	25.59	19.36	1.33	-100.00

注：H_1、H_2、H_3、H_4、H_5、H_6、H_7 分别代表最低收入阶层、低收入阶层、中等偏下收入阶层、中等收入阶层、中等偏上收入阶层、高收入阶层、最高收入阶层，如不特定说明，本书各阶层的代表字母均如此使用。

但是，各阶层之间受益程度存在着明显的差异。1995年，中等收入阶层从税后收入份额提高中受益最大，受益比例为24.04%，税后收入份额提高了0.00237%；中等收入、中等偏上收入、低收入、最低收入阶层的税后收入份额分别提高了0.0023%、0.00205%、0.00171%和0.00144%，占总受益比例排名的第二至五位，五个收入阶层的受益份额合计提高0.0099%。高收入和最高收入阶层从个人所得税的缴纳中损失的受损份额分别为0.00190%、0.00796%，总额为0.099%，两大类（以高收入和最高收入为一类，其他收入阶层为一类）阶层之间的收入份额差距缩小了0.0099%，各阶层与高收入和最高收入之间的差距缩小额即为各阶层的受益份额。1996—2001年，各阶层受益比例并未发生较大改变。2002—2011年，各阶层的受益份额迅速提高，以2011年为例，中等收入阶层成为最大的受益者，受益比例为25.59%，税后收入份额提高了0.07210%；中等偏下收入、中等偏上收入、低收入、最低收入、高收入的受益份额分别提高了0.06487%、0.05453%、0.05068%、0.03587%和0.00376%，受益份额合计提高0.2817%，最高收入阶层贡献了所有的受益份额。

二 税前税后基尼系数法对 RE 的测算及动态描述

根据税后洛伦茨曲线 ty，使用 Origin 7.5，求得曲线 ty 与绝对不平均直角折线围成的面积，然后按照下梯形面积法，求得各期税后基尼系数精确值。

税后基尼系数 $Gini_b$ 和 RE 的测算方程：

$$Gini_a = 2S_a = 2(\frac{1}{2} - S_b) = 1 - 2S_b$$

$$= 1 - 2\int_0^1 ty\,dx$$

$$= 1 - 2\int_0^1 (x^{a_t}e^{\beta_t(x-1)}[1-(1-x)^{\theta_t}])dx$$

$$RE = Gini_b - Gini_a$$

根据基尼系数法为基础的 RE 公式，测算出统计区间内个人所得税再分配效应的绝对差异值 RE、相对差异值 γ 和比率值，如表 4-2 和图 4-4 所示。

表 4-2　　　　　　　个人所得税再分配效应测算值

年份	$Gini_b$	$Gini_a$	RE	γ %	$\dfrac{Gini_b}{Gini_a}$	年份	$Gini_b$	$Gini_a$	RE	γ %	$\dfrac{Gini_b}{Gini_a}$
1995	0.26970	0.26958	0.00012	0.0445	1.0004	2004	0.41956	0.41692	0.00264	0.6292	1.0063
1996	0.26938	0.26912	0.00026	0.0965	1.0010	2005	0.42554	0.42282	0.00272	0.6392	1.0064
1997	0.28796	0.28768	0.00028	0.0972	1.0010	2006	0.42112	0.41846	0.00266	0.6316	1.0064
1998	0.29712	0.29676	0.00036	0.1212	1.0012	2007	0.41560	0.41266	0.00294	0.7074	1.0071
1999	0.30660	0.30616	0.00044	0.1435	1.0014	2008	0.42430	0.42130	0.0030	0.7070	1.0071
2000	0.32072	0.3201	0.00062	0.1933	1.0019	2009	0.41484	0.4117	0.00314	0.7569	1.0076
2001	0.33446	0.33366	0.0008	0.2392	1.0024	2010	0.40774	0.40422	0.00352	0.8633	1.0087
2002	0.39862	0.39724	0.00138	0.3462	1.0035	2011	0.40716	0.40378	0.00338	0.8301	1.0084
2003	0.41040	0.40832	0.00208	0.5068	1.0051						

图 4-4 个人所得税再分配效应的变动趋势

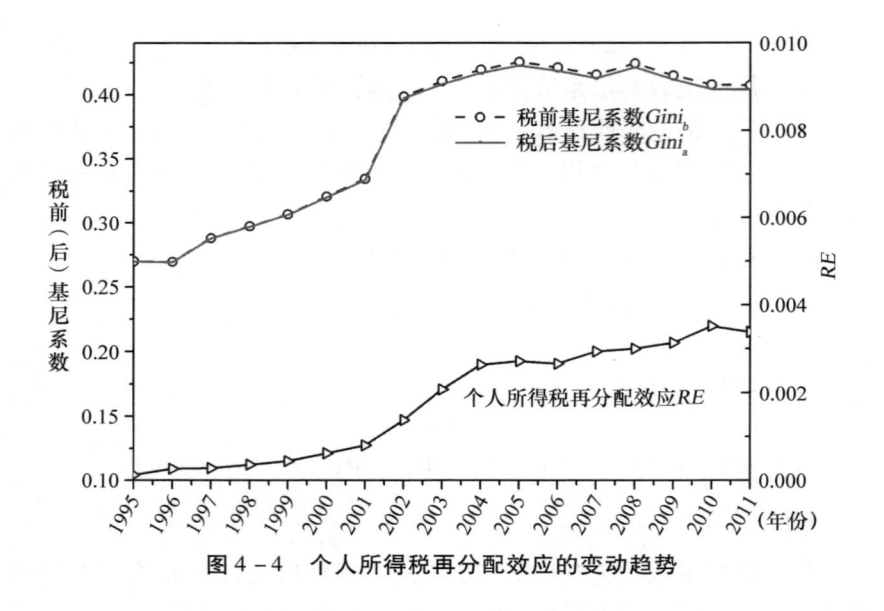

1995—2005年，我国税前税后基尼系数呈现迅速上升趋势，税前税后基尼系数从0.26970和0.26958分别上升至0.42554和0.42284，上升幅度为57.78%和56.84%；2006—2011年，虽有波动，但总体有向下的趋势，两类基尼系数从0.42112和0.41846下降到0.40716和0.40378，下降幅度为3.32%和3.51%，明显地呈现收入分配不平等的快速上升和缓慢下降的特征。税后基尼系数都小于税前基尼系数，而且两者差距逐步扩大，表明我国个人所得税实现收入公平的功能在逐步显现，缩小收入差距的作用越加明显。

从 RE 的绝对差异（大于0）、相对差异（大于0）和比率值（大于1）可以看出，个人所得税具有缩小收入分配差距的作用（虽然值较小，但是增长幅度较大）。1995—2005年，RE 绝对差异从0.00012上升到0.0008，虽然各期数值小数位在千分位内，但是增长近5.7倍，年均增长率为40.85%，增长幅度较大。相对差异从0.0445%上升到0.2392%，增长近4.4倍，平均增长率为36.53%，其中2001—2004年，增长速度尤其突出（见图4-5）。这一阶段，RE 绝对值的40.85%的高速增长与个人所得税规模的44.71%的高速增长相一致，究其原因为我国城镇居民收入快速增长，个人所得税工资薪金起征点一直保持在800元，一期金税工程不断完善。

2006—2011年，虽然税后基尼系数明显低于税前基尼系数，RE绝对值从0.00266上升到0.00338，相对值从0.6316%上升到0.8301%，但是RE绝对值增长率明显下降，年均增长率仅为5.07%，相对值增长率为5.84%。其中2006年、2011年增长率为-2.21%和-3.98%，2008年是正增长年份里最低的，增长率为2.04%。究其原因是工资薪金所得的三次起征点提高，所有阶层的税负都下降，中等收入阶层的下降程度最大。

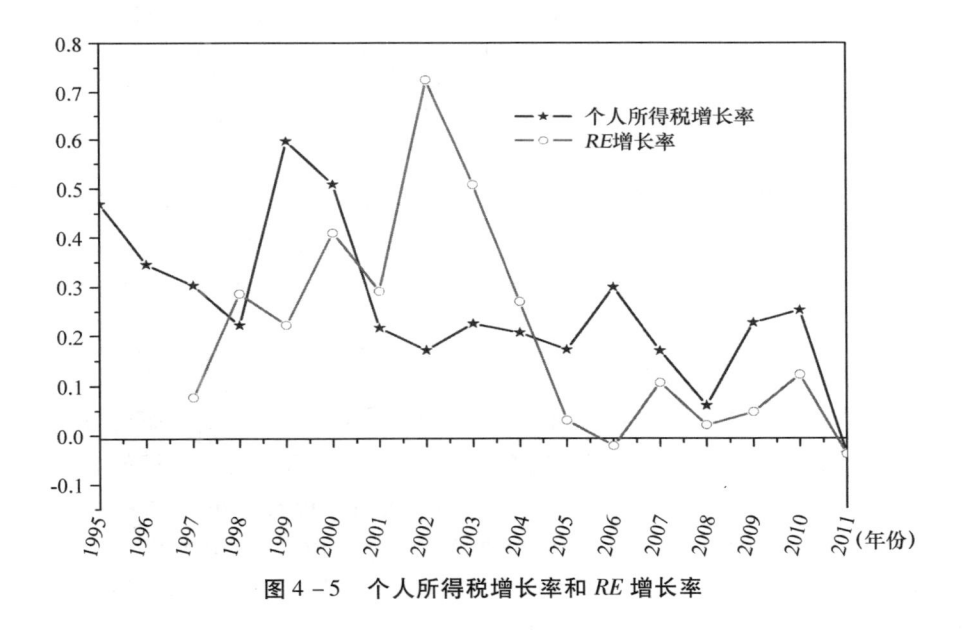

图4-5 个人所得税增长率和RE增长率

三 税前税后泰尔熵指数和收入不良指数对RE的测算及动态描述

由于税后基尼系数更多地反映中等收入阶层收入的改变程度，结合税前税后泰尔熵指数和收入不良指数法对RE的测算，可以衡量高低收入阶层之间和各阶层内部的税后收入变化程度。根据泰尔熵指数法和收入不良指数法测算出个人所得税再分配效应RE（见表4-3）。

表4-3　　　　　　　其他指标法下的 RE 测算值

年份	RE（T）	RE（L）	RE（IUI）	年份	RE（T）	RE（L）	RE（IUI）
1995	0.00003	0.00005	0.00121	2004	0.00137	0.00191	0.06061
1996	0.00007	0.00009	0.00231	2005	0.00140	0.00201	0.06675
1997	0.00009	0.00012	0.00332	2006	0.00137	0.00189	0.05888
1998	0.00012	0.00016	0.00437	2007	0.00150	0.00207	0.06481
1999	0.00015	0.00020	0.00558	2008	0.00158	0.00220	0.07117
2000	0.00022	0.00030	0.00864	2009	0.00156	0.00219	0.06948
2001	0.00029	0.00042	0.01211	2010	0.00170	0.00242	0.07727
2002	0.00066	0.00092	0.02903	2011	0.00163	0.00228	0.07076
2003	0.00104	0.00146	0.04570				

统计区间内，RE（T）、RE（L）、RE（IUI）分别从0.00003、0.00005、0.00121上升到0.00163、0.00228、0.07076，上升幅度分别为45.78倍、47.83倍和57.58倍。从平均增速上看，三个指标值分别为31.01%、31.32%、33.61%，说明个人所得税对缩小20%的高收入阶层和20%低收入阶层之间的收入差距最为有效，中等收入阶层间的差距调节次之。

1995—2011年，泰尔熵指数法和收入不良指数法测算的RE变化趋势与基尼系数法下基本相同，都经历了"先缓慢增长，再快速增长，后波动略微上升"，改革年份出现负增长的一致性趋势（见图4-6）。个人所得税对所有阶层的收入差距均有所改变，不仅缩小了高低收入阶层之间的收入差距，而且也缩小了最高收入阶层内部和最低收入阶层内部的差距。

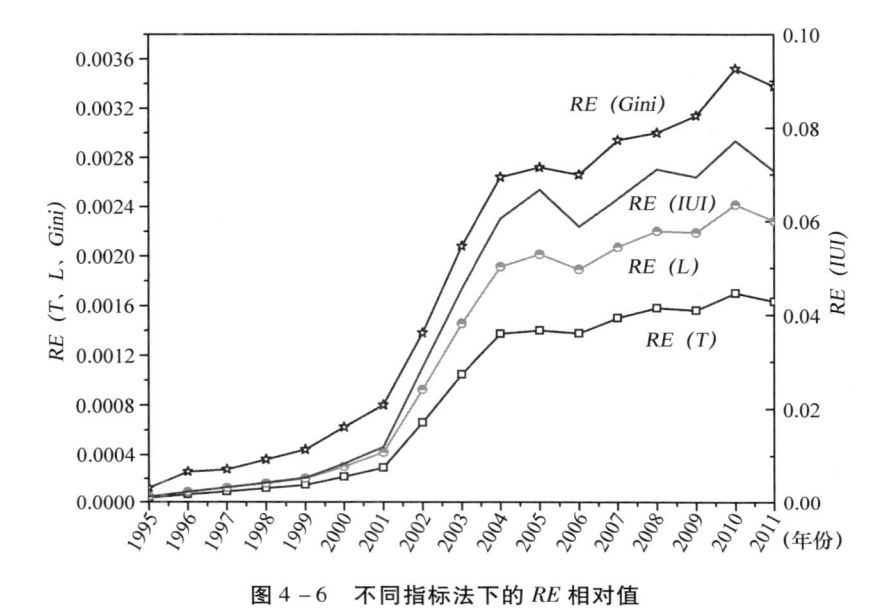

图 4-6 不同指标法下的 RE 相对值

第三节 税收累进性的测度

税收累进性的测度包括古典累进性测量法、现代累进性测量法和其他方法。古典累进性测量法有平均税率累进性（Average Rate Progression，ARP）、边际税率累进性（Marginal Rate Progression，MRP）、应纳税额累进性（Liability Progression，LP）和剩余收入累进性（Residual Income Progression，RIP）。现代累进性测量法有 K 指数、S 指数等，其他类型的测量法如 KP 指数法（第五章论述）。

一 古典累进性测量法

古典累进性测量法是考察不同个人或阶层的收入或者不同类型收入的税收累进程度。其中，Pigou（1928）提出了平均税率累进性和边际税率累进性两种测量累进性的方法。Musgrave 等（1948）提出了应纳税额累进性和剩余收入累进性两种衡量税收累进性的方法。

1. 平均税率累进性

收入和对应的税收按照递增排序下,平均税率累进性是平均税率变化的相对值与收入变化的绝对值的比值。

$$ARP = \frac{\frac{T_1}{Y_1} - \frac{T_0}{Y_0}}{Y_1 - Y_0}$$

其中,Y_0,Y_1,…是收入的递增序列,T_0,T_1,…为与收入对应的税收。

当 Y 变化无限小时,由于 $T = f(Y)$,那么

$$ARP = \frac{d}{dY}\left(\frac{f(Y)}{Y}\right) = \frac{MR_{1-0} - AR_0}{Y_1}$$

其中,MR_{1-0} 为 Y_0 的边际税率,AR_0 为 Y_0 的平均税率。由 ARP 公式可以看出,平均税率累进性为平均税率曲线的斜率,斜率越大则累进性越强,税负增幅越大;斜率越小,则累进性越弱,税负增幅较小。

平均税率累进性 ARP 的判定标准为,ARP 为正,则 MR_{1-0} 大于 AR_0,税收为累进的,高收入阶层的税率更高;ARP 为正,则 MR_{1-0} 等于 AR_0,税收为比例的;税收不具有累进性。ARP 为负,则 MR_{1-0} 小于 AR_0,税收为累退的,低收入阶层的税率更高。

2. 边际税率累进性

边际税率累进性是边际税率变化的相对值与收入变化的绝对值的比值。

$$MRP = \frac{\frac{T_2 - T_1}{Y_2 - Y_1} - \frac{T_1 - T_0}{Y_1 - Y_0}}{Y_2 - Y_1}$$

其中,Y_0,Y_1,Y_2,…是收入的递增序列,T_0,T_1,T_2,…为与收入对应的税收。

当 Y 变化无限小时,有

$$MRP = \frac{d^2}{dY^2}\left(\frac{f(Y)}{Y}\right) = \frac{MR_{2-1} - MR_{1-0}}{Y_2 - Y_1}$$

其中,MR_{2-1} 为 Y_1 的边际税率,由 MRP 公式可以看出,边际税率

累进性为边际税率曲线的斜率。

边际税率累进性 MRP 的判定标准为：$MRP > 0$ 时，即 $MR_{2-1} > MR_{1-0}$，税收为累进的；$MRP = 0$ 时，即 $MR_{2-1} = MR_{1-0}$，税收为比例的；当 $MRP < 0$ 时，即 $MR_{2-1} < MR_{1-0}$，税收为累退的。

3. 应纳税额累进性

应纳税额累进性是应纳税额变化的百分比与收入变化百分比的比率。

$$LP = \frac{\frac{T_1 - T_0}{T_0}}{\frac{Y_1 - Y_0}{Y_0}} = \frac{MR_{1-0}}{AR_0}$$

边际税率累进性 LP 大于 0，且与平均税率累进性的判定结论一致。如果税收是累进的，则 LP 大于 1，就有边际税率 MR_{1-0} 大于平均税率 AR_0；如果税收是累退的，则 LP 小于 1，就有边际税率 MR_{1-0} 小于平均税率 AR_0；如果税收是比例的，则 LP 等于 1，就有边际税率 MR_{1-0} 等于平均税率 AR_0。

4. 剩余收入累进性

剩余收入累进性是扣除税收后的收入变化百分比与收入变化百分比的比率。

$$RIP = \frac{\frac{(Y_1 - T_1) - (Y_0 - T_0)}{T_0}}{\frac{Y_1 - Y_0}{Y_0}} = \frac{1 - MR_{1-0}}{1 - AR_0}$$

由表达式可以看出，剩余收入累进性的判定与应纳税额累进性相反，如果税收是累进的，则 RIP 小于 1，就有边际税率 MR_{1-0} 大于平均税率 AR_0；如果税收是累退的，则 RIP 大于 1，就有边际税率 MR_{1-0} 小于平均税率 AR_0；如果税收是比例的，则 RIP 等于 1，就有边际税率 MR_{1-0} 等于平均税率 AR_0。

二 现代累进性测量法

现代累进性测量法考察税制整体累进程度，代表性指标有 K 指数、S 指数。

1. K 指数

Kakwani（1977）提出了税收集中度曲线，即将人口累计百分比与对应的税收累计百分比画在同一个坐标轴上而得到的曲线。其中，横轴代表人口累计百分比，纵轴为税前收入或税收累计百分比。K 指数为税收集中度曲线与税前洛伦茨曲线围成的面积的 2 倍（下梯形面积法）。

图 4-7 中，OEK 为税收集中度曲线，ODK 为税前洛伦茨曲线，K 指数即为 ODKE 围成的面积的 2 倍。

$$K = C_t - Gini_b = 2\left[\int_0^1 Y(X)dX - \int_0^1 T(X)dX\right]$$

其中，$0 < K < 1$，C_t 为税收集中度。X 为人口累计百分比，$T(X)$ 为税收集中度曲线，$Y(X)$ 为税前收入分配的洛伦茨曲线。

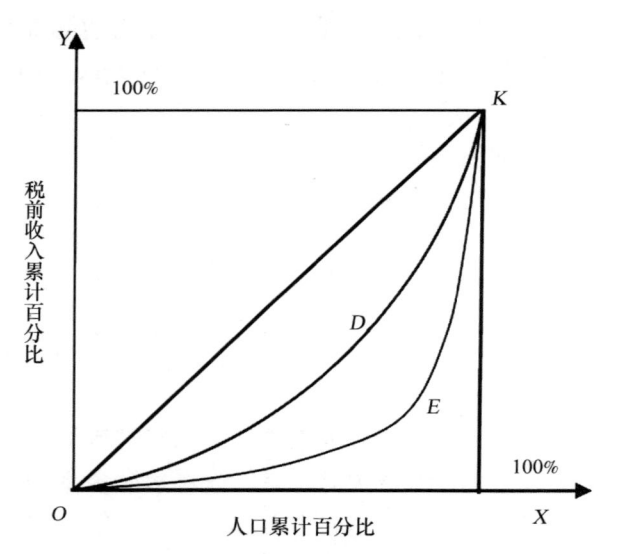

图 4-7 税收集中度曲线在税前洛伦茨曲线下方

税收集中度曲线 OEK 与税前洛伦茨曲线 ODK 存在三种位置关系。

第一种，OEK 在 ODK 下方，如图 4-7 所示，表明税收集中度系数大于基尼系数，K 指数为正，税收为累进的，K 值越趋向 1，则累进性越强。

第二种，*OEK* 与 *ODK* 重合，表明税收集中度系数等于税前基尼系数，*K* 指数为 0，税收为比例的。

第三种，*OEK* 在 *ODK* 上方，表明税收集中度系数小于基尼系数，*K* 指数为负值，*K* 值越趋向 -1，则累退性越强。

2. *S* 指数

Suit（1977）参照基尼系数的定义，提出了另一种税收集中度曲线，将由低到高的收入累计百分比与对应的税收累计百分比作为两个变量绘制在同一个坐标轴内，得到一个新的税收集中度曲线。由税收集中度曲线与对角线围成的面积的 2 倍即为税收的累进性 *S* 指数。

图 4-8 中，横轴表示收入递增排序的收入累计百分比，纵轴为这些收入对应的税收累计百分比。*OMK* 为税收集中度曲线，*S* 指数的数学表达式为：

$$S = 1 - 2\int_0^1 T(X)\,dY(X)$$

其中，$-1 < S < 1$。

税收集中度曲线 *OMK* 与对角线 *OK* 存在三种位置关系。

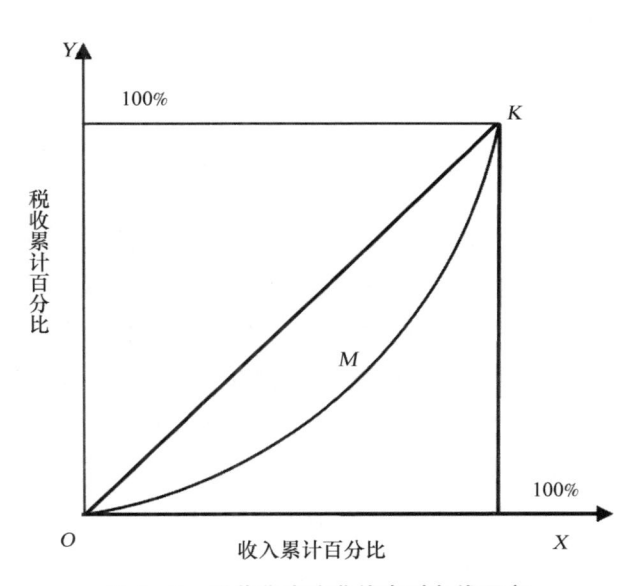

图 4-8 税收集中度曲线在对角线下方

第一种，OMK 在 OK 下方，如图 4-8 所示，表明收入累计百分比大于税收累计百分比，低收入阶层或个人负担的累计税收份额低于收入份额（收入在总收入中的比重），高收入阶层或个人承担的税负较大，此时 S 为正值且越趋向 1，税收的累进性越强。

第二种，OMK 在 OK 的上方，表明税收累计百分比大于收入累计百分比，此时，低收入阶层负担的累计税收份额高于收入份额，低收入阶层或个人负担了较多的税负，此时 S 为负值且越趋向 -1，税收的累退性越强。

第三种，OMK 与 OK 重合，表明每个人缴纳的税收都相等，即人头税，此时 S 为 0。

第四节　个人所得税累进性的实证分析

一　古典累进性指数的测算

根据古典累进性测算方法，使用 1995—2011 年相关数据，测算出各收入阶层的平均税率累进性、边际税率累进性、应纳税额累进性和剩余收入累进性。

1. 平均税率累进性

根据平均税率累进性测算公式，测算出各阶层平均税率累进性，如表 4-4 所示。

统计区间内，各收入阶层的平均税率基本呈现微弱的累进性，各阶层税收负担略高于较低一层的税收负担，基本体现了"支付能力"原则。但是，也出现了个别年份、个别阶层累退的现象，其中，1995 年中等偏下收入阶层的平均税率是累退的，表明中等偏下收入阶层的税负低于低收入阶层，其原因为中等偏下收入阶层人均缴纳个人所得税为 0.13 元，而低收入阶层人均缴纳为 0.27 元。1998 年和 2002 年低收入阶层有较弱的累退性，分别为 -0.216 和 -0.437，表明最低收入阶层的税收负担略高于低收入阶层。

表4-4　　　各阶层平均税率累进性测算表（真实值$\times 10^7$）

年份	H_2	H_3	H_4	H_5	H_6	H_7	年份	H_2	H_3	H_4	H_5	H_6	H_7
1995	1.388	-1.000	0.631	0.538	2.134	0.939	2004	2.889	3.327	4.827	5.564	5.884	6.514
1996	0.106	0.469	2.123	0.324	2.089	2.252	2005	2.360	3.790	5.146	5.714	5.879	5.140
1997	0.097	1.088	0.987	1.567	2.662	2.027	2006	2.030	0.931	2.158	5.149	4.106	5.645
1998	-0.216	2.570	0.565	2.623	1.384	3.047	2007	0.946	1.717	3.212	4.311	4.227	5.382
1999	0.352	1.228	1.681	3.395	1.929	2.603	2008	0.668	1.568	2.302	3.620	4.654	4.343
2000	1.361	2.150	1.439	2.804	4.175	2.948	2009	1.235	1.258	3.025	4.100	3.556	4.126
2001	1.847	1.606	3.404	2.953	5.528	2.345	2010	0.598	2.870	2.823	4.663	4.491	3.539
2002	-0.437	2.984	3.297	4.634	4.457	4.539	2011	1.316	1.062	2.420	3.666	3.294	3.324
2003	1.484	3.539	3.460	5.881	5.709	5.947							

注：为了便于直观比较，各测算值为真实值扩大10^7倍的结果，如1.388（H_2，1995）=真实值0.0000000138$\times 10^7$。

从各阶层的累进程度看，除了2004年累进性逐级提高外，其余年份基本上为高收入阶层的累进性高于其他阶层，而最高收入阶层的累进性低于高收入阶层的累进性；中等偏下收入阶层的累进性明显高于低收入阶层的累进性，究其原因，除了阶层划分的特性外，各阶层的税负增长率明显低于收入增长率。

2. 边际税率累进性

根据边际税率累进性测算公式，测算出各阶层边际税率累进性，如表4-5所示。

表4-5　　　各阶层边际税率累进性测算表（真实值$\times 10^6$）

年份	H_3	H_4	H_5	H_6	H_7	年份	H_3	H_4	H_5	H_6	H_7
1995	-10.915	7.532	0.619	9.915	-1.298	2004	7.220	11.446	11.218	10.825	9.632
1996	2.397	10.306	-6.091	10.407	3.769	2005	9.737	11.501	10.986	10.483	6.425
1997	5.529	1.421	4.843	8.615	1.677	2006	-0.145	6.211	14.653	5.107	9.497
1998	13.861	-5.568	11.512	-1.679	7.963	2007	4.690	8.701	9.672	7.152	8.838
1999	5.109	4.339	11.570	-1.202	5.249	2008	4.489	5.451	8.723	10.115	5.777

续表

年份	H_3	H_4	H_5	H_6	H_7	年份	H_3	H_4	H_5	H_6	H_7
2000	6.399	0.524	9.037	11.719	2.064	2009	2.415	8.801	9.231	5.138	6.437
2001	2.528	10.937	4.036	17.417	-2.032	2010	9.692	4.849	12.082	7.491	3.843
2002	12.098	6.396	11.176	7.454	6.488	2011	1.593	7.089	8.937	4.982	4.696
2003	10.755	5.826	15.422	9.624	8.494						

注：为了便于直观比较，各测算值为真实值扩大 10^6 倍的结果，如 2.397（H_3，1996）= 真实值 0.000002397×10^6。

统计区间内，我国各阶层的边际税率累进性出现了分化。1995—2011 年，各阶层的边际税率在表现出累进性的同时，出现了集中在高收入阶层和最高收入阶层的累退现象。除了 1995 年中等偏下收入阶层的边际税率累退外；1995 年、1998 年、1999 年、2001 年都出现了高收入或最高收入阶层的边际税率累退性，说明同一单位收入的增加，高收入阶层（中等偏上收入阶层）的个人所得税收支出增加额明显大于最高收入阶层（高收入阶层）；2001 年后，各阶层的边际税率基本都是累进的（除 2006 年中等偏下收入阶层）。

将边际税率与平均税率累进性进行比较发现，各收入阶层的收入按照递增排序时，相应阶层的平均税率累进性却没有表现出递增排序；当阶层间平均税率累进性差别较大时，边际税率就会出现累退现象。

将 2006 年、2008 年和 2011 年各阶层边际税率累进性与上一期比较发现，各阶层对历次改革的行为反应差别较大，当费用扣除标准分别从 800 元提高到 1600 元和从 2000 元提高到 3500 元时，各阶层的边际税率累进性都有较大程度的下降，但是起征点从 1600 元提升到 2000 元时，各阶层边际税率累进性下降较少，高收入阶层的累进性增强，费用扣除额的提高损害了累进性。

3. 应纳税额累进性

根据应纳税额累进性测算公式，测算出各阶层应纳税额累进性，如表 4-6 所示。

表4-6　　　　　　　各阶层应纳税额累进性测算表

年份	H_2	H_3	H_4	H_5	H_6	H_7	年份	H_2	H_3	H_4	H_5	H_6	H_7
1995	28.999	-2.462	7.651	4.199	10.827	3.141	2004	5.453	3.774	4.139	3.678	3.261	3.664
1996	1.629	3.938	11.810	1.699	5.869	4.792	2005	3.384	3.876	4.003	3.515	3.109	2.958
1997	1.554	7.710	4.342	5.004	5.772	3.620	2006	4.650	2.004	3.503	5.926	3.282	4.287
1998	0.000	20.657	2.115	6.274	2.692	4.916	2007	3.222	4.139	5.316	4.699	3.491	4.165
1999	1.965	4.389	4.498	6.123	2.790	3.492	2008	2.679	4.466	4.551	4.929	4.327	3.714
2000	3.837	4.238	2.634	3.987	4.433	3.002	2009	5.040	3.407	5.758	4.878	3.228	3.694
2001	5.626	3.289	5.147	3.402	4.739	2.286	2010	2.402	7.179	4.109	4.817	3.488	2.975
2002	0.708	4.009	3.511	3.844	3.120	3.277	2011	4.435	2.743	4.690	4.872	3.330	3.410
2003	2.540	4.257	3.334	4.311	3.328	3.533							

统计区间内，除了个别阶层外，应纳税额累进性都严格地大于1，表明应纳税额的累进性较强，各阶层边际税率明显大于平均税率。1995年中等偏下收入阶层的应纳税额与其边际税率和平均税率一样呈现累退性，其原因为个人所得税绝对额的差别。1998年低收入阶层的应纳税额累退性为0，其原因为低收入阶层和最低收入阶层的个人所得税人均支出均为0.18元。各阶层累进性表现不一致，1995年，低收入阶层和高收入阶层的应纳税额累进性较为突出，数值为28.999和10.827，其中低收入阶层为统计区间内的最大值，其原因为低收入阶层的个人所得税支出为最低收入阶层的9倍，高收入阶层的税收支出是中等偏上收入阶层的3.35倍。1998年中等偏下收入阶层的应纳税额累进性为20.657，原因为中等偏下收入阶层当年个人所得税支出为1.08，是低收入阶层的6倍。

4. 剩余收入累进性

根据剩余收入累进性测算公式，测算出各阶层剩余收入累进性，如表4-7所示。

表4-7　　　　　　各阶层剩余收入累进性测算

年份	H_2	H_3	H_4	H_5	H_6	H_7	年份	H_2	H_3	H_4	H_5	H_6	H_7
1995	1.000	1.000	1.000	1.000	0.999	0.999	2004	0.999	0.998	0.996	0.993	0.990	0.982
1996	1.000	1.000	0.999	1.000	0.999	0.998	2005	0.999	0.997	0.995	0.992	0.989	0.984
1997	1.000	1.000	1.000	0.999	0.998	0.998	2006	0.999	0.999	0.998	0.992	0.991	0.980
1998	1.000	0.999	1.000	0.998	0.998	0.997	2007	0.999	0.999	0.998	0.992	0.990	0.978
1999	1.000	0.999	0.999	0.998	0.998	0.997	2008	0.999	0.998	0.997	0.992	0.987	0.979
2000	1.000	0.999	0.999	0.998	0.996	0.996	2009	0.999	0.998	0.995	0.991	0.989	0.979
2001	0.999	0.999	0.998	0.998	0.994	0.996	2010	0.999	0.996	0.995	0.988	0.985	0.980
2002	1.000	0.998	0.998	0.996	0.994	0.991	2011	0.998	0.998	0.995	0.989	0.987	0.978
2003	0.999	0.998	0.997	0.994	0.992	0.986							

统计区间内，各阶层剩余收入累进性基本非严格小于1，也就是说，各阶层税后收入具有微弱的累进性。但是，随着时间的变化，各阶层累进性缓慢提高且有明显递增趋势。

5. 古典累进性指数的比较

对四种古典累进性测算值比较发现，个人所得税的累进性结论较为一致。由于我国各阶层的税收负担较低，个人所得税累进性呈现出较弱的态势，但基本体现了"支付能力"的原则，而且累进性在逐步提高。各种方法产生的差别是因适用的对象不同而造成的。一般来说，平均税率累进性适用于高收入阶层，剩余收入累进性适用于中低收入阶层（Musgrave et al., 1948）。据此，高收入阶层都是累进的。中低收入阶层的剩余收入累进性除1995年累退外，基本都是累进的。

二　现代累进性指数的测算及动态趋势

（一）税收集中度曲线 C_k 和 C_s 对累进性的动态描述

1. 税收集中度曲线 C_k 对累进性的动态描述

Kakwani（1977）对税收集中度曲线的定义，实质上与洛伦茨曲线中的绝对非平均线相同,因此,在对税收集中度曲线进行拟合时,仍然使用 Hossain(2011)函数。

税收集中度曲线 C_k 拟合函数:

$$C_k = T(x) = x^{a_c}e^{\beta_c(x-1)}[1-(1-x)^{\theta_c}]$$

其中,x 为人口累计百分比,C_k 为税收累计百分比,a_c、β_c、θ_c 为参数,且 $a_c,\beta_c > 0, 0 < \theta_c \leq 1$。

运用 Origin 7.5 测算各期参数(见附录 A-4)的基础上,绘制出1995年、2000年、2005年、2011年税收集中度曲线的动态趋势,如图 4-9 所示。将图中的 45°线定义为比例税收线,即税收是比例的,各阶层承担的税负相同;直角折线定义为税收绝对不平均线,所有的税收都由 1%(按 1% 为单位)最高收入人口承担。

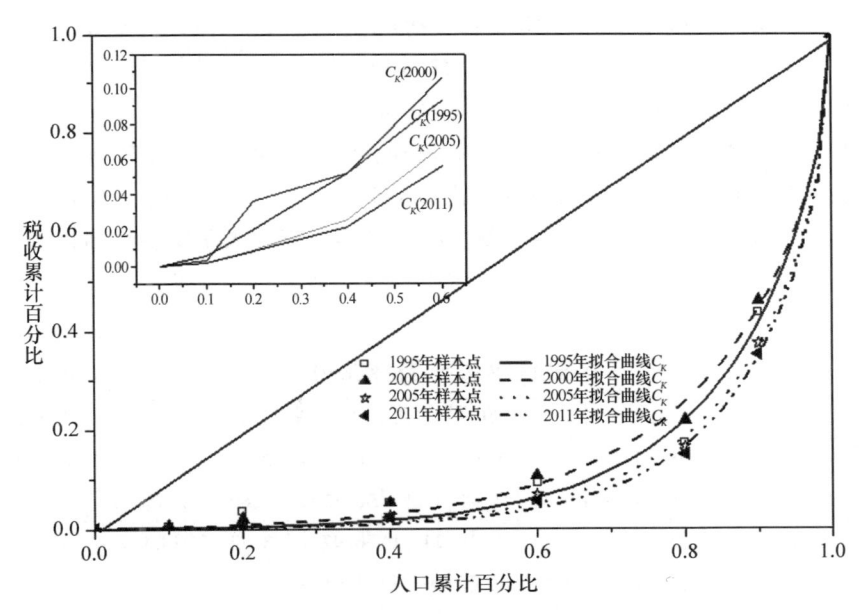

图 4-9 税收集中度曲线 C_k 的动态趋势

统计区间内,税收集中度曲线逐步向税收绝对不平均线靠近,占人口 10% 的最高收入阶层承担了绝大部分的税负,低收入阶层和中等偏下收入阶层的税负较轻,体现了"支付能力"的原则。

由于税收集中度是人口累计百分比对应的税收累计百分比，为了便于比较，对各阶层的税收份额（按人均值）进行统计，以说明税收集中度曲线变化的原因。

从表4-8可以看出，我国10%的最高收入阶层承担的个人所得税份额在持续增加（除个别年份外），最低、低和中等偏下收入阶层的税收份额在持续下降，中等收入和中等偏上收入阶层的税收份额先升后降。除1995—1998年最低收入阶层的收入份额小于低收入阶层外，其余年份最低收入阶层平均税收份额都大于低收入阶层，原因为最低收入阶层和低收入阶层同处于一个税率级次，最低收入阶层的收入增长不及低收入阶层的收入增长；调查户数均占总户数10%时，最低收入阶层负担的家庭人口多于低收入阶层，两者一同作用使得最低收入阶层的税收份额大于低收入阶层的税收份额，这也说明了税收集中度曲线在人口累计百分比为0—20%区间内的税收份额变化（见图4-9，1995年税收集中度曲线）。中等偏下收入阶层的税收份额除个别年份外，持续下降，平均份额为3.891%，中等收入阶层的税收份额的持续下降更为明显，说明中等偏下收入阶层和中等收入阶层的税收支出增长速度不及收入的增长速度，此外，中等收入阶层也是个人所得税历次改革的最大受益阶层。中等偏上收入阶层、高收入阶层、最高收入阶层缴纳的个人所得税份额在关键年份具有此消彼长的特性。

表4-8　　　　　　　各阶层个人所得税税收份额　　　　　　单位:%

年份	H_1	H_2	H_3	H_4	H_5	H_6	H_7	$H_1+H_2+H_3$	H_4+H_5	H_6+H_7
1995	0.36	3.26	1.57	4.11	7.86	26.36	56.47	5.20	11.97	82.83
1996	0.75	1.09	1.96	6.85	9.44	21.59	58.32	3.80	16.29	79.91
1997	0.57	0.85	2.35	4.74	10.30	24.21	56.97	3.77	15.04	81.18
1998	0.53	0.53	3.19	4.84	12.25	20.04	58.63	4.25	17.08	78.67
1999	0.70	1.15	2.41	5.26	13.38	22.69	54.41	4.27	18.63	77.10
2000	0.61	1.46	3.14	5.41	11.21	24.15	54.02	5.21	16.62	78.17
2001	0.39	1.22	2.34	5.78	11.34	25.91	53.02	3.95	17.12	78.93
2002	0.59	0.80	1.96	4.41	10.12	20.54	61.58	3.35	14.53	82.12
2003	0.28	0.65	1.64	3.61	9.05	19.44	65.33	2.58	12.65	84.77

续表

年份	H_1	H_2	H_3	H_4	H_5	H_6	H_7	$H_1+H_2+H_3$	H_4+H_5	H_6+H_7
2004	0.16	0.62	1.49	3.71	8.58	18.68	66.76	2.27	12.29	85.44
2005	0.24	0.67	1.66	4.18	9.69	20.96	62.60	2.57	13.86	83.56
2006	0.18	0.64	1.11	2.52	8.11	17.75	69.70	1.93	10.63	87.44
2007	0.15	0.41	1.04	3.00	8.10	18.38	68.92	1.60	11.10	87.30
2008	0.15	0.36	0.98	2.64	7.58	19.79	68.50	1.49	10.22	88.29
2009	0.13	0.46	1.06	3.28	9.16	19.57	66.35	1.65	12.43	85.92
2010	0.18	0.41	1.49	3.66	9.79	21.51	62.95	2.09	13.45	84.47
2011	0.20	0.66	1.30	3.43	9.37	20.27	64.77	2.16	12.80	85.04

注：$H_1+H_2+H_3$ 为最低收入阶层、低收入阶层和中等偏下收入阶层的累计税收份额；H_4+H_5 为中等收入阶层和中等偏上收入阶层的累计税收份额；H_6+H_7 为高收入阶层和最高收入阶层的累计税收份额。

2. 税前洛伦兹曲线 L 与税收集中度曲线 C_k

将各期拟合的税前洛伦兹曲线 L 与税收集中度曲线 C_k 绘制在一个坐标轴内（以1995年和2011年为例），见图4-10。各期税收集中

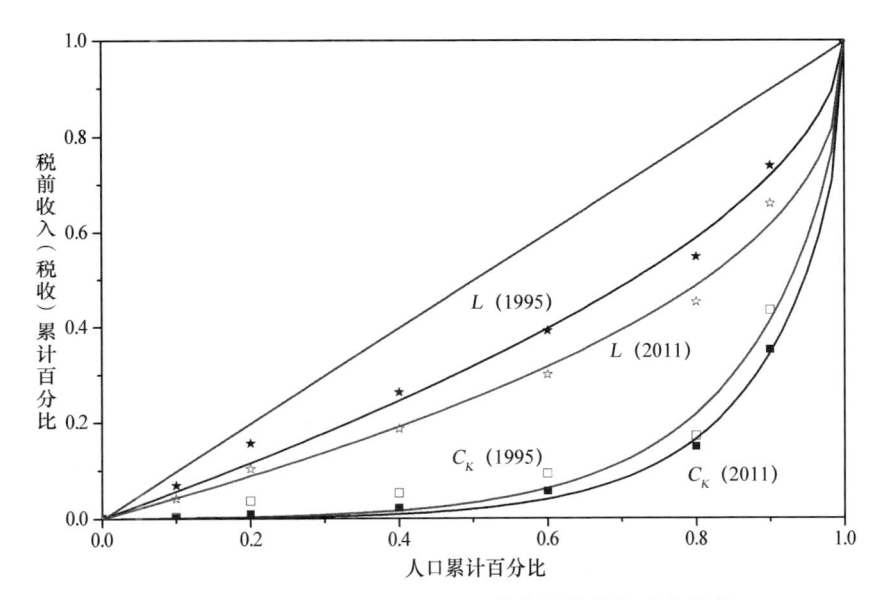

图4-10 税收集中度曲线和税前洛伦兹曲线动态趋势

度曲线都在税前洛伦兹曲线下方,说明税收是累进的,其累进性大小由两者围成的面积决定(面积的 2 倍),面积越大累进性越强,1995 年税收累进性明显大于 2011 年,这是因为税收累进性曲线向税收绝对不平等线缓慢靠近,而洛伦兹曲线向收入绝对不平等直角折线快速靠近。

3. 税收集中度曲线 C_s 对累进性的动态描述

由于 Suit(1977)对税收集中度曲线 C_s 的定义以基尼系数为参照,其曲线符合洛伦兹曲线特性,仍使用 Hossain(2011)函数作为税收集中度曲线 C_s 的拟合函数。

税收集中度曲线 C_s 拟合函数:

$$C_s = T(y) = y^{a_s} e^{\beta_s(y-1)} [1 - (1-y)^{\theta_s}]$$

其中,y 为收入累计百分比,C_s 为税收累计百分比,a_s、β_s、θ_s 为参数,且 $a_s, \beta_s > 0, 0 < \theta_s \leq 1$。

运用 Origin 7.5 测算各期参数(见附录 A-5)的基础上,绘制出 1995 年、2000 年、2005 年、2011 年税收集中度曲线 C_s 的动态趋势,见图 4-11。

四个时期的税收集中度曲线 C_s 均位于 45°线下方,表明低收入阶层负担的累计税收份额低于收入份额,高收入阶层承担的税负较重。统计区间内,C_s 快速向对角线靠近,随后缓慢偏离对角线。从对角线与各期税收集中度曲线围成的面积可以看出,累进性先快速变大后缓慢变小。

将各收入阶层收入份额(见表 4-9)和税收份额(见表 4-8)进行比较可以看出,最高收入阶层的税收份额是收入份额的近 2 倍,1995 年最高收入阶层的收入份额为 26.03%,税收份额为 56.47%,到 2011 年分别上升 33.99% 和 64.77%;最低收入、低收入、中等偏下收入阶层的收入份额明显高于税收份额,1995 年,不同阶层之间的收入份额差距分别是 18.99 倍、2.69 倍(特殊值)和 6.76 倍,到 2011 年分别上升到 20.15 倍、9.37 倍和 6.45 倍。税收集中度曲线 C_s 与 C_k 有较为相似的变化趋势,C_k 变动原因分析同样适用与 C_s。

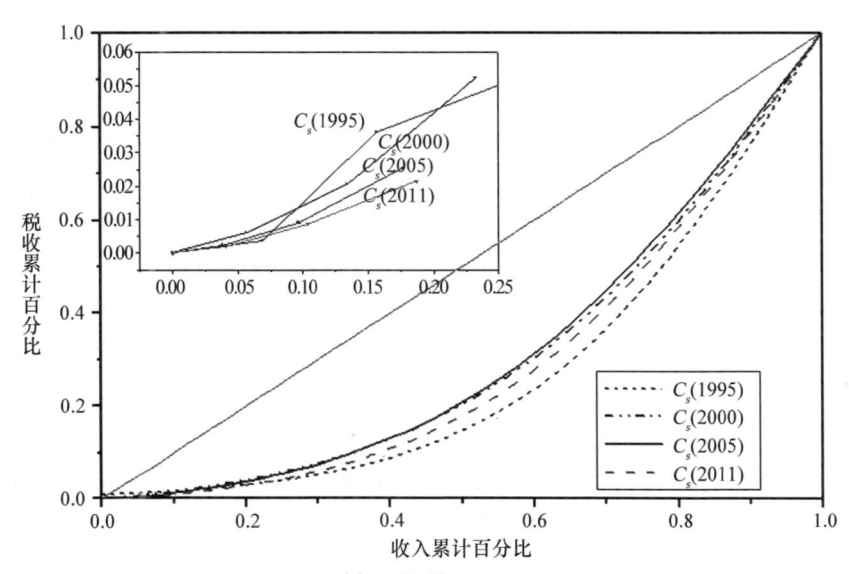

第四章 个人所得税再分配效应的检验

图 4-11 税收集中度曲线 C_s 的动态趋势

表 4-9　　　　　　　　各阶层收入份额　　　　　　单位:%

年份	H_1	H_2	H_3	H_4	H_5	H_6	H_7
1995	6.89	8.79	10.64	12.88	15.68	19.09	26.03
1996	6.88	8.83	10.61	12.85	15.71	19.16	25.96
1997	6.38	8.44	10.36	12.79	15.79	19.48	26.76
1998	6.19	8.23	10.22	12.72	15.83	19.57	27.24
1999	6.03	8.02	10.01	12.64	15.83	19.78	27.69
2000	5.66	7.73	9.83	12.53	15.90	20.04	28.30
2001	5.45	7.48	9.59	12.32	15.80	20.08	29.28
2002	4.16	6.30	8.56	11.61	15.51	20.64	33.22
2003	4.04	6.15	8.33	11.33	15.29	20.56	34.31

续表

年份	H_1	H_2	H_3	H_4	H_5	H_6	H_7
2004	3.93	5.99	8.18	11.14	15.12	20.58	35.05
2005	3.79	5.83	8.05	11.09	15.25	20.96	35.03
2006	3.88	5.96	8.13	11.08	15.24	20.76	34.94
2007	3.97	6.03	8.25	11.19	15.25	20.79	34.51
2008	3.83	5.83	8.08	11.08	15.30	20.99	34.90
2009	3.98	5.98	8.25	11.26	15.40	20.83	34.31
2010	4.04	6.17	8.41	11.40	15.36	20.63	33.99
2011	4.12	6.20	8.37	11.31	15.32	20.68	33.99

（二）K、S 指数的测算及动态趋势

在参数已知的条件下，使用 Origin 7.5，求得 1995—2011 年税收累进性 K 指数和 S 指数，见表 4-10 和图 4-12。其中，K 和 S 指数的测算公式为：

$$K = 2(Gini_b - C_t)$$
$$= 2\int_0^1 x^{a_c} e^{\beta_c(x-1)}[1-(1-x)^{\theta_c}] - x^{a_t} e^{\beta_t(x-1)}[1-(1-x)^{\theta_t}]dx$$

$$S = 1 - 2\int_0^1 T(y)dy$$
$$= 1 - 2\int_0^1 y^{a_s} e^{\beta_s(y-1)}[1-(1-y)^{\theta_s}]dy$$

统计区间内，除 2002 年外，两类指数表现出一致趋势，两类指数的累进性的差别较小。统计区间内 K 指数从 0.43842 下降到 0.36468，S 指数从 0.45434 下降到 0.41454。税收累进性虽有下降，但下降幅度较小（数值刻度为 0.02）且波动较大；1995—2001 年、2000—2005 年和 2005—2010 年三个阶段的税收累进性都呈现"倒 U 型"，这是因为历次税收改革的费用扣除额变动对累进性的变动有着

滞后影响，费用扣除额的上升损害了税收累进性。

表 4-10　　　　个人所得税累进性 K 指数和 S 指数

年份	K 指数	S 指数	年份	K 指数	S 指数
1995	0.43842	0.45434	2004	0.35634	0.42066
1996	0.4403	0.46156	2005	0.33026	0.37504
1997	0.43332	0.47446	2006	0.37502	0.4543
1998	0.41856	0.44264	2007	0.37982	0.45234
1999	0.38988	0.39792	2008	0.37542	0.44188
2000	0.36846	0.3848	2009	0.36912	0.42748
2001	0.36494	0.36884	2010	0.35886	0.39668
2002	0.34118	0.38762	2011	0.36468	0.41454
2003	0.35748	0.41502			

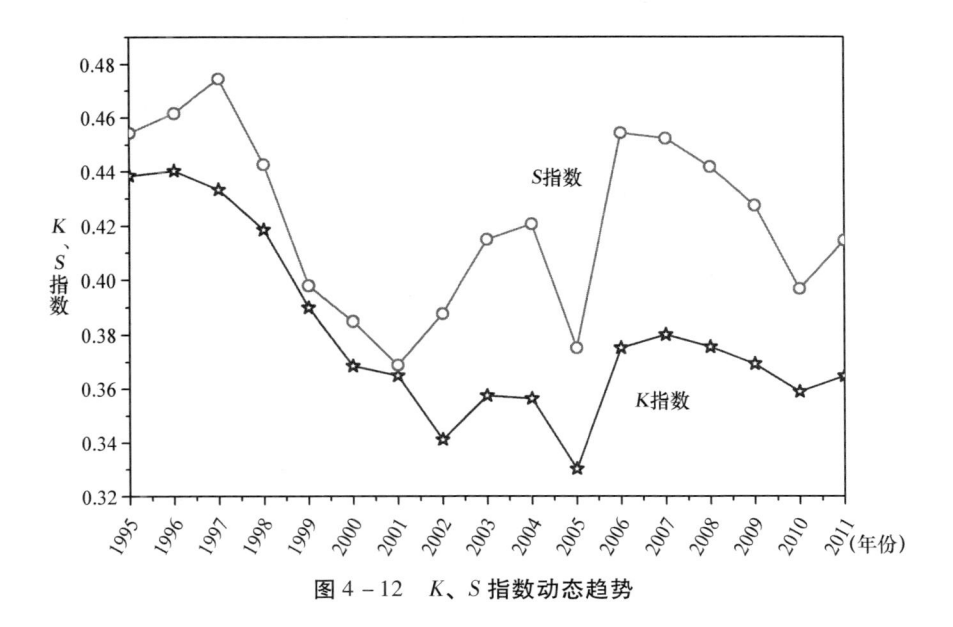

图 4-12　K、S 指数动态趋势

第五节 本章小结

个人所得税再分配效应的数量测度是对个人所得税制度"公平"原则的检验，本章沿用 Hossain（2011）拟合函数作为工具，在已有税前税后洛伦茨曲线法和基尼系数法的基础上，扩展性地使用了税前税后泰尔熵指数法和收入不良指数法以全面衡量不同收入阶层的所得税再分配效应，使用"收入份额受益（受损）比例"测算不同收入阶层对缩小收入分配差距的贡献程度，以探寻深层次的数量分配关系，并得出以下结论：

第一，统计区间内，税前税后洛伦茨曲线具有一致趋势，特别是1995—2005年，税前税后洛伦茨曲线基本重合，个人所得税对缩小收入分配差距的作用微乎其微。从2006年开始，税前税后洛伦茨曲线开始缓慢分离，个人所得税的公平功能逐步显现。

第二，收入份额受益（受损）比例是个人所得税通过缩小某个（些）阶层的收入份额以增加其他阶层的收入份额。统计区间内，最高收入阶层是缩小收入差距的"牺牲"主体，平均收入份额受损比例维持在95%以上，也就是说为缩小收入分配差距贡献了95%的力量；60%的中等收入阶层是个人所得税的最大受益阶层，年均受益比例为64.77%。历次改革不仅提高了中等收入阶层的受益份额，也改变了高收入阶层的受损地位。

第三，通过 RE（Gini）、RE（T）、RE（L）、RE（IUI）的测算发现，无论是低收入阶层内部（泰尔熵指数 L）、中等收入阶层内部（基尼系数 Gini），还是高收入阶层内部（泰尔熵指数 T）、高低收入阶层间（收入不良指数 IUI）都经历了"先缓慢增长，再快速增长，后波动略微上升"，改革年份出现负增长的一致性趋势。从平均增速上看，RE（T）、RE（L）、RE（IUI）平均增速分别为31.01%、31.32%、33.61%，说明个人所得税对缩小20%的高收入阶层和20%低收入阶层之间的收入差距最为有效，对中等收入阶层间的差距调节次之。

累进性是影响个人所得税再分配效应的重要因素之一，但税收的累进性增加或下降的概念是不明确的，结果完全依赖不同的测量方法，本章在个人所得税再分配效应的测度基础上对累进性采用古典累进性测量法和现代累进性测量法，得出了比较一致的结论。

第一，古典累进性测量法表明：平均税率累进性、边际税率累进性、应纳税额累进性和剩余收入累进性是同时成立的，基本都是累进的。但是各类测量法的累进性变动并不完全一致。总体来说，由于我国各阶层的税收负担较低，个人所得税累进性呈现出较弱的态势，但基本体现了"支付能力"原则，而且累进性在逐步提高，个人所得税的税制设置体现了公平的原则。

第二，现代累进性测量法表明：各期税收集中度曲线 C_k 和 C_s 分别位于税前洛伦茨曲线或 45°线下方，并向绝对不平均线靠近。高收入阶层不仅承担了绝大部分的税收份额，而且税收份额是其收入份额的 2 倍，低收入和中等偏下收入阶层的税收份额明显低于收入份额，承担的税负较轻。统计区间内税收累进性虽有下降，但下降幅度较小且波动性较大；不同增速阶段，税收累进性都呈现"倒 U 型"，这是因为历次税收改革的费用扣除额变动对累进性的变动有着滞后影响，费用扣除标准的提高损害了税收累进性。

显然，不同指标衡量的累进程度存在一些差异，而且不同阶层的累进水平和变化方向也存在差异。对于不同的利益团体来说，往往采用对自身最有利的方法。一般来说，对高收入阶层最有利的测量指标依次为：平均税率累进性、边际税率累进性、应纳税额累进性和剩余收入累进性。而对低收入阶层来说正好相反。此外，即便是相同的税制累进值，其可能也代表不同的受益阶层或受损阶层。因此，结合古典累进性和现代累进性方法共同来评价税制的累进性更为科学、合理。

总而言之，个人所得税再分配效应虽然微弱但逐步显现，累进性总体呈现下降趋势，费用扣除标准提高的最大受益者为中等收入阶层，但改革削弱了税收累进性。

第五章 基于 KP 指数的个人所得税再分配效应分析
——兼论税制公平性

现存对我国税收公平性的研究多聚焦于单一税种,使用的方法多为平均税率、RE(税收再分配效应)、K 指数法和 S 指数法(刘怡等,2009;彭海燕,2011;岳希明等,2012;徐静等,2014;常世旺等,2015),对我国整体税制公平性的实证研究较少(岳希明等,2014),也鲜少涉及使用 KP 指数法(王志刚,2008)对整体税制、税种、税制结构的累进性进行研究(阻碍其使用的原因为滤波技术的掌握),而 K 指数和 S 指数法使用的样本多为问卷调查而得,研究的成本较高,结论可靠性较低。而 KP 指数的优点在于不仅能够衡量税制体系的累进性,还能分析某一税种的累进性,更能表达各自累进性的趋势,对数据的要求为宏观数据即可,研究成本较低。由于我国可观测的统计数据多为宏观数据且研究的目的为税收、税制结构、主体税种累进性及趋势的全税系研究,所以选用 KP 指数法。

第一节 理论分析

一 KP 指数

Kakinaka 等(2006)提出了基于波动性的累进性 KP 指数,是税收收入的波动与国民收入波动的比值。

假定,t 时期的国民收入是服从某个收入分配函数的随机变量,那么就有:

第五章 基于 KP 指数的个人所得税再分配效应分析

$$\sigma_{T,t} = \frac{\sqrt{V[T_t(G_t)]}}{E[T_t(G_t)]} = \frac{S[T_t(G_t)]}{E[T_t(G_t)]}$$

$$\sigma_{G,t} = \frac{\sqrt{V(G_t)}}{E(G_t)} = \frac{S(G_t)}{E(G_t)}$$

$$KP_t = \frac{\sigma_{T,t}}{\sigma_{G,t}}$$

其中，$\sigma_{T,t}$ 为税收变异系数、$\sigma_{G,t}$ 为国民收入变异系数、$T_t(G_t)$ 是 t 时期的税收收入，等于该时期平均税率 $r_t(G_t)$ 与国民收入 G_t 的乘积，即 $T(G_t) = r_t(G_t) \times G_t$；$V(G_t)$、$S(G_t)$、$E(G_t)$ 分别为 t 时期国民收入的方差、标准差和平均值。

KP 指数与 r_t 的关系：

$KP > 1 \Leftrightarrow r_t^{'}(G_t) > 0$

$KP = 1 \Leftrightarrow r_t^{'}(G_t) = 0$

$KP < 1 \Leftrightarrow r_t^{'}(G_t) < 0$

当 KP 指数大于 1 时，税收是累进的，KP 越大，累进程度越强；当 KP 指数小于 1 时，税收是累退的，KP 越小，累退程度越强；当 KP 指数等于 1 时，税收是比例的。

二 波动理论

所谓波动就是经济时间序列里不仅包含了不可观测的趋势要素（trend），还包含了波动要素（cycle，如周期循环、改革影响等），在使用经济时间序列（如税收、国民收入等）测算 KP 时需要将波动性要素从时间序列中分离出来，留下趋势要素的部分。现有的时间序列趋势分解技术有趋势法和滤波法，其差别就在于时间序列是否非线性，如果时间序列的增长方式为线性的，则使用时间趋势法，如回归分析法、移动平均法、阶段平均法等；如果时间序列的增长方式为非线性的，则使用滤波法，如 HP 滤波法和 BP 滤波法（包括 CF 滤波和 BK 滤波）。由于真实宏观数据的增长方式多为非线性的，本书选用滤波法中的 HP 滤波法，这是因为 HP 滤波法把经济周期看成是宏观经济对某一变动路径的偏离，运用比较灵活[①]（李晓芳、高铁梅，2001）。

HP 滤波理论假设时间序列为 $\{Y_t\}$，$\{Y_t\}$ 分解为趋势要素 $\{Y_t^T\}$ 和波动要素 $\{Y_t^C\}$，有：

$$Y_t = Y_t^T + Y_t^C, t = 1, 2, 3, \cdots, n$$

HP 滤波法就是将 $\{Y_t^T\}$ 从 $\{Y_t\}$ 中分离出来，用下列最小化问题求得的 $\{Y_t^T\}$ 解。

$$\min \sum_{t=1}^{n} \{(Y_t - Y_t^T)^2 + \lambda [c(L)Y_t^T]^2\}$$

$c(L)$ 为滞后算子多项式：

$$c(L) = (L^{-1} - 1) - (1 - L)$$

将滞后算子多项式 $c(L)$ 代入最小化问题得到下列最小损失函数

$$\min\{\sum_{t=1}^{n}(Y_t - Y_t^T)^2 + \lambda \sum_{t=2}^{n-1}[(Y_{t+1}^T - Y_t^T) - (Y_t^T - Y_{t-1}^T)]^2\}$$

其中，$\sum_{t=1}^{n}(Y_t - Y_t^T)^2$ 为时间序列的波动成份，$\lambda \sum_{t=2}^{n-1}[(Y_{t+1}^T - Y_t^T) - (Y_t^T - Y_{t-1}^T)]^2$ 为时间序列的趋势项的平滑程度，λ 为趋势成份和波动成份所占的权重，最小化问题依赖于 λ，存在一个权衡问题，要在趋势成份对实际序列的跟踪程度与趋势平滑之间进行选择。当 $\lambda = 0$ 时，趋势成份就是经济时间序列 $\{Y_t\}$；λ 越大，则趋势 $\{Y_t^T\}$ 越光滑。一般经验，HP 滤波法的 λ 取值，年度数据取值为 100、季度数据为 1600、月度数据为 14400[②]（高铁梅，2009）。

第二节 模型构建与公平性假设

一 模型构建

基于对 HP 滤波理论的分析，搭建我国税收、税制结构、单一税种公平性判定模型。

[①] 李晓芳、高铁梅：《应用 HP 滤波方法构造我国增长循环的合成指数》，《数量经济技术研究》2001 年第 9 期。

[②] 高铁梅：《计量经济分析方法与建模》，清华大学出版社 2009 年版，第 40—42 页。

以税收 TAX 为例，公平判定模型如下：
①量测方程
$$TAX_t^T = TAX_t - TAX_t^C$$
$$GDP_t^T = GDP_t - GDP_t^C, t = 1,2,3,\cdots,n$$
②求解方程
$$\min \sum_{t=1}^{n} \{(TAX_t - TAX_t^T)^2 + \lambda[c(L)TAX_t^T]^2\}$$
$$\min \sum_{t=1}^{n} \{(GDP_t - GDP_t^T)^2 + \lambda[c(L)GDP_t^T]^2\}$$
③累进性 KP 指数测算方程
$$\sigma_{TAX,t}^2 = \frac{v(TAX_t^T)}{e^2(TAX_t^T)}\sigma_{GDP,t}^2 = \frac{v(GDP_t^T)}{e^2(GDP_t^T)}$$

$$KP_t = \frac{\sigma_{TAX,t}}{\sigma_{GDP,t}}$$

④公平性判定规则

$KP_t > 1$，第 t 期税制或税种是累进的、公平的。

$KP_t = 1$，第 t 期税制或税种是比列的、中性的。

$KP_t < 1$，第 t 期税制或税种是累退的、损害公平的。

运用量测方程①和求解方程②对税收和 GDP 进行趋势分解，在分解基础上，利用测算方程③计算 KP 指数，并依照公平性判定规则④确定整体税制的公平性或累进程度。

税制结构公平模型、税种公平模型的搭建方法同税收公平模型。

二 公平性假设

H1：税收是累退的

税收的公平程度是由一个国家的税制结构、税种的税负转嫁程度及征收能力决定的。累进性的税制结构（如所得税为主体的税制结构）有缩小收入差距的再分配功能；累退性的税制结构（如流转税为主体的税制结构）具有较高的财政效率，却缺乏对收入分配的调节，甚至恶化收入的不公平。由于我国税制结构中流转税平均占比（1994—2014 年）为 56.58%，低收入家庭的税收负担高于高收入家庭，呈现出较强的累退性①（刘怡、聂海峰，2009；聂海峰、岳希明，2012；樊勇、王蔚，2012），因此在税收聚集财政收入职能的充分发挥下，损失了公平的间接（通过价格）调节职能，恶化了收入分配不公平。故假定，税收是累退的。

H2：流转税是累退的

流转税是对市场的交易行为征税，具有"隐性"征收的特点，不仅税负"疼痛感"较轻、征收能力较强，而且税负易于通过价格转嫁给最终消费者（转嫁程度由商品的需求价格弹性决定），税收的经济归宿和法定归宿的偏离使得税收间接地发挥了公平收入分配的功能（刘怡、聂海峰，2009；杨虹，2010）。我国流转税中增值税的平均比重偏高（1994—2014年，60.96%），增值税是对商品的普遍征收，征税对象又多为需求价格弹性较小的产品，使得税负通过价格转移给较低收入群体，在一定程度上恶化了收入不公平。故假定，流转税是累退的。

H3：所得税是累进性

由于所得税是显性征收，是对课税对象的直接征收，税负"疼痛感"较强，偷逃税现象层出不穷，税收的经济归宿和法定归宿往往一致，使得调节效果直接作用到纳税人，调节效果易于显现；所得税多采用累进税率，具有收入再分配的功能，故假定，所得税是累进的。

H4：增值税是累退的

增值税是对商品流通中的"增值额"征收。理论上讲，增值税在税制设计上存在固有的"累退性"②或"中性"③，一般不作为调节收入分配的工具。但是，增值税的税基较广且多为价格需求弹性小于1的生活基础资料必需品，使低收入群体负担的增值税在收入中的比重大于高收入群体负担的增值税（聂海峰，2004），因此具有明显的

---

① 刘怡、聂海峰：《增值税和营业税对收入分配的不同影响研究》，《财贸经济》2009年第6期。

② 陈文东：《税收对收入分配的影响及改革展望》，《中央财经大学学报》2009年第6期。

③ 孙刚：《试析税收对我国收入分配的调节》，《税务研究》2011年第3期。

累退性。故假定，增值税是累退的。

H5：营业税是累进的

理论上营业税是对增值税的补充，同增值税一样具有累退性，但是由于我国营业税按照行业设置差别比例税率、对基本服务业给予免税优惠、对营业额规定免征额等，使得对高收入群体的调节大于低收入群体（刘怡等，2009）。故假定，营业税是累进的。

H6：消费税是累进的

消费税是对特殊商品和高档消费品征收，而特殊商品多为特殊消费使用，如卷烟、酒类等，消费税是流转税中收入再分配功能效果最好的税种，我国的消费税采用产品差别比例征收，主要目的就是调节高收入者收入分配，缩小收入分配差距①。故假定，消费税是累进的。

H7：企业所得税是累进的

企业所得税通过对企业净利润课税，可以调节企业的盈利水平，缩小不同盈利状况企业的税收收益差距，同时减少资本收益，有助于缩小资本收入者与劳动收入者之间的收入差距②。故假定，企业所得税是累进的。

H8：个人所得税是累进的

个人所得税是对纳税人直接课税，法定归宿和税收归宿作用对象不变，而明确的税收归宿又是研究税收公平性的首要前提③（万莹，2013）；在税率结构设计上，通常实行累进税率，平均税率随着个人收入水平的提高而上升，使得不同收入群体间的税后收入差距趋于缩小，以实现收入分配公平。累进性税率是个人所得税调节功能实现的关键因素。我国个人所得税实行五级超额累进税率，最高税率为45%，各税率级距较大，累进程度较高。故假定，个人所得税是累进的。

---

① 平新乔、梁爽、郝朝艳、张海洋、毛亮：《增值税与营业税的福利效应研究》，《经济研究》2009年第6期。

② 万莹：《我国企业所得税收入分配效应的实证分析》，《中央财经大学学报》2013年第6期。

③ 万莹：《缩小我国居民收入差距的税收政策研究》，中国社会科学出版社2013年版，第95页。

第三节 变量定义及数据选取

一 变量定义

表 5-1　　　　　　　　　变量定义和公平性假设

模型名称	变量名称	字母表示	变量定义	公平性假设
KP 指数分母	国民生产总值	GDP		
税收公平判定模型	税收	TAX		H1：累退
税制结构公平判定模型	流转税	LT	VAT + YT + CT	H2：累退
	所得税	ST	QT + PT	H3：累进
单一税种公平判定模型	增值税	VAT		H4：累退
	营业税	YT		H5：累退
	消费税	CT		H6：累退
	企业所得税	QT		H7：累进
	个人所得税	PT		H8：累进
统计量KP 指数要件	变异系数	σ		
	标准差	v		
	均值	e		
	累进指数	KP		—

二 数据来源和选取

1. 数据来源和选取

本书考察的税制体系是 1994 年分税制改革后形成的以流转税为主体、所得税为辅的税制结构，所以各变量时间跨度为 1994—2014 年。由于 HP 滤波要求样本容量尽可能地大，选取的数据为季度数据；数据来源为《中国统计年鉴》（1995—2014）、《中国税务年鉴》（1995—2013），中经网统计数据库 2014。

2. 数据处理

由于个人所得税的各年季度数据，具有中间高、两头低的特点。对 1994—1995 年的季度数据缺失，本书根据 1996—1997 年各季度个人所得税的份额与 1994 年、1995 年个人所得税收入的乘积作为缺省值。2008 年个人所得税第三季度数据缺省，由全年数据与 1、2、4 季度差值计算而得。所有时间序列均对数化，以消除异方差，增加模型的平稳性。

本节变量的处理及模型结论的推导使用 Eviews 7.0。

第四节 实证检验和结果分析

一 变量的平稳性检验

由于 HP 滤波法要求时间序列是 $I(d)$ 的，即序列是 d 阶单整的，而且必须明确单整阶数 d，所以在利用判定模型对我国税制进行预测时，需要对选取的变量是否平稳进行检验。如果时间序列是平稳的，则序列必须满足其均值、方差、协方差为常数，即统计量不随时间 t 的变化而变化。如果时间序列是非平稳的，那么需利用统计软件求得平稳性的阶数 d，以确定 d 差分序列是否平稳。

对变量时间序列平稳性判断的定量方法常用的有 DF 检验、ADF 检验和 PP 检验。由于三种检验方法在使用时适用条件不同，本书数据分析选择使用 ADF 检验。ADF 检验类型（C，T，L）中的截距项 C、趋势项 T 由各变量时间序列的时序图确定，滞后阶数 L 根据 Eviews 7.0 中的 AIC 自动确定最优值。

对变量进行 ADF 检验是将 t 统计值与临界值进行比较，若变量时间序列的 t 值大于临界值，表明变量时间序列接受了存在单位根的原假设，即各变量为不平稳的时间序列；反之，拒绝原假设，即变量为平稳的时间序列。根据表 5-2 的 ADF 检验结果可知，在 1% 显著性水平上，各时间序列均存在单位根，一阶差分序列不存在单位根，即各变量是一阶单整 $I(1)$ 的，符合 HP 滤波法对变量序列的单整要求。

表5-2　　变量及一阶差分序列平稳性的ADF检验结果

变量序列	检验形式(C, T, L)	ADF检验值	是否平稳	变量序列	检验形式(C, T, L)	ADF检验值	是否平稳
GDP	(C, 0, 5)	0.179	否	YT	(C, 0, 3)	-2.8326	否
d(GDP)	(C, 0, 4)	-2.9852**	是	d(YT)	(C, 0, 3)	-5.3778***	是
TAX	(C, 0, 4)	-1.044	否	CT	(C, T, 3)	-0.498	否
d(TAX)	(C, 0, 3)	-5.3313***	是	d(CT)	(C, T, 2)	-15.1008***	是
LT	(C, T, 0)	-2.0873	否	QT	(C, 0, 4)	-0.7864	否
d(LT)	(C, T, 3)	-4.2456***	是	d(QT)	(C, 0, 3)	-5.2650***	是
ST	(C, 0, 4)	-1.0195	否	PT	(C, T, 3)	-1.3648	否
d(ST)	(C, 0, 4)	-4.1090***	是	d(PT)	(C, T, 2)	-21.1094***	是
VAT	(C, T, 3)	-2.1415	否				
d(VAT)	(C, T, 2)	-19.6224***	是				

注：1. d 代表时间序列的一阶差分形式；

2. **表示5%显著性水平下拒绝一阶差分序列有单位根的假设；

***表示1%显著性水平下拒绝一阶差分序列有单位根的假设。

二　HP滤波结果生成及分析

对各变量时间序列进行 HP 滤波趋势分解，求得方程①和②中的各变量趋势序列和波动序列。各变量时间序列 HP 滤波分解，如图组 5-1 所示。

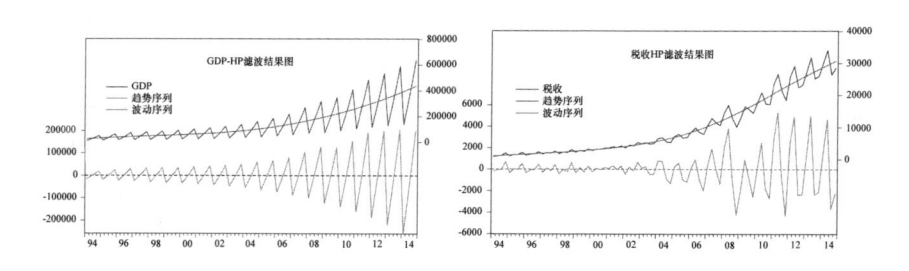

第五章 基于 KP 指数的个人所得税再分配效应分析

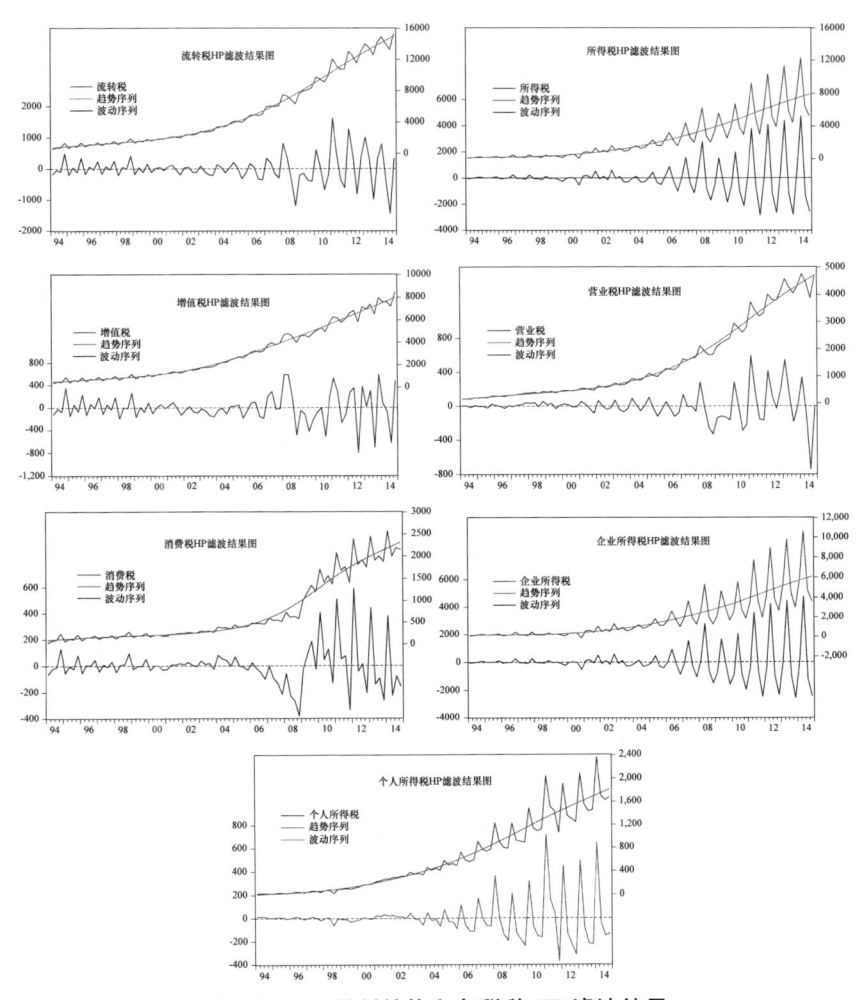

图组 5-1 税制结构和各税种 HP 滤波结果

注：平滑线表示为变量趋势序列（Trend）、围绕趋势序列的波动线为实际变量序列、围绕 0 值虚线上下的波动线为波动序列（Cycle）。

统计区间内，各变量的趋势序列具有明显的向上趋势，并具有阶段性。1994—2005 年，GDP、税系和各税种的趋势序列线比较平滑，绝对数规模缓慢增加；2006—2014 年，各指标值增速加快，趋势序列线更加地陡峭。流转税的增速明显大于所得税增速，营业税和消费税增速大于增值税，个人所得税增速大于企业所得税。从波动序列来

·161·

看，1994—2005年，各变量受季节、通货膨胀、经济周期等因素的影响较小，但是，2006—2014年，各变量波动加剧，GDP、所得税系、企业所得税系更具有季节性，流转税系及税种具有一致的波动性，个人所得税随时间的推移季节性凸显，各变量均表现出前期波动较小增速较低，后期波动较大增速较大的趋势。

三 KP指数测算结果与公平性假设判定

根据HP滤波结果，对我国税收、税系、税种的累进性KP指数进行测算（见表5-3、图组5-2）。

统计区间内，我国整体税制和流转税呈现较强的累退性，增值税和消费税是累退的，营业税是累进的。税收、流转税和增值税的累退性与公平性假设一致，这是因为我国税收收入中有50%以上都来源于累退性较强的流转税，而流转税中的增值税又贡献了大部分的税收收入。由于我国增值税的税率较为单一，基础性生活资料的增值税优惠范围较少，增值税呈现出的累退性就使得低收入阶层通过价格转移承担了较大的税负，税制累退性使得低收入阶层承担的税负高于高收入阶层承担的税负。消费税的累进性状况与公平性假设相反，这可能是因为消费税税目调整较为缓慢，税目覆盖范围较为狭窄，税率结构不合理，征税商品中较多的为需求弹性小于1的商品。营业税前期表现为累进的，后期为累退的，这与我国营业税的改革时间节点相一致。所得税、企业所得税和个人所得税基本是累进的，这与公平性假定一致，企业所得税有助于缩小资本收入者和劳动收入者之间的收入差距。个人所得税累进性税率使得不同收入群体间的收入差距趋于缩小，以实现收入分配公平。个人所得税历次改革虽然损害了累进性，但改变程度有限，并未改变公平功能。

表5-3　　　　　　　税收和税制结构KP值

年份	税收	流转税	所得税	企业所得税	个人所得税	增值税	消费税	营业税
1994	0.43	0.47	0.65	1.42	0.55	0.64	0.8	1.16
1995	0.49	0.59	0.74	1.35	0.82	0.53	0.61	1.19

第五章 基于 KP 指数的个人所得税再分配效应分析

续表

年份	税收	流转税	所得税	企业所得税	个人所得税	增值税	消费税	营业税
1996	0.63	0.43	0.99	1.35	0.99	0.46	0.47	1.28
1997	0.86	0.57	1.53	1.44	1.23	0.43	0.36	1.38
1998	1.11	0.74	2.38	1.65	2.45	0.45	0.29	1.4
1999	1.23	0.86	3.07	1.9	4.07	0.5	0.25	1.36
2000	1.19	0.93	3.09	2.05	3.42	0.57	0.26	1.34
2001	1.05	0.93	2.58	2.04	2.61	0.63	0.33	1.35
2002	0.91	0.88	2.05	1.97	2.26	0.69	0.42	1.36
2003	0.8	0.81	1.71	1.95	1.55	0.72	0.53	1.34
2004	0.75	0.72	1.53	1.96	1.33	0.72	0.67	1.3
2005	0.73	0.65	1.39	1.92	1.21	0.68	0.83	1.28
2006	0.72	0.6	1.26	1.84	1.13	0.62	0.99	1.26
2007	0.69	0.57	1.16	1.75	1.07	0.55	1.08	1.26
2008	0.67	0.55	1.09	1.67	1.01	0.48	1.08	1.26
2009	0.64	0.52	1.07	1.64	0.96	0.44	0.94	1.23
2010	0.56	0.44	1.03	1.62	1.44	0.42	0.74	1.13
2011	0.44	0.34	0.95	1.56	1.12	0.39	0.56	0.99
2012	0.32	0.24	0.83	1.48	1.09	0.35	0.42	0.85
2013	0.38	0.16	1.11	1.39	1.15	0.33	0.34	0.71
2014	0.42	0.12	1.24	1.32	1.28	0.3	0.3	0.65

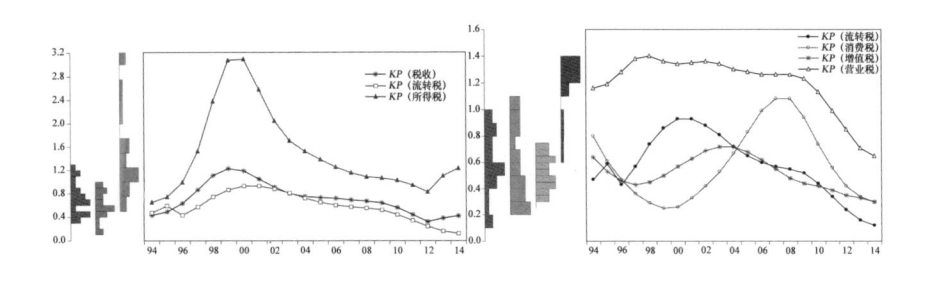

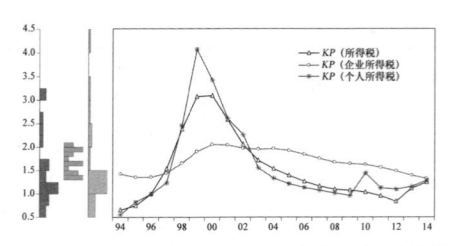

图组 5-2　税收、税系、税种累进性趋势

第五节　本章小结

由于我国税收微观数据近 4 年缺失，对古典累进性测量法和现代累进性测量法的使用不能延续。KP 指数不仅对数据的要求较低，而且能够衡量整体税制和单一税种的累进性，因此，将本章作为我国个人所得税公平作用的一个补充。在 HP 滤波分析的基础上，测算出我国 1994—2014 年整体税制、流转税、所得税和各税种的累进性。结果表明，我国整体税制呈现累退性，而且累退性不断加强，这是由流转税为主体的税制结构造成的，流转税的累退性又是因为增值税的累退性而显现的。所得税、企业所得税和个人所得税基本是累进的，所得税并未因改革而丧失"公平"再分配的作用，但是作用程度不明确。

第六章 基于因素分解的个人所得税再分配效应分析
——税收规模的决定性贡献

Kakwani（1977）将个人所得税收入再分配效应分解为平均税率和累进性。由于税收累进性及其分解对税收政策的导向性更为直接，使得现有研究更多地关注累进性及其分解，而较少地关注平均税率及其分解，也没有对平均税率及其分解因素的数量贡献研究。但是再高的税收累进性，都会因较小的平均税率损害税收的调节功能，也就是说平均税率的高低是个人所得税再分配效应的决定因素，累进性是次要因素（岳希明，2011；石子印，2014），那么对平均税率及其分解的研究就显得尤其重要。然而，税收规模的大小在收入既定条件下，是决定平均税率高低的唯一因素。

本章在理论分析的基础上，运用VAR模型和方差分解，分析平均税率、税收累进性和税收规模对个人所得税再分配效应的贡献程度，以挖掘三因素中的最关键性因素，为改善个人所得税再分配效应提供数据支持。

第一节 理论分析与模型构建

根据Kakwani（1977）对税收再分配效应的分解，税收再分配效应与平均税率和累进性存在如下关系，

$$RE = Gini_b - Gini_a = \frac{t}{1-t}K \quad ①$$

当$0 < t < 1$时，有$\frac{t}{1-t} > 0$；RE的正负号由累进性指数K决定，

RE 的大小由 t 和 K 共同决定，根据表达式①可以求得两个决定性因素与 RE 的相关关系。

RE 是 (t,K) 的函数，分别对 t 和 K 求偏导：

$$\frac{\partial RE}{\partial t} = \frac{1}{(1-t)^2}K$$

$$\frac{\partial RE}{\partial K} = \frac{t}{(1-t)}$$

如果 $K > 0$，则有 $\frac{\partial RE}{\partial t} = \frac{1}{(1-t)^2}K > 0$，$\frac{\partial RE}{\partial K} = \frac{t}{(1-t)} > 0$ ②

如果 $K < 0$，则有 $\frac{\partial RE}{\partial t} = \frac{1}{(1-t)^2}K < 0$，$\frac{\partial RE}{\partial K} = \frac{t}{(1-t)} > 0$ ③

由②、③式可知，税收是累进的（$K > 0$）是税收再分配效应的必要条件。在税收是累进的前提下，改变平均税率或税收累进性是改变税收再分配效应的两个重要途径。如果税收政策的目的在于更好地实现个人所得税的再分配功能，那么可以在既定累进性水平下，提高平均税率；也可以在既定平均税率条件下，提高现有累进性水平（降低低税率，提高高税率），而且提高平均税率有可能比提高累进性带来更大的调节效果；当然也可以既提高平均税率又提高累进性；但是，当累进性指数 $K < 0$ 时，再高的平均税率也只是进一步扩大收入差距，公平性的税收政策不仅徒劳而且会损害社会公平。因此，$K < 0$（③式）不在本研究的范围之内。

由②式可以看出平均税率不仅影响税收再分配效应，同时也影响累进性指数 K 对税收再分配效应的贡献程度。

平均税率 t 是个人所得税 T 和税前收入 Y 的函数。

$$\because t = \frac{\sum_{i=1}^{n} T_i}{\sum_{i=1}^{n} Y_i} = \frac{T}{Y} = t(T,Y)$$

$$RE = REt(T,Y), C_t = C_t(p_i, r_i), r_i = r_i(T_i, T)$$

$$\therefore RE = Gini_b - Gini_a = \frac{t}{1-t}(C_t - Gini_b) = \frac{T}{Y-T}(C_t - Gini_b)$$

$$\frac{\partial RE}{\partial T} = \frac{Y-T+T}{(Y-T)^2}(C_t - Gini_b) + \frac{T}{Y-T}\frac{\partial C_t}{\partial r_i}\frac{\partial r_i}{\partial T}$$

第六章 基于因素分解的个人所得税再分配效应分析

$$= \frac{Y}{(Y-T)^2}(C_t - Gini_b) - \frac{T}{Y-T}\frac{\partial C_t}{\partial r_i}\frac{\partial r_i}{\partial T}$$

$$= \frac{Y+T\times(Y-T)}{(Y-T)^2}(C_t - Gini_b + \sum_{i=1}^{n}\frac{\partial C_t}{\partial r_i}\frac{\partial r_i}{\partial T})$$

$$\therefore \frac{\partial RE}{\partial t} = \frac{1}{(1-t)^2}K > 0, for K > 0$$

$$\therefore \frac{\partial RE}{\partial T} = \frac{\partial RE}{\partial t}\frac{\partial t}{\partial T} = \frac{1}{Y}\frac{\partial RE}{\partial t} > 0, for K > 0$$

又 $\because \dfrac{Y+T\times(Y-T)}{(Y-T)^2} = \dfrac{Y+T\times Y - T^2}{(Y-T)^2} > 0, for\ 0 < t < 1$

$$\therefore (C_t - Gini_b + \sum_{i=1}^{n}\frac{\partial C_t}{\partial r_i}\frac{\partial r_i}{\partial T}) > 0, for \frac{\partial RE}{\partial T} > 0$$

$$\therefore (C_t - Gini_b) = k > \sum_{i=1}^{n}\frac{\partial C_t}{\partial r_i}\frac{\partial r_i}{\partial T}$$

由以上理论分析可以看出,在税收是累进性的前提下,再分配效应与平均税率和税收规模严格正相关,税收规模和平均税率与税收累进性的关系不明确。除此之外,各因素对税收再分配效应的贡献程度也不明确。李林木等(2013)使用 Person 相关系数仅考察了各因素与税收再分配效应的符号关系,没有明确的数量程度[①],为了确定各因素对收入再分配效应的贡献,引入结构向量自回归模型 VAR 和方差分解。

结构向量自回归 VAR 模型采用多方程联立的形式,每一个方程中,每个变量对模型全部变量滞后值和当期值进行回归,进而估计全部变量的动态关系[②]。

P 阶 4 变量的结构 VAR(P)模型的向量表达式为:

$$y_t = A_1 y_{t-1} + A_2 y_{t-2} + \cdots + A_p y_{t-p} + Bx_t + \mu_t, t = 1, 2, \cdots, n$$

其中,

---

① 这是因为 Person 相关系数仅考察变量是否具有显著性的强弱关系,而不具有明确数量关系。

② 潘省初:《计量经济学中级教程》,清华大学出版社 2009 年版,第 166—197 页。

$$y_t = \begin{pmatrix} y_{1t} \\ y_{2t} \\ y_{3t} \\ y_{4t} \end{pmatrix}, y_{t-1} = \begin{pmatrix} y_{1t-1} \\ y_{2t-1} \\ y_{3t-1} \\ y_{4t-1} \end{pmatrix}, \ldots, y_{t-p} = \begin{pmatrix} y_{1t-p} \\ y_{2t-p} \\ y_{3t-p} \\ y_{4t-p} \end{pmatrix}, x_t = \begin{pmatrix} x_{1t} \\ x_{2t} \\ x_{3t} \\ x_{4t} \end{pmatrix}, \mu_t = \begin{pmatrix} \mu_{1t} \\ \mu_{2t} \\ \mu_{3t} \\ \mu_{4t} \end{pmatrix}$$

第二节　变量定义与基础数据选取

一　变量定义和测算方程

RE_t、r_t、K_t、T_t 分别代表税收再分配效应、个人所得税平均税率[①]、个人所得税税收累进性、个人所得税税收规模。全部变量个数为 4，μ_{1t}、μ_{2t}、μ_{3t}、μ_{4t} 分别作用于 RE_t、r_t、K_t、T_t 的结构式冲击。

沿用 Hossain（2011）函数作为洛伦茨曲线拟合函数。本章使用的变量及具体测算方程见表 6-1。

二　基础数据的来源和处理

各时间序列（变量）中的 RE_t、K_t 来源于表 4-2 和表 4-10；r_t、T_t 来源于《中国统计年鉴》和《中国税务年鉴》。基于数据的可得性和连续性，选取时间跨度为 1995—2011 年。由于各因素与再分配效应存在非线性关系，使用对数化处理；基础数据水平值均在剔除 1995 年物价指数的基础上进行对数处理，以便在同一基准上进行比较。利用 Eviews 7.0 估计 VAR 模型的系数和方差分解。

表 6-1　　　　　　　　　变量定义和测算方程

变量名称	字母表示	变量定义	测算方程
税收再分配效应	RE_t	$Gini_b - Gini_a$	$Gini_b = 1 - 2\int_0^1 (x^\alpha e^{\beta(x-1)}[1-(1-x)^\theta])dx$ $Gini_a = 1 - 2\int_0^1 (x^a e^{b(x-1)}[1-(1-x)^c])dx$
平均税率	r_t	$\dfrac{PT_t}{Y_t}$	$Y = \sum_{i=1}^{7}(Y_i \times h_i \times P_i)$

[①] 为了与时间项 t 区分开来，使用 r 表示平均税率。

续表

变量名称	字母表示	变量定义	测算方程
税收累进性	K_t	$C_t - Gini_b$	$1 - 2\int_0^1 x^{a_k} e^{\beta_k(x-1)}[1-(1-x)^{\theta_k}]dx$
税收规模	T_t	各阶层个人所得税支出总额	$T = \sum_{i=1}^{7} pt_i \times h_i \times P_i$

注：h_i 为各阶层家庭数；P_i 为各阶层家庭人口数；pt_i 为各阶层家庭个人所得税支出额。

第三节 实证检验与结果分析

一 各变量测算值

由各变量测算值（见表 6-2、图 6-1）可以看出，税收累进性整体呈下降趋势；平均税率与个人所得税再分配效应都呈现相同的向上趋势，税收累进性下，个人所得税再分配效应由平均税率决定。1995—2005 年，税收累进性快速下降，但是平均税率快速上升，带动着个人所得税再分配效应迅速上升，2006—2011 年，平均税率的增长速度有所下降，个人所得税再分配效应的增长速度明显下降，然而这一阶段累进性先上升后缓慢下降。两个阶段个人所得税再分配效应的增长速度都不及平均税率，说明累进性的下降在一定程度上抵消了平均税率对个人所得税再分配效应的贡献。从图 6-1 还可以看出，在整个区间内平均税率与累进性的变动趋势相反，说明两者存在明显的负相关关系，这与 Wagstaff（1999）、Verbist（2004）的研究结论相一致。

表 6-2 个人所得税再分配效应分解

年份	RE_t	K_t	r_t	年份	RE_t	K_t	r_t
1995	0.00012	0.43842	0.0274	2004	0.00264	0.35634	0.7354
1996	0.00026	0.4403	0.0590	2005	0.00272	0.33026	0.8169
1997	0.00028	0.43332	0.0646	2006	0.00266	0.37502	0.7043
1998	0.00036	0.41856	0.0859	2007	0.00294	0.37982	0.7681

续表

年份	RE_t	K_t	r_t	年份	RE_t	K_t	r_t
1999	0.00044	0.38988	0.1127	2008	0.003	0.37542	0.7928
2000	0.00062	0.36846	0.1680	2009	0.00314	0.36912	0.8435
2001	0.0008	0.36494	0.2187	2010	0.00352	0.35886	0.9714
2002	0.00138	0.34118	0.4028	2011	0.00338	0.36468	0.9183
2003	0.00208	0.35748	0.5833				

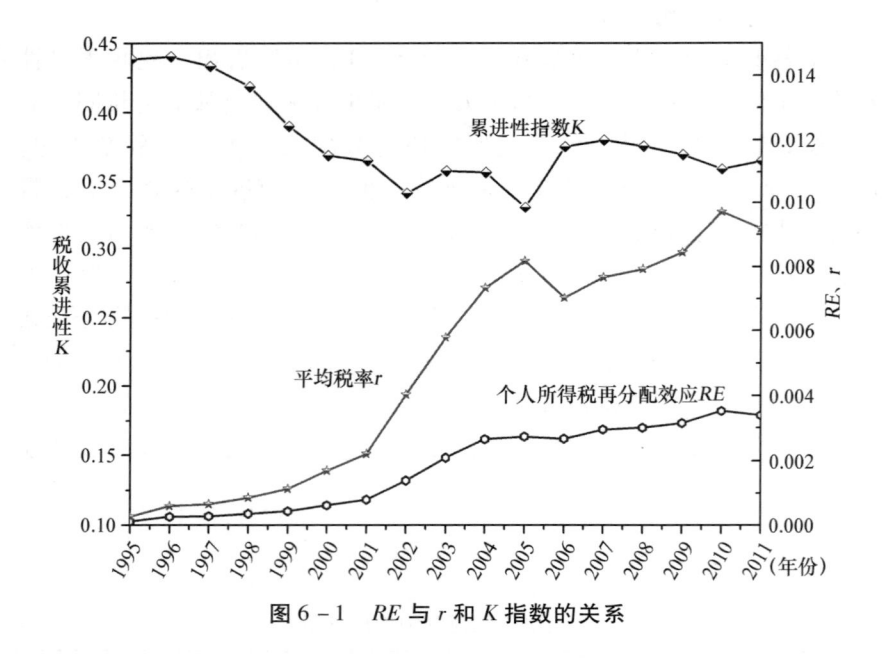

图 6-1 RE 与 r 和 K 指数的关系

二 VAR 模型的预估计

由于结构向量自回归模型具有线性模型的基本特点和自身的独特性,因此,在模型进行回归估计前,需要对所有时间序列的平稳性进行检验以确定是否具有某种关系,这是建立和检验线性回归模型的基本出发点。如果对建立的模型直接进行 OLS 回归就会出现"伪回归"现象,这是因为模型的建立是以各变量平稳这一假设条件为基础的。

如果用非平稳的时间序列进行回归就可能造成原本不存在相依关系的一组变量而得出存在相依关系的错误结论，依次进行的 t 检验、F 检验等都不具有可信度，所以在进行模型回归分析前必须对各变量进行平稳性检验。另外，结构向量自回归模型本身要求具有稳定性。为此按照计量要求对变量和模型进行检验，并以此为基础进行脉冲响应和方差分解[①]。

1. 变量的平稳性检验

使用 ADF 对变量的平稳性进行检验，检验类型（C，T，L）中的截距项 C、趋势项 T 由各变量时间序列的时序图确定，滞后阶数 L 根据 Eviews 7.0 中的 AIC 自动确定最优值。

由 ADF 检验结果（见表 6-3）可知，在 5% 显著性水平上，各变量均接受了有单位根的原假设，表明各变量是不平稳的。经过一阶差分后的时间序列均拒绝有单位根的原假设，表明各变量的一阶差分序列是平稳的，即各变量是一阶单整的，说明各时间序列明显存在均衡关系，可以建立 VAR 模型。

表 6-3　　变量及差分序列平稳性的 ADF 检验结果

变量序列	检验形式（C，T，L）	ADF 检验值	Prob*	是否平稳
RE_t	（C，0，0）	-0.4583	0.8760	否
$d(RE_t)$	（0，0，0）	-1.6477**	0.0457	是
r_t	（0，0，0）	1.7237	0.9736	否
$d(r_t)$	（0，0，0）	-2.0740**	0.0402	是
K_t	（C，T，0）	-1.4142	0.8154	否
$d(K_t)$	（0，0，0）	-4.3140**	0.0020	是
T_t	（C，T，0）	-1.4088	0.8172	否
$d(T_t)$	（C，T，0）	-3.9509**	0.0388	是

注：d 代表时间序列的一阶差分形式；*表示 10% 显著性水平下拒绝一阶差分序列有单位根的假设；**表示 5% 显著性水平下拒绝一阶差分序列有单位根的假设。

---

① 本章部分内容已由笔者发表。

2. 模型估计

对模型进行 OLS 回归得到再分配效应因素分解的 VAR 模型，并写成如下向量式：

$$\begin{pmatrix} RE \\ K \\ r \\ T \end{pmatrix} = \begin{pmatrix} -0.0036 \\ -6.78E-13 \\ 1.97E-14 \\ -9.12E-11 \end{pmatrix} +$$

$$\begin{pmatrix} 0.1570 & -0.0004 & -0.0390 & -0.0007 \\ 1.17E-10 & -4.98E-13 & -2.67E-11 & -1.87E-13 \\ -8.91E-12 & 6.89E-14 & 2.93E-12 & -3.56E-14 \\ 3.13E-09 & -3.24E-11 & -7.36E-10 & 3.55E-11 \end{pmatrix} \begin{pmatrix} RE(-1) \\ K(-1) \\ r(-1) \\ T(-1) \end{pmatrix}$$

$$+ \begin{pmatrix} 0.2583 & -0.0029 & -0.0939 & 0.0012 \\ -1.41E-10 & 5.28E-13 & 3.36E-11 & 2.76E-13 \\ 1.81E-11 & -1.06E-13 & -6.26E-12 & 1.82E-14 \\ -2.44E-08 & 1.19E-10 & 7.89E-09 & -1.14E-11 \end{pmatrix} \begin{pmatrix} RE(-2) \\ K(-2) \\ r(-2) \\ T(-2) \end{pmatrix}$$

$$+ \begin{pmatrix} 1 & 0.0042 & 0.2561 & 0.3674 \\ 0 & -1.12E-11 & 0 \\ 0 & -1.12E-16 & 11.70E-14 \\ 0 & 1.65E-12 & 9.95E-11 & 1 \end{pmatrix} \begin{pmatrix} \mu_{1t} \\ \mu_{2t} \\ \mu_{3t} \\ \mu_{4t} \end{pmatrix}$$

$R^2 = 0.993 \quad Adjusted R^2 = 0.996 \quad Loglikehood = 151.7089$

三 VAR 模型的稳定性检验

对建立好的 VAR 模型，需要检验被估计的 VAR 模型是否恰当，需要对 VAR 模型进行滞后结构检验。VAR 模型对滞后阶数非常敏感，合理的滞后阶数有利于模型的稳定性和长期均衡关系。在确定合理的滞后阶数 P 后，还需进行 AR 根检验和 Granger 格兰杰因果检验。

1. 最优滞后阶数的确定

VAR 模型滞后阶数的确定是运用滞后排除检验（Lag Exclusion Tests）对模型中的每一阶数进行测试，以确定最优滞后阶数。

经过滞后排除检验（见表 6-4），绝大部分的滞后阶数处在 2

阶，而且用于模型估计的 AIC 和 SC 准则都处在滞后 2 阶，可以确定因素分解 VAR 模型的最优滞后阶数为 2 阶。

表 6-4　　　　　　　　最优滞后阶数的确定

Lag	LogL	LR	FPE	AIC	SC	HQ
0	-135.5143	NA	1409.784	18.60191	18.79072	18.89990
1	-59.89210	100.8296*	0.552498	10.65228	11.59635	10.64222
2	-34.35510	20.42960	0.293567*	9.380680*	11.08000*	9.362579*

注：*表示 10% 显著性水平下拒绝一阶差分序列有单位根的假设。

2. 模型的稳定性检验

由于最优阶数和模型估计时所使用的阶数相同，所以 VAR（2）模型 OLS 估计是有效的。各估计系数可以解释变量之间的相关关系，可以进行模型的稳定性检验。

VAR 模型稳定性检验的判定标准为，AR 特征多项式的根的倒数是否在单位圆内。当根的倒数落在圆内时，模型是稳定的；反之，不稳定。

由图 6-2 可以看出，VAR 模型所有根的倒数都落在了单位圆内，所建立的因素分解模型是稳定的，可以进行脉冲响应分析和方差分解。

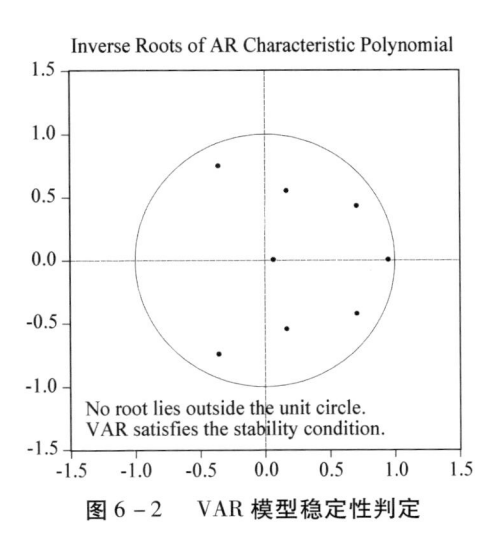

图 6-2　VAR 模型稳定性判定

3. Granger 因果检验

进行格兰杰因果检验的目的是确定各变量之间是否具有因果关系。只有通过格兰杰因果检验才可以判定出一个变量 y 在多大程度上被另一个变量 x 的过去值所解释，即加入变量 x 的滞后期后是否提高了解释力度。

表 6-5　　　　　　　　　格兰杰因果检验

Dependent: RE			
Excluded	Chi-sq	df	Prob.
K	8.7554	2	0.0129 **
r	7.9256	2	0.0395 **
T	22.6887	2	0 ***
All	36.8526	6	0 ***
Dependent variable: K			
Excluded	Chi-sq	df	Prob.
RE	0.3277	2	0.8489
r	0.1822	2	0.9129
T	1.02959	2	0.5976
All	2.6837	6	0.8474
Dependent variable: r			
Excluded	Chi-sq	df	Prob.
RE	1.3181	2	0.5173
K	1.4912	2	0.4745
T	9.5628	2	0.0077 ***
All	2.9007	6	0.8212
Dependent variable: T			
Excluded	Chi-sq	df	Prob.
RE	1.8157	2	0.4034
K	1.554	2	0.4595
r	1.8200	2	0.4025
All	1.8458	6	0.9334

注：***、**、* 分别表示1%、5%和10%显著性水平下拒绝"不存在因果关系"的假设。

第六章　基于因素分解的个人所得税再分配效应分析

在对格兰杰因果检验结果进行分析前，必须明确一点，稳定的 VAR 模型与变量之间进行因果检验是有显著区别的，变量之间进行的因果检验是考察变量间的因果关系是否显著。稳定的 VAR 模型基础上进行的因果检验，首先，对 VAR 模型中的某个因变量或内生变量是否具有成为自变量或者外生变量的可能性进行检验，是"单个变量"当期和滞后期的联合检验；其次，每个方程右边所有内生变量对目标变量是否可以成为外生变量，是"所有"内生变量当期和滞后期的联合检验。从这个意义上说，RE 作为自变量的因果检验拒绝了备择假设，也就是说 RE 作为自变量不仅通过了单个变量同期的联合检验，也通过了所有变量同期的联合检验，这也与本章开始的理论分析相一致。其他变量的因果检验都接受了不存在因果关系的结论，这与税收再分配效应与平均税率和累进性以及平均税率和税收规模的关系较为一致。

四　脉冲响应分析

在 VAR 模型中，脉冲响应函数可以用来描述一个内生变量给误差项所带来的冲击反应，即在随机误差项上施加一个标准大小的冲击后，对内生变量的当期值和未来值产生的影响程度，这是由于冲击会通过滞后结构传递给其他变量以冲击的方式描绘变量间的动态路径。

因素分解的脉冲响应函数选择滞后长度为 5 期，为了分析税收累进性、平均税率和税收规模对个人所得税再分配效应的长短期影响的差异，采用 Monte Carlo 模拟 100 次来研究冲击的动态响应[①]。

图组 6-1 和图组 6-2 为税收累进性、平均税率和税收规模对个人所得税再分配效应的各期响应和累计响应，其中，横轴表示时间，纵轴表示冲击的响应程度。

对于稳定的 VAR 模型，信息的脉冲响应趋于 0，累计响应趋于非 0 常数，由图组 6-1 可以看出个人所得税再分配效应对税收累进性的响应是正向的，短期内有所波动，第一期到第四期先下降后上升，

---

① 陈灯塔：《应用经济计量学》，北京大学出版社 2012 年版，第 520 页。

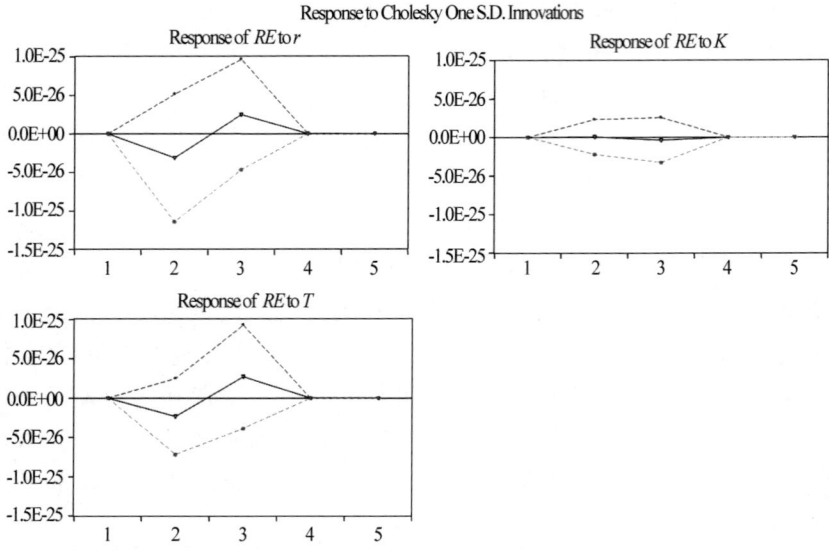

图组 6-1　税收累进性、平均税率和税收规模对 RE 信息的响应

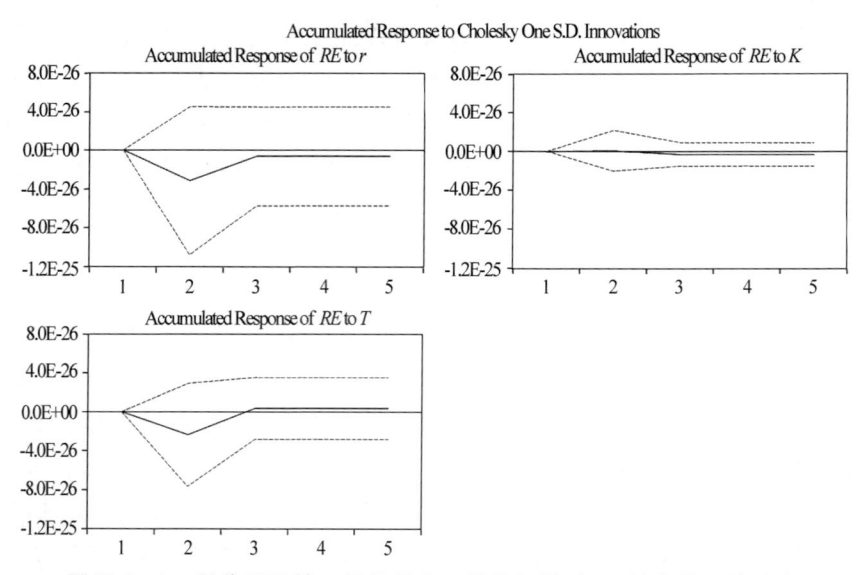

图组 6-2　税收累进性、平均税率、税收规模对 RE 信息的累计响应

注：由于脉冲响应的时间段选取上以 10 为单位，但是各要素对再分配效应的影响在四期后就趋于 0，所以在此选择 5 期。

冲击的反应较小，在第 4 期后冲击反应为零，这说明税收累进性对个人所得税的冲击影响是正的短期效应，也就是说增加税收累进性有利于个人所得税再分配效应的提高。从图组 6－2 的累计响应看，税收的再分配效应并非严格等于零，对累进性的冲击较为不敏感，甚至有可能降低再分配效应，我国个人所得税的累进性均值为 0.38，表现出来的个人所得税的公平性较高，但是平均税率较低，使得个人所得税的调节效果并没有达到高累进性应达到的调节效果，当累进性达到一定程度时，反而会使得再分配效应下降（Verbist，2004）。由平均税率和税收规模对个人所得税再分配效应的冲击图可以看出，平均税率和税收规模的冲击具有一致性，两个因素对个人所得税再分配效应长期影响是正向的，在短期内是负向的，而且负向的响应时间较短，只维持了 2 期，随后开始 2 期的正向短期效应，这与我国统计区间内的个人所得税占 GDP 的比重有关（见图 3－3）。1994—1999 年，个人所得税宏观平均税率从 0.15% 上升至 0.46%，随后增长至 1%；2002—2012 年，出现停滞状态，维持在 1%—1.25%，较小的平均税率使个人所得税再分配效应较小，不足以显现其效果。但是，税收规模对税收再分配效应的冲击是明显的，在冲击中税制改革的反应也是微弱的，而且会迅速地回归到原有的趋势。除此之外，个人所得税的扭曲程度（个人所得税增长率超 GDP 增长率）也影响了个人所得税再分配效应的程度；从累计响应的图组 6－2 看，税收规模的累计响应大于平均税率，这与税收规模与平均税率的正相关完全符合。无论短期还是长期各因素的增加都有利于个人所得税再分配效应的增加。

五　因素贡献分解

在脉冲响应函数分析的基础上，可以使用方差分解求得各因素对个人所得税再分配效应的贡献程度。

方差分解可以研究 VAR 模型的动态特征，通过分析每个结构冲击对内生变量变化产生的影响程度来评价不同结构冲击的重要性，将系统预测的均方差分解成各变量冲击所做的贡献率。

方差分解模型：

$$VD_{\alpha-i}(S) = \frac{\sum_{q=0}^{s=1}(IRF_{q,\alpha-i})^2\sigma_i}{VAR_{RE}(\alpha_t)} = \frac{\sum_{q=0}^{s=1}(IRF_{q,\alpha-i})^2\sigma_i}{\sum_{i=1}^{k}\left(\sum_{q=0}^{s=1}(IRF_{q,\alpha-i})^2\sigma_i\right)}$$

其中，$i=1,2,3,4$ 分别表示个人所得税再分配效应 RE、个人所得税累进性 K、个人所得税平均税率 r、个人所得税税收规模 T；$VD_{\alpha-i}(S)$ 为个人所得税再分配效应的方差贡献率；$VAR_{RE}(\alpha_t)$ 为个人所得税再分配效应 RE 的方差，S 为滞后区间，$IRF_{q,\alpha-i}$ 是个人所得税再分配效应对第 i 个变量冲击的脉冲响应函数，σ_i 为第 i 个变量的标准差。方差分解的判定方法为：$VD_{\alpha-i}(S)$ 较大时，第 i 个变量对个人所得税再分配效应的贡献率大，反之，贡献率小。

为了考察各要素对税收再分配效应贡献的长期趋势预测，选择预测期为 10 期。

表 6-6　　　　　　个人所得税再分配效应的方差分解

Period	S. E.	RE	K	r	T
1	0.000124	100	0	0	0
2	0.000234	71.610385	0.471572	9.615753	18.3022902
3	0.000252	72.299963	1.801668	8.803549	17.0948208
4	0.000268	69.901673	2.6116658	9.063372	18.423290
5	0.000319	72.003276	4.5896118	8.928542	14.478570
6	0.000379	70.479021	4.2440258	11.103323	14.173631
7	0.000420	67.920459	4.3717440	10.732937	16.974860
8	0.000445	67.593459	4.8066904	9.724971	17.874881
9	0.000457	66.890543	4.7935034	9.324774	18.991180
10	0.000463	65.795605	4.795112	9.065768	20.343515

第六章 基于因素分解的个人所得税再分配效应分析

Variance Decomposition

图组 6-3 税收累进性、平均税率、税收规模对 RE 的贡献率

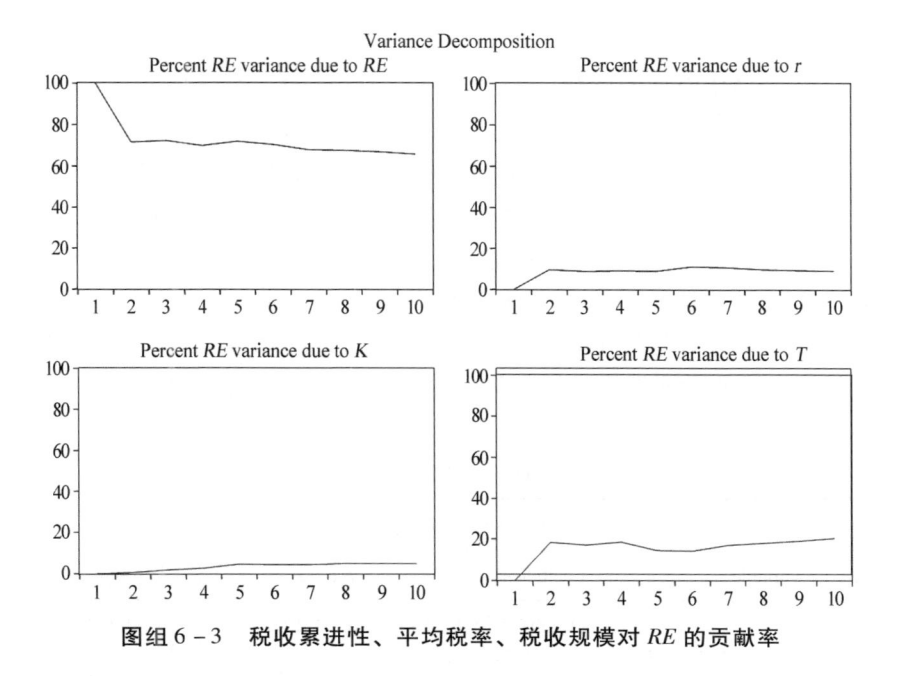

由表 6-6 和图组 6-3 可以看出，税收规模的冲击引起的个人所得税再分配效应的作用一直大于平均税率和税收累进性，而且对个人所得税的贡献率经历了先升后降再升的趋势，表明税收规模对个人所得税再分配的贡献率在强化，从第 10 期开始，个人所得税再分配效应的预测方差的 20.34% 由税收规模的变动来解释，9.06% 由平均税率的变动来解释，4.79% 由累进性的变动来解释。税收累进性对个人所得税的贡献率经历了先上升后下降的"倒 U 型"趋势，说明未来如果想通过提高累进性而增加再分配效应的预测方差，其结果是不理想的，只会降低税收累进性的贡献率。个人所得税再分配效应对自身的方差分解有较大的贡献，反映出个人所得税再分配效应对自身的一个标准差信息也会有较大的正向响应，但是这个贡献率在迅速下降，自身贡献率的下降迅速地被税收规模所代替。所以，在税收累进性已经较高的前提下，扩大税收规模或挖掘税收规模的潜力是提高再分配效应的唯一途径。

六 VAR 模型的优化

对个人所得税再分配效应进行的方差分解足以说明税收累进性、平均税率、税收规模对个人所得税的贡献程度，但是由于我国个人所得税再分配效应较小，平均税率较低，VAR 模型的各变量滞后期对方程左边变量的回归系数影响较小，格兰杰因果检验又否定了外生变量（税收累进性、平均税率和税收规模）之间的因果关系，所以，本章最后对所构造的 VAR 模型进行优化，剔除系数较小、因果关系不明的当期变量或滞后变量。VAR 模型优化结果见表 6-7。

表 6-7　　　　优化的 VAR 模型估计结果

\multicolumn{4}{c}{Vector Autoregression Estimates dependent: RE}
Variable	Coefficient	Std. Error	t-Staistic
C	-0.004815	0.001177	-4.08916
K	0.003934	0.000920	4.27494
r	0.334808	0.023963	13.9716
T	0.503014	0.045139	15.59724
RE (-1)	-0.092170	0.106881	-0.86236
RE (-2)	0.046927	0.07995	0.58693
R-squared	0.9990	Adj. R-squared	0.9985
Sum sq. resids	1.914738E-08	S. E. equation	4.6124E-05
F-statistic	1932.715896	Log likelihood	132.309544
Akaike AIC	-16.841272	Schwarz SC	-16.558052
Mean dependent	0.001997	S. D. dependent	0.001212

对优化的 VAR 模型经过滞后期确定和 AR 根检验，确定具有稳定性。由预测方差知道要素对再分配效应未来改变的贡献率，而对现有税收再分配效应的分析更加具有实际意义。从优化的 VAR 估计结果

可以看出，在税收是累进的前提下，税收规模对税收再分配效应的贡献最大，税收规模变动1%，个人所得税再分配效应增长0.503%；平均税率变动1%，再分配效应增长0.335%；累进性增长1%，再分配效应增长0.0039%；同时验证了，提高平均税率和税收规模比提高累进性带来更大的调节效果。

第四节　本章小结

从因素分解的个人所得税再分配效应理论和VAR模型分析可以得出以下结论：

第一，在税收是累进性的前提下，平均税率、税收规模和累进性与个人所得税收入再分配效应存在着严格的正相关关系，税收累进性是个人所得税是否具有收入公平功能的决定因素，而税收规模是个人所得税分配效应大小的决定因素。

第二，1995—2011年，税收累进性整体呈下降趋势；平均税率与个人所得税再分配效应都呈现相同的向上趋势，但个人所得税再分配效应的增长速度不及平均税率，说明累进性的下降在一定程度上损害了再分配效应；在整个区间内平均税率与累进性的变动趋势相反，说明两者存在明显的负相关关系。

第三，方差分解得出税收规模的贡献率在三因素中是最大的，在10期内经历了先升后降再升的趋势，表明税收规模对个人所得税再分配效应的贡献率在强化，再分配效应预测方差的20.34%由税收规模的变动来解释，9.06%由平均税率的变动来解释，4.79%由累进性的变动来解释。而税收累进性对个人所得税再分配效应的贡献率经历了先上升后下降的"倒U型"趋势，说明未来如果想通过提高累进性而增加再分配效应，其结果是不理想的，只会降低税收累进性的贡献率。

第四，在税收是累进的前提下，税收规模变动1%，个人所得税再分配效应增长0.503%；平均税率变动1%，再分配效应增长0.335%；累进性增长1%，再分配效应增长0.0039%；这也验证了，提高平均税率和税收规模比提高累进性带来更显著的调节效果。

总之，税收是累进的是实现个人所得税再分配（正向）效应的必要条件，税收规模是决定税收再分配效应大小的决定性因素，在其他条件不变下，提高税收规模或平均税率比提高累进性带来更大的再分配效应。

第七章 基于理论税收规模的个人所得税再分配效应分析
——税收流失的效应损失

正如第六章分析，税收规模对个人所得税再分配效应存在着长期影响，且对个人所得税再分配效应预测方差的贡献大于税收累进性。然而理论与实际税收规模存在的差异并非由税制政策本身来决定的，政策效应的大小也会受征管水平、经济增长等因素的影响。当征管水平和纳税遵从度较高时，税收流失规模（实际税收规模和应缴纳的税收规模的差额）就会很小；当较低的征管水平和纳税遵从度与较高的累进税率并存时，税收流失规模就会很大，税收规模的流失就会损害再分配效应。为了确定税收流失的效应损失，本章引入"理论税收规模"的概念来表述税收政策应达到的税收规模，是实际税收规模和税收流失规模的总和。用理论税收再分配效应与实际税收再分配效应的差值表示税收流失的效应损失。

本章在推导出税收能力测算模型的基础上，构建个人所得税税收规模损失模型、再分配效应损失模型、税收累进性损失模型，以确定管控税收流失的最优结果，为政策制定提供可靠的依据。

第一节 理论模型的推导与构建

税收流失规模的测算是衡量税收再分配效应损失的前提和关键，在税收流失规模测算的基础上进行的"理论个人所得税再分配效应"还必须测算各阶层的税收流失程度，这是因为，不同的收入阶层税收流失的程度不同。由于高收入者的收入具有多样性和隐蔽性，在较重的税收负担下他们有"意愿"通过收入均摊、隐瞒收入、收入转化等形式偷逃个人所得税，而低收入者由于税收负担较轻，收入形式较为单一，偷逃税的可能远远小于高收入者。从整个收入阶层的分布来看，收入越高的阶层，税收流失的规模越大。

税收流失规模测算方法主要有地下经济估测法、税收能力测算法、样本推算法等。地下经济估算法是通过估测地下经济规模，间接估测税收流失的规模；税收能力测算法是按照制定的税收政策估算税收收入能力，然后与实际征收的税额相比较；样本推算法是按照某地区或者某行业税收流失情况的统计或调查资料作为样本，推算整体税收流失规模。个人所得税税收流失规模一般使用税收收入能力测算法和样本推算法，具体选用方法由研究的前提和目的决定。基于本章的研究设计与目的，使用税收能力测算法作为基础测算方法。

税收能力测算法依据样本统计数据，如纳税申报、专项抽查等关于纳税人的细节数据，运用抽样等统计学原理测算样本潜在的税收收入，进而推算总体税收收入能力。此方法的优点在于测算值可信度较高；缺点在于不是由一个统一的测算公式一次完成，测算规模十分庞大且复杂。贾绍华[①]（2002）以各阶层个人所得税人均支出数据为基础，运用10个指标5个层层递进的公式，推算出1990—2000年我国个人所得税税收流失规模，随后徐烨等（2010）、咸春龙（2012）沿用此法对税收流失规模数据进行了更新。为了求得再分配效应的损失程度，在贾绍华（2002）研究的基础上，将各阶层实际适用税率引入测算过程，对复杂的、有层次的测算公式进行归纳汇总简化为一个测算公式（具体推导过程见附录 A–6），并以此为基础推导出所需的各类税收规模模型。

税收收入能力测算模型：

---

① 贾绍华：《中国税收流失问题研究》，中国财政经济出版社 2002 年版，第 76—79 页。

第七章 基于理论税收规模的个人所得税再分配效应分析

$$T_t^* = \frac{\left(\dfrac{\sum_{i=1}^{j} hypop_{i,t}}{\sum_{i=1}^{j} hlab_{i,t}} - ded_t\right)}{\dfrac{\sum_{i=1}^{j} hypop_{i,t}}{\sum_{i=1}^{j} hlab_{i,t}}} \times tr_t \times YPurb_t \times \frac{\sum_{i=1}^{j} hypop_{i,t}}{hypop_t} \quad ①$$

其中,

$YPurb_t = Y_t \times Purb_t$

$hypop_{i,t} = house_{i,t} \times y_{i,t} \times pop_{i,t}$

$hlab_{i,t} = house_{i,t} \times lab_{i,t}$

$hypop_t = house_t \times y_t \times pop_t$

$\left(\dfrac{\sum_{i=1}^{j} hypop_{i,t}}{\sum_{i=1}^{j} hlab_{i,t}} - ded_t\right); \sum_{i=1}^{j} hypop_{i,t}; \sum_{i=1}^{j} hlab_{i,t}; fory_{i,t} > ded_t$

将①式简化得到,税收收入能力测算模型:

$$T_t^* = \frac{\sum_{i=1}^{j} hypop_{i,t} - ded_t \times \sum_{i=1}^{j} hlab_{i,t}}{hypop_t} \times tr_t \times YPurb_t \quad ②$$

税收流失规模模型:

$NT_t = T_t^* - T_t \quad ③$

各收入阶层理论税收规模模型:

$$T_{i,t}^* = \frac{hypop_{i,t} - ded_t \times hlab_{i,t}}{hypop_t} \times tr_t \times ypurb_t, fory_{i,t} > DED_t \quad ④$$

样本各收入阶层人均理论税收支出额模型:

$$t_{i,t}^* = \frac{T_{i,t}^*}{pop_{i,t}} \times \frac{house_{i,t} \times pop_{i,t}}{Purb_t} = \frac{T_{i,t}^* \times house_{i,t}}{Purb_t} \quad ⑤$$

其中,T_t^* 为理论税收规模;NT_t 为税收流失规模;T_t 为实际税收规模;$\sum_{i=1}^{j} hypop_{i,t}$ 为样本收入在费用扣除额标准以上的收入总额;$\sum_{i=1}^{j} hlab_{i,t}$ 为样本收入在费用扣除额标准以上的就业人口数;$hypop_{i,t}$ 为样本中第 i 收入家庭的总收入;$hlab_{i,t}$ 为样本中第 i 收入家庭的就业人口总数;ded_t 为费用扣除额(按照 t 期的费用扣除额标准);tr_t 为个人所得税税率;$YPurb_t$ 为城镇居民总收入,$hypop_t$ 为样本总收入,$house_{i,t}$ 为样本中第 i 收入家庭的家庭数;$pop_{i,t}$ 为样本中第 i 收入家庭的人口数;$lab_{i,t}$ 为样本中第 i 收入家庭的就业人口数;$y_{i,t}$ 为样本中第 i 收入家庭的人均收入;$Purb_t$ 为年末城镇居民人口数;Y_t 为人均总收入,$house_t$ 为样本家庭总数,y_t 为样本家庭人均收入;pop_t 为样本家庭人均人口。

根据理论税收规模的推导公式结合税收再分配效应模型 $RE = Gini_b - Gini_a$,分别构建个人所得税再分配理论效应、再分配效应损失、税收累进性损失模型。

理论再分配效应模型:
$$RE^* = Gini_b - Gini_a^*$$
$$= \frac{t^*}{1-t^*}K^*$$
$$= 2\int_0^1 YT^*(X)dX - 2\int_0^1 Y(X)dX$$

实际再分配理论效应模型:
$$RE = Gini_b - Gini_a^s$$
$$= \frac{r^s}{1-r}K^s$$
$$= 2\int_0^1 YT(X)dX - 2\int_0^1 Y(X)dX$$

再分配效应损失模型:
$$loss = RE^* - RE$$
$$= Gini_a^s - Gini_a^*$$
$$= 2\int_0^1 YT(X)dX - 2\int_0^1 YT^*(X)dX$$

再分配效应损失率:
$$\omega = \frac{RE_{NT}}{RE^*}$$

税收累进性损失模型：

$$\eta = K_t^* - K_t^s$$
$$= C_t^* - Gini_{b,t} - C_t^s + Gini_{b,t}$$
$$= C_t^* - C_t^s$$

第二节 变量定义与基础数据选取

一 变量定义与测算方程

沿用 Hossain（2011）函数作为洛伦茨曲线拟合函数。本章使用的变量及具体测算方程见表 7-1。

二 基础数据的来源和处理

基础数据来源于公开的《中国统计年鉴》《中国税务年鉴》《中国城市（镇）生活与价格年鉴》。基于数据的可得性和连续性，选取时间跨度为 1995—2011 年。利用统计软件 Matlab 7.0 和 Origin 7.5 测算个人所得税的再分配效应和累进性指数 K。

表 7-1　　　　　　　　　变量定义和测算方程

变量名称	字母表示	变量定义	变量测算方程或范围
理论再分配效应	RE_t^*	$Gini_{b,t} - Gini_{a,t}^* = \dfrac{t_t^*}{1-t_t^*} K_t^*$	$Gini_{b,t} = 1 - 2\int_0^1 (x^{\alpha_t} e^{\beta_t(x-1)}[1-(1-x)^{\theta_t}])dx$ $Gini_{a,t}^* = 1 - 2\int_0^1 (x^{a_t^*} e^{\beta_t^*(x-1)}[1-(1-x)^{\theta_t^*}])dx$
实际再分配效应	RE_t^s	$Gini_{b,t} - Gini_{a,t}^s$	$Gini_{a,t}^s = 1 - 2\int_0^1 (x^{a_t^s} e^{\beta_t^s(x-1)}[1-(1-x)^{\theta_t^s}])dx$
再分配效应损失	$loss_t$	$Gini_a^s - Gini_a^*$	$x^{a_t^s} e^{\beta_t^s}(x-1)[1-(1-x)^{\theta_t^s}] - x^{a_t^*} e^{\beta_t^*(x-1)}$ $[1-(1-x)^{\theta_t^*}]$
税收累进性	K_t^*, K_t^s	$C - Gini_{b,t}$	$2\int_0^1 x_{c,t}^{a^*} e^{\beta_{c,t}^*(x-1)}[1-(1-x)^{\theta_{c,t}^*}] - x^{\alpha_t} e^{\beta_t(x-1)}$ $[1-(1-x)^{\theta_t}]dx$ $2\int_0^1 x_{c,t}^{a^s} e^{\beta_{c,t}^s(x-1)}[1-(1-x)^{\theta_{c,t}^s}] - x^{\alpha_t} e^{\beta_t(x-1)}$ $[1-(1-x)^{\theta_t}]dx$

续表

变量名称	字母表示	变量定义	变量测算方程或范围
平均税率	r	税收规模/GDP 税收规模/城镇居民总收入	$r_t^* = \dfrac{T_t^*}{GDP}; r_t^* = \dfrac{T_t^*}{Y}; r_t^s = \dfrac{T_t^s}{GDP}; r_t^s = \dfrac{T_t^s}{Y}$
人口累计百分比	x	按照收入排序的人口累计百分比	$0 \leq x \leq 1$
拟合方程参数	$\alpha_t, \beta_t, \theta_t$ $\alpha_t^*, \beta_t^*, \theta_t^*$ $\alpha_t^s, \beta_t^s, \theta_t^s$	由 Matlab 7.0 依据 Hossain 拟合函数测算	$\alpha, \beta > 0, 0 < \theta \leq 1$

注：其余变量定义及测算模型见本章第三节。

第三节 实证结果与分析

一 理论税收规模的测算与分析

个人所得税实际征收率和税收流失率：

$$\delta_t^s = \frac{T_t^s}{T_t^*} \quad \delta_t^{NT} = \frac{NT_t}{T_t^*}$$

1995—2011 年，理论税收规模、实际税收规模、税收流失规模、理论征收率、税收流失率测算结果见表 7-2 和图 7-1。

表 7-2　　　　　　　　理论税收规模测算结果

年份	T^*	T^s	NT	δ_t^s %	δ_t^{NT} %	年份	T^*	T^s	NT	δ_t^s %	δ_t^{NT} %
1995	91.19	131.49	-40.30	144.19	-44.19	2004	5608.88	1736.20	3872.68	30.95	69.05
1996	170.06	193.19	-23.13	113.60	-13.60	2005	7837.03	2093.96	5743.07	26.72	73.28
1997	327.14	259.93	67.21	79.46	20.54	2006	4679.33	2452.67	2226.66	52.41	47.59
1998	524.79	338.65	186.14	64.53	35.47	2007	7342.78	3184.94	4157.84	43.38	56.62
1999	725.34	413.66	311.68	57.03	42.97	2008	9312.92	3722.31	5590.61	39.97	60.03
2000	1236.65	660.37	576.28	53.40	46.60	2009	11037.44	3943.59	7093.85	35.73	64.27
2001	1750.05	996.02	754.03	56.91	43.09	2010	16013.51	4837.27	11176.24	30.21	69.79

续表

年份	T^*	T^s	NT	δ_t^s %	δ_t^{NT} %	年份	T^*	T^s	NT	δ_t^s %	δ_t^{NT} %
2002	3187.36	1211.07	1976.29	38.00	62.00	2011	17374.59	6054.08	11320.51	34.84	65.16
2003	4054.33	1417.33	2637.00	34.96	65.04						

注：根据附录 A-8 各收入阶层应税所得实际税率计算。

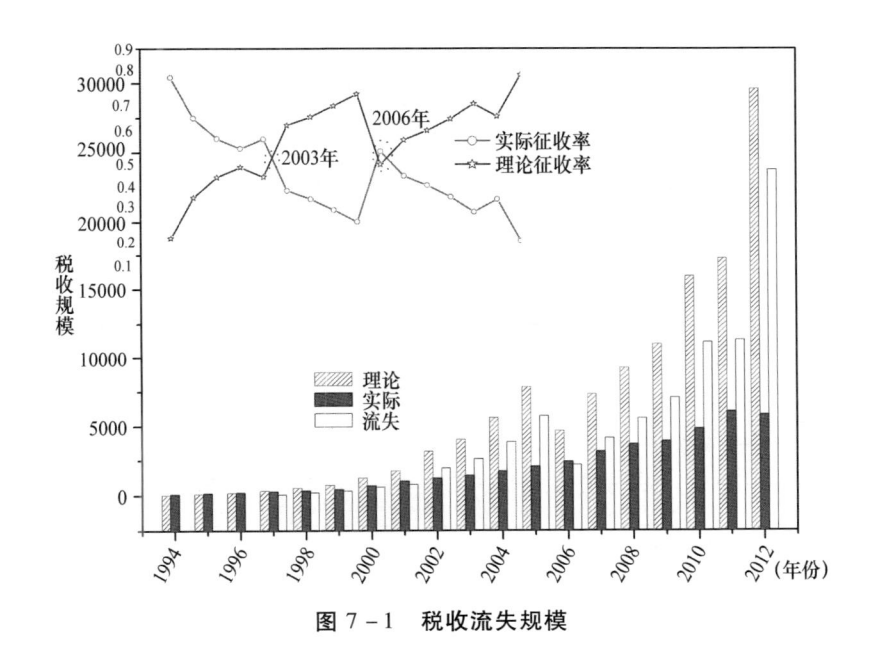

图 7-1 税收流失规模

统计区间内，随着收入的不断提高，个人所得税由"超收"40.30亿元快速变成"少收"11320.51亿元，税收流失率从 -44.19% 上升到65.16%。统计内有 15 期为"少收"，税收流失率区间为 [-44.19%, 69.79%]。剔除"超收"年份，平均税收流失率为 54.77%，个人所得税的年均流失规模是年均实际征收规模的近 2 倍。针对个人所得税不同阶段的改革，可以看出税制改革前一年税收流失规模最为突出，改革当年有所下降，这不仅与历次改革为费用扣除的提高有关（费用扣除额的提高降低了税收规模的增长率），也与改革当年的税制衔接有一定的关系。2006 年，应税收入超过 12 万元的纳税人自行申报在一定程度上实现了增收。由于实际征收率与税收流失率的和为 1，两者表现截然相反，1997年征收率达到了统计区间内的最大值79.46%，随后开始下降，特别是2001—2011年，我国大规模提高工资收入水平，人均收入增幅较大，税源完全以源泉扣缴为主，对收入的大幅提高没有及时有力的征管措施予以跟进，导致了更多的税收流失。

二 各阶层税收流失的测算与分析

由表7-3可以看出，统计区间内收入高于费用扣除标准的阶层存在"少纳"的普遍现象。各阶层税收流失额不仅随着收入的增加而增加，而且随时间的推移而增加；税收流失阶层随着时间的推移从高级向更低一级蔓延。

表7-3　　　　　样本各阶层人均税收流失测算结果

年份	nt_1	nt_2	nt_3	nt_4	nt_5	nt_6	nt_7
1995							9.21
1996						5.01	14.02
1997						3.91	26.48
1998					6.86	7.98	33.68
1999					8.73	7.67	41.82
2000				7.17	20.91	29.2	54.51
2001				12.55	24.13	36.51	67.11
2002			3.57	19.08	30.78	84.32	136.87
2003			9.78	27.12	33.76	98.43	166.37
2004			37.44	55.46	39.98	125.92	220.54
2005			63.89	81.96	49.21	166.66	337.56
2006					33.88	54.57	260.82
2007				27.55	54.7	121.1	405.05
2008				57.87	119.54	154.82	501.4
2009				79.83	116.4	198.36	560.38
2010			70.9	107.76	116.83	336.35	755.43
2011				110.84	147.4	381.57	822.75

第七章 基于理论税收规模的个人所得税再分配效应分析

1995年，全国城镇居民人均收入在费用扣除标准（9600元/年）以下，各阶层中只有最高收入阶层的收入在费用扣除标准以上，当年高收入阶层就业者平均年收入为12688.04元，应税所得为3088.041元，适用税率为15%，就业者应纳个人所得税为463.20元，乘以人口负担率和人口比重后，理论应纳税额为13.88元，而实际纳税额仅为4.67元，应纳税额是实际纳税额的近三倍，到2011年高收入阶层人均应纳1936.80元，实际缴纳1114.05元，两者差距为1.74倍。高收入阶层"少纳"的幅度缩小的同时，中等偏下收入阶层成为个人所得税的纳税人，应纳和实际缴纳的差距却在不断地扩大。2002年中等偏下收入阶层的人均实际缴纳个人所得税为2.62元，理论应纳税额为6.19元，两者相差2.36倍，到2005年，差距扩大至6.25倍。2010年除了低收入阶层人均收入没有达到费用扣除标准外，其余阶层都有不同程度的"少纳"。

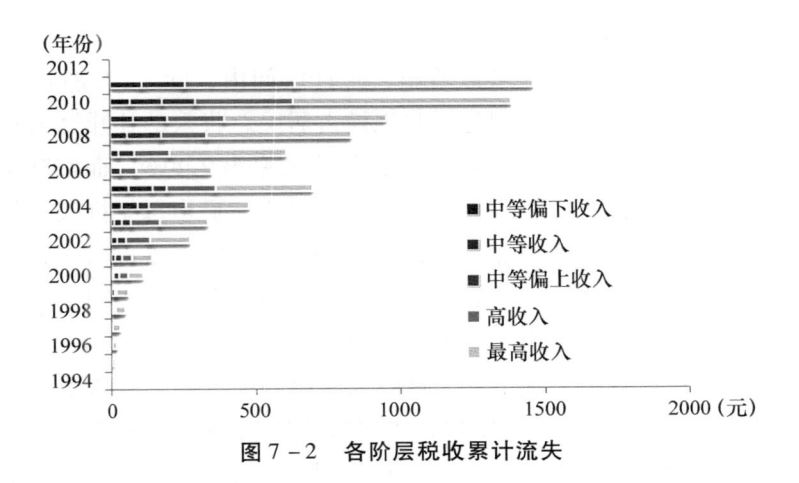

图7-2 各阶层税收累计流失

探究高收入阶层"少纳"程度（相对数）低于中等收入阶层的原因，可以归结为高收入者收入更加地多元化，分类税制下"多头"扣除使得高收入阶层相对于低收入阶层享有更多的税收减免收益[①]

---

① 李林木：《高收入个人税收遵从与管理研究》，中国财政经济出版社2013年版，第28—29页。

(李林木，2013）。另外，税收政策变动前后中等偏下收入阶层是否再次成为纳税人与费用扣除额的增幅有关。2006年和2011年，费用扣除标准大幅提高，中等偏下收入阶层由原来的实缴纳税人变为"0"纳税人。但是，2008年费用扣除标准提高幅度较小，中等偏下收入阶层仍然是理论纳税人。

三 平均税率损失测算与分析

为了区别不同收入类型，将平均税率分为宏观平均税率和微观平均税率。宏观平均税率为个人所得税税收规模与国民生产总值的比重；微观平均税率为个人所得税税收规模与城镇居民收入总额（年末城镇人口数×人均收入）的比重。

$$r_t^* = \frac{T_t^*}{Y} gr_t^* = \frac{T_t^*}{GDP}$$

$$r_t^s = \frac{T_t^s}{Y} gr_t^s = \frac{T_t^s}{GDP}$$

由表7-4和图7-3可以看出，统计区间内，除了"超收"外，平均税率损失程度较大。理论税收规模占居民总收入的比重随着税收规模的增加，由0.61上升到11.53，年均税率为7.8%，而实际平均税率从0.87上升到4.02，年均税率为3.03%，平均每年损失平均税率为4.77%，损失近1.6倍。个人所得税费用扣除标准的大幅提高对理论平均税率的作用要大于实际平均税率，理论平均税率的下降要快于实际值。2006年，费用扣除标准从800元提高到1600元，各收入阶层的理论税收规模大幅下降，低收入阶层和中等偏下收入阶层由实际纳税阶层变为"0"纳税阶层；中等收入阶层的应税所得（扣除费用标准后）从9096.49元下降到1487.17元，适用税率从20%下降到10%。中等偏上和较高收入阶层的应税所得都有大幅下降，但是适用税率仍然为20%。最高收入阶层的实际应税所得从42266.07元，降到317137.1元，适用税率从30%下降到25%。2011年改革对各收入阶层的改变一致，但程度有所不同。

表 7-4　　　　　　　　　平均税率测算结果

年份	r_t		gr_t		年份	r_t		gr_t	
	r_t^*	r_t^s	gr_t^*	gr_t^s		r_t^*	r_t^s	gr_t^*	gr_t^s
1995	0.61	0.87	0.15	0.22	2004	10.97	3.39	3.49	1.08
1996	0.94	1.07	0.24	0.27	2005	13.29	3.55	4.22	1.13
1997	1.61	1.28	0.41	0.33	2006	6.83	3.58	2.15	1.13
1998	2.32	1.50	0.62	0.40	2007	8.78	3.81	2.74	1.19
1999	2.83	1.62	0.80	0.46	2008	9.46	3.78	2.94	1.18
2000	4.29	2.29	1.24	0.66	2009	9.96	3.56	3.19	1.14
2001	5.31	3.02	1.59	0.90	2010	12.51	3.78	3.92	1.18
2002	8.24	3.13	2.63	1.00	2011	11.53	4.02	3.59	1.25
2003	9.14	3.19	2.97	1.04					

按平均税率的变动程度，将历次税改的受益阶层进行排序（括号内为受益程度），其中，2007年改革，各收入阶层的纳税分布没有太大变化。

2006年：

低收入户＝中等偏下收入（100%）＞中等收入（83.65%）＞中等偏上收入（45.72%）＞高收入（28.04%）＞最高收入（12.13%）

2011年：

中等偏下收入（100%）＞中等收入（58.23%）＞中等偏上收入（21.96%）＞高收入（13.98%）＞最高收入（0.05%）

历次改革在一定程度上实现了"提低"，将纳税人直接提至中等收入阶层；"扩中"，中等收入群体受益较大；"限高"，限制了高收入群体的受益程度。

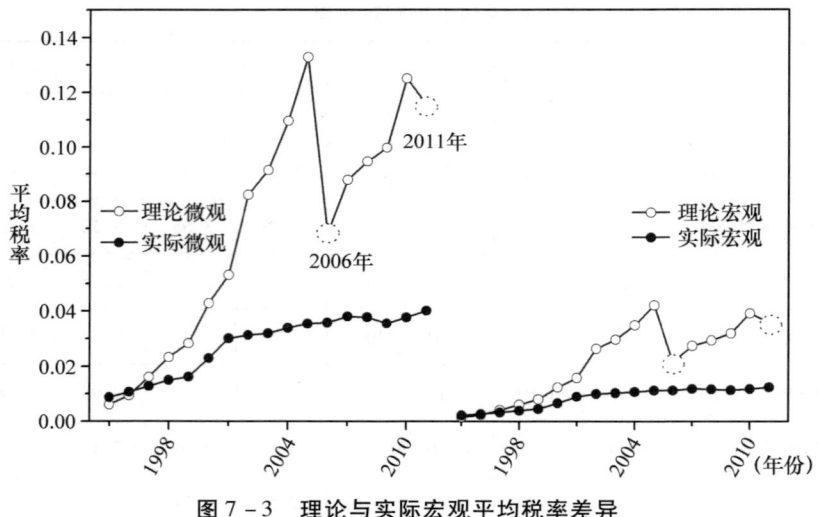

图 7-3 理论与实际宏观平均税率差异

除了"超收"外，统计区间内，理论税收规模占国民生产总值的比重从 0.15% 上升到 3.59%，上升了 23.93 倍，年均值为 2.41%；而实际税收规模占国民生产总值的比重从 0.22% 上升到 1.25%，上升了 5.68 倍，年均值为 0.94%，平均税率损失 1.45%，相当于实际税率的 1.3 倍。

四 税收累进性损失的测算与分析

税前基尼系数既定的条件下，税收集中度曲线的位置决定了税收累进性的大小，根据各阶层人均理论税收支出，测算出税收集中度曲线参数的条件下，绘制出图 7-4。

统计区间内，理论和实际税收集中度曲线的位置发生了较大的变化，1995—2000 年，理论税收集中度曲线都位于实际线的下方；2001—2011 年，实际税收集中度曲线都高于理论线，而且理论税收集中度曲线与实际曲线的分离越来越远，中等收入阶层和高收入阶层的税收份额越来越大。

第七章 基于理论税收规模的个人所得税再分配效应分析

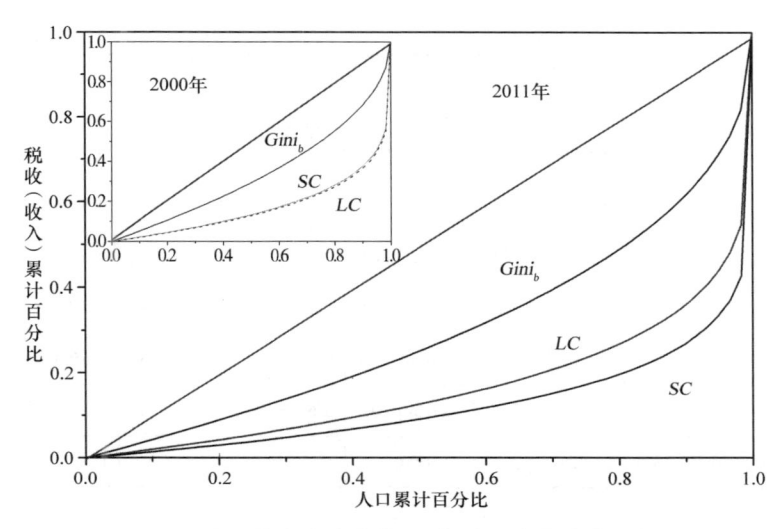

图 7-4 理论税收集中度曲线 LC 与实际税收集中度曲线 SC

按照拟合曲线的参数与对应的人口累计百分比,测算出税收集中度系数、税前基尼系数和累进性指数 K 和税收累进性损失值(见表 7-5 和图 7-5)。

在税前收入洛伦茨曲线不变的条件下,理论税收集中度曲线和实际税收集中度曲线偏离洛伦茨曲线的程度决定了各自的累进性,正如图 7-4 显示的,理论税收集中度曲线偏离洛伦茨曲线的程度越来越近,偏离实际税收集中度曲线越来越远,使得税收累进性的损失由"正"变"负",从表 7-5 和图 7-5 可以明显地看出,累进性总体上都呈现出下降趋势,理论税收累进性快于实际累进性的下降,无论是理论还是实际税收累进性都与税收规模或者平均税率呈现负相关关系,这与第六章结论相一致。

表 7-5 税收累进性损失测算结果

| 年份 | C_t | | K_t^s | | η | 年份 | C_t | | K_t^s | | η |
	C_t^*	C_t^s	K_t^*	K_t^s			C_t^*	C_t^s	K_t^*	K_t^s	
1995	0.8143	0.7081	0.5446	0.4384	0.1062	2004	0.6698	0.7759	0.2503	0.3563	-0.1061
1996	0.7927	0.7097	0.5234	0.4403	0.0831	2005	0.6448	0.7558	0.2193	0.3303	-0.1110

续表

| 年份 | C_t | | K_t^s | | η | 年份 | C_t | | K_t^s | | η |
	C_t^*	C_t^s	K_t^*	K_t^s			C_t^*	C_t^s	K_t^*	K_t^s	
1997	0.8205	0.7213	0.5325	0.4333	0.0992	2006	0.8138	0.7961	0.3927	0.3750	0.0177
1998	0.7783	0.7157	0.4812	0.4186	0.0626	2007	0.7811	0.7954	0.3655	0.3798	-0.0144
1999	0.7670	0.6965	0.4604	0.3899	0.0705	2008	0.7549	0.7997	0.3306	0.3754	-0.0448
2000	0.7045	0.6892	0.3837	0.3685	0.0153	2009	0.7416	0.7840	0.3267	0.3691	-0.0424
2001	0.6650	0.6994	0.3305	0.3649	-0.0344	2010	0.7032	0.7666	0.2955	0.3589	-0.0634
2002	0.7067	0.7398	0.3080	0.3412	-0.0331	2011	0.6907	0.7718	0.2835	0.3647	-0.0812
2003	0.7080	0.7679	0.2976	0.3575	-0.0599						

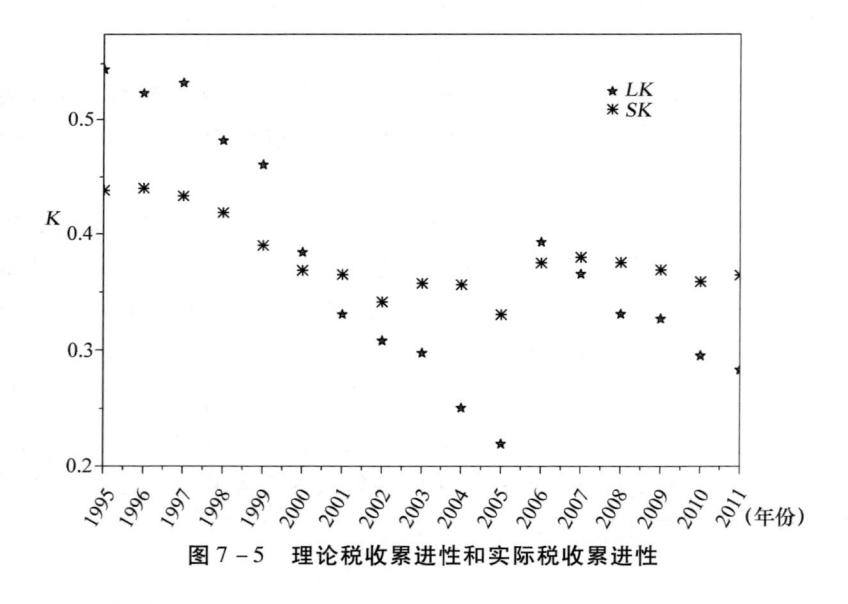

图7-5 理论税收累进性和实际税收累进性

五 税收再分配效应损失的测算与分析

在洛伦茨曲线参数确定的条件下，测算出理论税后基尼系数，得出理论税收再分配效应，并将效应分解为实际值和损失值（见表7-6）。

表 7-6　　　　　　个人所得税再分配效应损失率

年份	$Gini_{b,t}$	$Gini_{a,t}$		RE_t		$loss_t$	
		$Gini_{a,t}^*$	$Gini_{a,t}^s$	RE_t^*	RE_t^s	$loss_t$	ω
1995	0.26970	0.26940	0.26958	0.00030	0.00012	0.00018	60.0000%
1996	0.26938	0.26884	0.26912	0.00054	0.00026	0.00028	51.8519%
1997	0.28796	0.28720	0.28768	0.00076	0.00028	0.00048	63.1579%
1998	0.29712	0.29614	0.29676	0.00098	0.00036	0.00062	63.2653%
1999	0.30660	0.30548	0.30616	0.00112	0.00044	0.00068	60.7143%
2000	0.32072	0.31918	0.32010	0.00154	0.00062	0.00092	59.7403%
2001	0.33446	0.33276	0.33366	0.00170	0.00080	0.00090	52.9412%
2002	0.39862	0.39588	0.39724	0.00274	0.00138	0.00136	49.635%
2003	0.41040	0.40706	0.40832	0.00334	0.00208	0.00126	37.7246%
2004	0.41956	0.41596	0.41692	0.00360	0.00264	0.00096	26.6667%
2005	0.42554	0.42176	0.42282	0.00378	0.00272	0.00106	28.0423%
2006	0.42112	0.41696	0.41846	0.00416	0.00266	0.00150	36.0577%
2007	0.41560	0.41070	0.41266	0.00490	0.00294	0.00196	40.0000%
2008	0.42430	0.41940	0.42130	0.00490	0.00300	0.00190	38.7755%
2009	0.41484	0.40980	0.41170	0.00504	0.00314	0.00190	37.6984%
2010	0.40774	0.40208	0.40422	0.00566	0.00352	0.00214	37.8092%
2011	0.40716	0.40208	0.40378	0.00508	0.00338	0.00170	33.4646%

注：*表示10%显著性水平下拒绝一阶差分序列有单位根的假设。

统计区间内，理论税收再分配效应随着税收规模的上升而上升，根据第五章 VAR 优化模型，税收是累进的条件下，税收规模增长 1%，再分配效应增加 0.503%，税收再分配效应增加速度并没有税率的增速大，持续下降的累进性损害了税收再分配效应。

税收再分配效应损失相对数呈上升趋势，损失率呈下降的趋势，也就是说税收再分配效应的损失速度随着时间而下降。从损失绝对数和相对数来看，1995 年，实际个人所得税再分配效应为 0.00012，理论效应为 0.00030，管控税收流失的最好结果是税后基尼系数提高 0.00018；税收流失损失了相同数量的再分配效应，而且损失的效应比实际效应大。2011 年，实际个人所得税再分配效应为 0.00338，理

个人所得税的居民收入再分配效应与改革升级研究

论效应为 0.00508，损失的再分配效应绝对值为 0.00170。

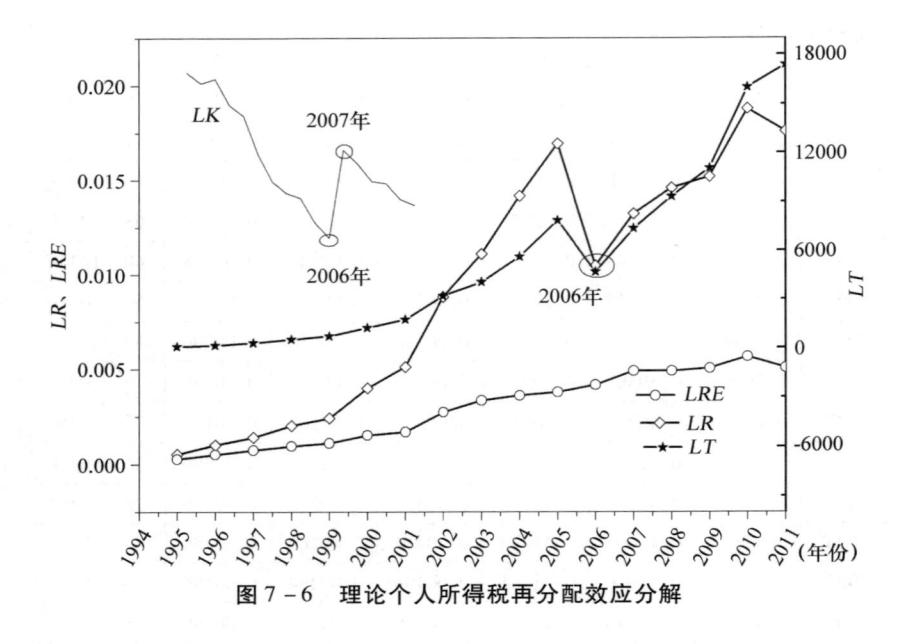

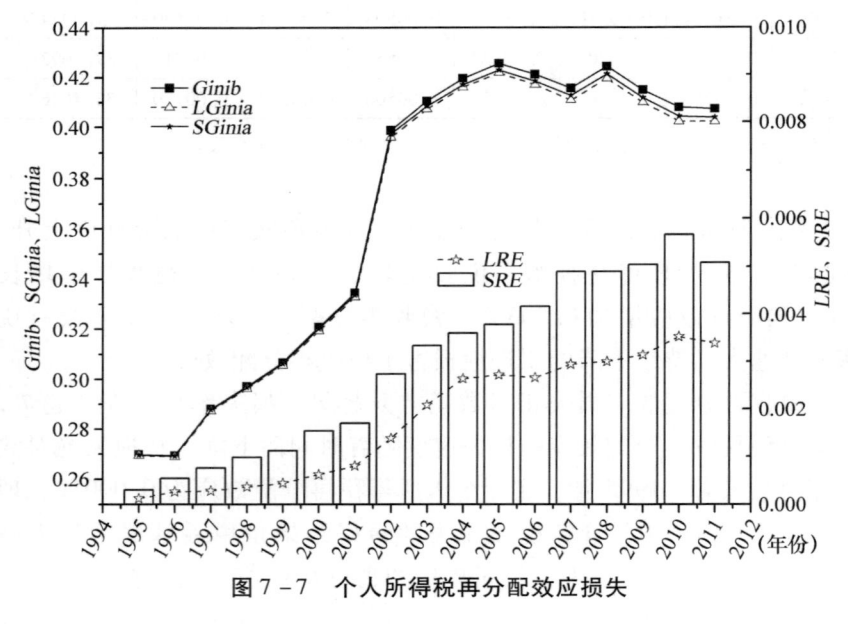

图 7-6 理论个人所得税再分配效应分解

图 7-7 个人所得税再分配效应损失

第七章 基于理论税收规模的个人所得税再分配效应分析

第四节 本章小结

理论税收规模和实际税收规模存在的差异，为个人所得税的效应挖掘提供了有意义的研究方向。以往研究虽然认同征管方式的改进，能够提高个人所得税的再分配效应，但是，并未涉及具体的改善程度。本章在改进贾绍华（2002）个人所得税税收规模测算方法的基础上，构建个人所得税再分配效应损失模型，并运用1995—2011年数据进行实证检验，得出以下结论：

第一，随着收入的不断提高，个人所得税由"超收"迅速变成"少收"。年均税收流失规模是实际征收规模的近2倍，税收流失率的极值区间为［-44.19％，69.79％］。剔除"超收"年份，平均税收流失率为54.77％。

第二，各阶层税收流失额不仅随着税收规模的增加而增加，而且随时间的推移而增加；税收流失阶层随着时间的推移从高收入阶层向更低收入阶层蔓延。1995年，高收入阶层的理论应纳税额人均为13.88元，而实际纳税额仅为4.67元，理论应纳税额是实际纳税额的近三倍，到2011年，这一差距缩小至1.74倍，而低收入阶层的这一差距却在扩大，其原因可以归结为高收入者收入更加地多元化，分类税制下"多头"扣除使得高收入阶层相对于低收入阶层享有更多的税收减免收益。

第三，平均税率的损失程度较大，理论平均税率为7.8％（年均值），而实际平均税率为3.03％，每年损失平均税率为4.77％，损失近1.6倍。个人所得税费用扣除标准的大幅提高对理论平均税率的作用要大于实际平均税率，理论平均税率的下降要快于实际，除此之外，低收入和中等偏下收入阶层是改革的最大受益者，改革基本实现了"提低、扩中、限高"。

第四，理论和实际税收集中度曲线的位置发生了较大的变化，1995—2000年，理论税收集中度曲线都位于实际线的下方；2001—2011年，实际税收集中度曲线都高于理论线，理论税收集中度曲线并未随理论税收规模的增加而下降。无论是理论税收累进性还是实际税收累进性都呈现总体向下的趋势，与税收规模或者平均税率呈负相关关系。

第五，个人所得税再分配效应损失相对数呈上升趋势，损失率呈下降的趋势，实际个人所得税再分配效应年均值为 0.00178，理论效应为 0.00295，效应损失为 0.00116，管控税收流失的最好结果就是使税后基尼系数再下降 0.00116。

总之，税收是累进的前提下，提高再分配效应的有效途径之一就是增加税收规模，而税收流失造成了大量的效应损失。提高征管水平和纳税遵从度的最优结果就是使税收再分配效应在现有水平上提高 1 倍。

第八章　基于不同计征模式的中美个人所得税再分配效应差异分析

无论是实行分类计征模式还是综合计征模式，其目的都是缩小高收入和低收入以及不同收入阶层间由初次分配造成的收入差距，但是不同的计征模式对税收再分配效应影响的数量程度却没有明确的定论。本章以构建差距模型的方法寻求中美[①]两国两种不同计征模式下再分配效应的差异，并对差异原因进行分析。

1861—1865年，为了应对南北战争的资金需要，美国开征了税率为3%的战时联邦所得税。1913年，个人所得税（联邦所得税）克服了宪法缺陷，经过国会批准制定并实施了联邦《税收法》（Revenue Act）[②]。联邦所得税不仅具有浓厚的德国普鲁士综合所得税（1891）的特色，即对纳税人的各种应税所得综合征收，鼓励纳税人按家庭为单位申报个人所得税，费用扣除指数化，采用累进税率等，而且具有为"低收入家庭提供退税的社会福利"。最终结果是近一半的美国家庭不必缴纳个人所得税，而高收入阶层则成为缴纳个人所得税的大户[③]。正是美国个人所得税具有"劫富济贫"的特点，使得发展中国家纷纷效仿。

---

① 一般来说，所研究问题的横向比较应该是多国的，但是在搜集数据和对已有文献的研究中发现，美国不仅有完善而且灵活的所得税制度，而且没有一个国家如美国这样有"完整、公开、详尽、连续"的个人所得税数据，数据包含了中国现有数据的统计区间。为了对不同国家的个人所得税再分配效应进行"有效"的比较，本书最终确定以美国作为比较对象。
② 计金标：《个人所得税政策与改革》，立信会计出版社1997年版，第40—42页。
③ 王晓玲：《中美税制比较》，立信会计出版社2015年版，第63页。

1980 年，中国以调节收入分配差距为目的开征了个人所得税以来，经历了个人所得税法的 6 次修订（见表 3-1），大部分修订围绕减轻低收入群体的税收负担，提高费用扣除标准的方式进行。到 2011 年形成了 11 类应税项目 6 种税率结构的分类计征的课税模式。但是随着收入的不断提高，分类个人所得税制度对税收差距的调节效果较弱，使得计征模式始终成为个人所得税改革的讨论焦点。

第一节　差异模型的构建

在 Musgrave 等（1948）、Kakwani（1977）研究的基础上构造个人所得税再分配效应差异模型，并运用 Hossain（2011）函数作为洛伦茨曲线的拟合方程和基尼系数的量测模型，在模型构建过程中，纳税人数是决定税收规模和平均税率的重要因素，是税收征管模式的具体体现，因此将纳税人数量差距纳入模型，此外，对构造的差异模型施加评判标准。

按照研究目的构建的差异模型由三部分组成——GAP 差距模型、量测模型和差距判定规则。

一　GAP 差距模型

纳税人数量差距模型 Gap^{PN}、Gap^{LN}

$$PN^{America} = \frac{taxPopulation^{America}}{Population^{America}}, LN^{America} = \frac{taxPopulation^{America}}{LaborPopulation^{America}}$$

$$PN^{China} = \frac{taxPopulation^{China}}{Purb^{China}}, LN^{China} = \frac{taxPopulation^{China}}{LaborPurb^{China}}$$

$$Gap^{PN} = \frac{PN^{America}}{PN^{China}}, Gap^{LN} = \frac{LN^{America}}{LN^{China}}$$

个人所得税再分配效应差距模型 Gap^{RE}、Gap^{λ}：

$$RE^{Amercia} = Gini_{AGI}^{Amercia} - Gini_{a}^{Amercia} = \frac{t_{AGI}^{Amercia}}{1 - t_{AGI}^{Amercia}} K^{Amercia}$$

$$\lambda^{America} = \frac{RE^{Amercia}}{Gini_{AGI}^{Amercia}}$$

第八章　基于不同计征模式的中美个人所得税再分配效应差异分析

$$RE^{China} = Gini_{taxableincome}^{China} - Gini_a^{China} = \frac{t_{taxableincome}^{China}}{1 - t_{taxableincome}^{China}} K^{China}$$

$$\lambda^{China} = \frac{RE^{China}}{Gini_{taxableincome}^{China}}$$

$$Gap^{RE} = \frac{RE^{America}}{RE^{China}} Gap^\lambda = \frac{\lambda^{America}}{\lambda^{China}}$$

税收累进性差距模型 Gap^K、Gap^C：

$$K^{Amercia} = C_k^{America} - Gini_{AGI}^{America}$$

$$K^{China} = C_k^{China} - Gini_{taxableincome}^{America}$$

$$Gap^K = \frac{K^{Amercia}}{K^{China}} = \frac{C_k^{America} - Gini_{AGI}^{America}}{C_k^{China} - Gini_{taxableincome}^{America}}$$

$$Gap^C = \frac{C_t^{Amercia}}{C_t^{China}}$$

平均税率差距模型 Gap^r：

$$r^{China} = \frac{T^{China}}{Y_{taxableincome}^{China}}; r^{America} = \frac{T^{America}}{Y_{AGI}^{Ameria}}$$

$$Gap^r = \frac{r^{America}}{r^{China}}$$

二　量测模型

Hossain（2011）洛伦茨拟合曲线：

$$y = f(x) = x^a e^{\beta(x-1)} [1 - (1 - x)^\theta]$$

$$f(0) = 0, f(1) = 1, for f'(x) \geq 0, f''(x) \geq 0, f(x) \leq x$$

基尼系数量测方程：

$$Gini_b = 1 - 2 \int_0^1 GY(X) dX;$$

$$Gini_a = 1 - 2 \int_0^1 GTY(X) dX$$

$$C_k = 1 - 2 \int_0^1 GT(X) dX$$

$$GY = f(x) = x^{a_b} e^{\beta_b(x-1)} [1 - (1 - x)^{\theta_b}]$$

$$GTY = tf(x) = x^{a_a}e^{\beta_a(x-1)}[1-(1-x)^{\theta_a}]$$
$$GT = t(x) = x^{a_c}e^{\beta_c(x-1)}[1-(1-x)^{\theta_c}]$$

三 差距判定规则

$Gap > 1$，表明美国的指标值大于中国，Gap 越大于 1，差距越大。

$Gap = 1$，表明中美的指标值无差距。

$Gap < 1$，表明中国的指标值大于美国，Gap 越趋向 1，差距越小。

第二节 变量定义与基础数据统计口径

一 变量定义与量测方程

根据差距模型和量测方程，涉及的变量定义如表 8-1 所示。

表 8-1　　　　　　　变量定义与量测方程

变量名称	字母表示	变量定义	差距模型与量测方程
纳税人数量差距	Gap_t^{PN} Gap_t^{LN}	$Gap_t^{PN} = \dfrac{PN_t^{America}}{PN_t^{China}}$ $Gap_t^{LN} = \dfrac{LN_t^{America}}{LN_t^{China}}$	$PN^{America} = \dfrac{taxPopulation^{America}}{Population^{America}}$ $LN^{America} = \dfrac{taxPopulation^{America}}{LaborPopulation^{America}}$ $PN^{China} = \dfrac{taxPopulation^{China}}{Purb^{China}}$ $LN^{China} = \dfrac{taxPopulation^{China}}{LaborPurb^{China}}$
再分配效应差距	$Gap_t^{RE\%}$	$Gap_t^{RE\%} = \dfrac{\lambda_t^{America}}{\lambda_t^{China}}$	$\lambda_t^{America} = \dfrac{RE_t^{America}}{Gini_{AGI,t}^{Amercia}}, \lambda_t^{China} = \dfrac{RE_t^{China}}{Gini_{taxableincome,t}^{China}}$
税收累进性差距	Gap_t^{K}	$Gap_t^{K} = \dfrac{K_t^{Amercia}}{K_t^{China}}$	$K_t^{Amercia} = C_{k,t}^{America} - Gini_{AGI,t}^{America}$ $K_t^{China} = C_{k,t}^{China} - Gini_{taxableincome,t}^{China}$
平均税率差距	Gap_t^{r}	$Gap_t^{r} = \dfrac{r_t^{America}}{r_t^{China}}$	$r_t^{China} = \dfrac{T_t^{China}}{Y_{taxableincome,t}^{China}}, r_t^{America} = \dfrac{T_t^{America}}{Y_{AGI,t}^{Ameria}}$

第八章　基于不同计征模式的中美个人所得税再分配效应差异分析

续表

变量名称	字母表示	变量定义	差距模型与量测方程
再分配效应	RE_t	$Gini_{b,t} - Gini_{a,t}$	$Gini_{b,t} = 1 - 2\int_0^1 (x^{a_b,t}e^{\beta_{b,t}(x-1)}[1-(1-x)^{\theta_{b,t}}])dx$ $Gini_{a,t} = 1 - 2\int_0^1 (x^{a_a,t}e^{\beta_{a,t}(x-1)}[1-(1-x)^{\theta_{a,t}}])dx$
税收累进度	$C_{k,t}$	人口累计百分比对应的税收累计百分比曲线与直角折线围成的面积	$1 - 2\int_0^1 x^{a_c,t}e^{\beta_{c,t}(x-1)}[1-(1-x)^{\theta_{c,t}}]dx$
税收累进性	K_t	$C_{k,t} - Gini_{b,t}$	$2\int_0^1 x^{a_c,t}e^{\beta_{c,t}(x-1)}[1-(1-x)^{\theta_{c,t}}]dx$ $-2\int_0^1 x^{a_b,t}e^{\beta_{b,t}(x-1)}[1-(1-x)^{\theta_{b,t}}]dx$
平均税率	r_t	样本总纳税额与应税收入的比重	$r_t = \dfrac{T_t}{Y_t}$
应税收入累计百分比	GY_t	AGI（美）调整后的净所得累计百分比 Taxableinome（中）剔除免税的应税收入累计百分比	$GY_t = f_t(x) = x^{a_b,t}e^{\beta_{b,t}(x-1)}[1-(1-x)^{\theta_{b,t}}]$
税后收入累计百分比	GTY_t	扣除应纳税额的收入累计百分比	$GTY_t = tf_t(x) = x^{a_a,t}e^{\beta_{a,t}(x-1)}[1-(1-x)^{\theta_{a,t}}]$
税收累计百分比	GT_t	实际缴纳税额累计百分比	$GT = t_t(x) = x^{a_c,t}e^{\beta_{c,t}(x-1)}[1-(1-x)^{\theta_{c,t}}]$
人口累计百分比	x	按照收入排序的人口累计百分比	$0 \leqslant x \leqslant 1$
拟合参数	α, β, θ	洛伦兹曲线拟合函数参数值	$\alpha, \beta > 0, 0 < \theta \leqslant 1$

注：其余变量由实证分析与结果中给出。

二　基础数据的来源与统计口径

中国基础数据来源于《中国统计年鉴》《中国税务年鉴》《中国城市（镇）生活与价格年鉴》，基于数据的可得性和连续性，选取时间跨度为1995—2011年。由于自行申报纳税从2006年开始，相关数据统计至2010年，因此，自行申报选取时间跨度为2006—2010年，数据来源于《年所得12万以上个人自行纳税申报情况的通报》

（2006—2011）。

美国联邦个人所得税数据来源于美国国税局（Internal Revenue Service）提供的详尽数据，该数据时间跨度为1980—2012年，由联邦个人所得税申报单数量（Number of Federal Individual Income Tax Returns Filed）、各阶层调整后的净（毛）所得（Adjusted Gross Income of Taxpayers in Various Income Brackets）、各阶层税收收入和总税收规模（Total Income Tax）、各阶层调整的净所得份额（Adjusted Gross Income Shares）、各阶层税收份额（Total Income Tax Shares）五类主表组成。人口数据来源于OECD统计库。

由于中美个人所得税应税收入的统计口径有一定的差别，美国是按照调整后的净（毛）所得AGI（Adjusted Gross Income）；纳税人按照AGI排序分为底部收入阶层（Bottom50%）和顶部收入阶层（Top50%）。其中，50%的顶部收入阶层纳税人又分为最高4个累计人口值（Top1%、Top5%、Top10%、Top25%）和3个阶层（Between5%—10%、Between10%—25%、Between25%—50%），从2001年开始在Top1%的基础上，公开Top0.1%纳税人数据。中国按照人口七分法进行分类统计，人口比例按照由低收入到最高收入排序为10%、10%、20%、20%、20%、10%、10%。

由于基础数据较为错综复杂，在进行差异分析时有必要确定数据的统计口径，如表8-2所示。

表8-2　　　　　　　基础数据统计口径的确定

数据类型	美国		中国	
样本区间	1995—2011年 （1995—1999年，2000—2011年）		1995—2011年	
人口百分比或累计百分比	Top0.1% Top1% Top5% Top10% Top25% Top50% Bottom50%	1%—0.1% 1%—5% 10%—5% 25%—10% 50%—25%	Top10% Top20% Top40% Top60% Bottom40%	20%—10% 40%—20% 60%—40%

第八章 基于不同计征模式的中美个人所得税再分配效应差异分析

续表

数据类型	美国	中国
税前收入	AGI 调整后的净所得	Taxable income 扣除转移性收入后的应税所得
洛伦茨曲线拟合数据样本点	1995—2000 年　　7 个 2001—2012 年　　8 个	1995—2011 年　　8 个
纳税人申报数量统计区间	2006—2010 年	2006—2010 年

三　数据处理工具

利用统计软件 Matlab 7.0 和 Origin 7.5 计算拟合曲线参数、基尼系数和税收累进性。其中，Matlab 7.0 的处理结果可由 Origin 7.5 生成图形。

第三节　实证结果与分析

一　纳税人数量差异测算与分析

纳税人数是税收征管和纳税人税收遵从的具体表现，美国个人所得税实行"源泉扣缴、自行预缴、年度综合申报"三种制度紧密配合。中国为"源泉扣缴为主、自行申报为辅"的征税方式。

美国纳税人数统计是按照纳税人填写的纳税申报单数量为单位。纳税人数随税收抵免环节的逐步退出机制总体呈现稳步增加的趋势，2006—2011 年，纳税人数从 1.28 亿增加到 1.37 亿（见表 8-3），增长了 6%，这一阶段，美国人口从 2.99 亿增加到 3.12 亿，增长了 4.7%，纳税人数占人口数的比重维持在 43% 左右。24—65 岁劳动力人口从 1.45944 亿增加到 1.46505 亿，纳税人数占劳动力人口的比重从 87% 增加到 92%，纳税人数占劳动力的比重增长与纳税人数的增长基本保持一致，个人所得税基本覆盖了所有的就业人口。

表 8-3　　　　　　　　　中美纳税人数量差距

单位：人口（万人），PN、LN（%）

年份	美国					GAP（PN）
	纳税人口	就业人口	总人口	PN	LN	
2006	12844	14594.4	29882	42.98	88.01	2.98
2007	13265	14732.1	30173.7	43.96	90.04	3.17
2008	13289	14804.3	30453	43.64	89.76	3.24
2009	13262	14760.8	30748	43.13	89.85	3.31
2010	13503	14717.1	31040	43.50	91.75	3.47
2011	13659	14650.5	31200	43.78	93.23	12.60

年份	中国					GAP（LN）
	纳税人口	城镇就业人口	城镇人口	PN	LN	
2006	8395	11713.17	58288	14.40	71.67	1.23
2007	8406	12024.43	60633	13.86	69.91	1.29
2008	8397	12192.52	62403	13.46	68.87	1.30
2009	8404	12573.04	64512	13.03	66.84	1.34
2010	8401	13051.5	66978	12.54	64.37	1.43
2011	2400	14413.3	69079	3.47	16.65	5.60

注：美国按照纳税人填写的纳税申报单 Tax Returns Filed 的份数为统计单位，由于是纳税人按照个人或家庭填写，其中含有配偶及抚养比率等，在此不做严格区分，认为申报单即为纳税人。

中国个人所得税纳税人以城镇就业者为主。2006—2010 年，个人所得税纳税人数保持在 8400 万左右，而且各年基本不变。这一阶段，中国城镇人口从 5.83 亿增加到 6.70 亿，增加了 14.92%，然而，个人所得税纳税人口占城镇人口的比重却从 14.40% 下降到 12.54%，近 90% 的城镇居民不用缴纳个人所得税；从城镇就业者人数来看，就业人口从 1.17 亿增加到 1.305 亿，增加了 11.53%，但个人所得税纳税人口占就业人口比重从 71.67% 下降到 64.37%，近 40% 的城镇就业人口不用缴纳个人所得税；2011 年个人所得税第六次修订后，纳税人口急剧下降至 0.24 亿，下降了 71.41%，占当年城镇人口的

第八章 基于不同计征模式的中美个人所得税再分配效应差异分析

3.47%，占就业人口的 16.76%，仅 4% 的城镇居民是个人所得税纳税人，80% 以上就业人口不用缴纳个人所得税。

从纳税人口占总人口的比重差距 $GAP(PN)$ 和占劳动力人口的比重差距 $GAP(LN)$ 来看（见图 8-1），2006—2010 年，中美在 PN 和 LN 的差距基本保持在 3.3 倍和 1.3 倍左右；其中美国纳税人数占总人口的比重是中国的 3.3 倍左右，占劳动力人口的比重是中国的 1.3 倍左右。2011 年，两者差距扩大到 12.6 倍和 5.6 倍，增幅近 300%。

年份	GAP(PN)	GAP(LN)
2011	12.60	5.60
2010	3.47	1.43
2009	3.31	1.34
2008	3.24	1.30
2007	3.17	1.29
2006	2.98	1.23

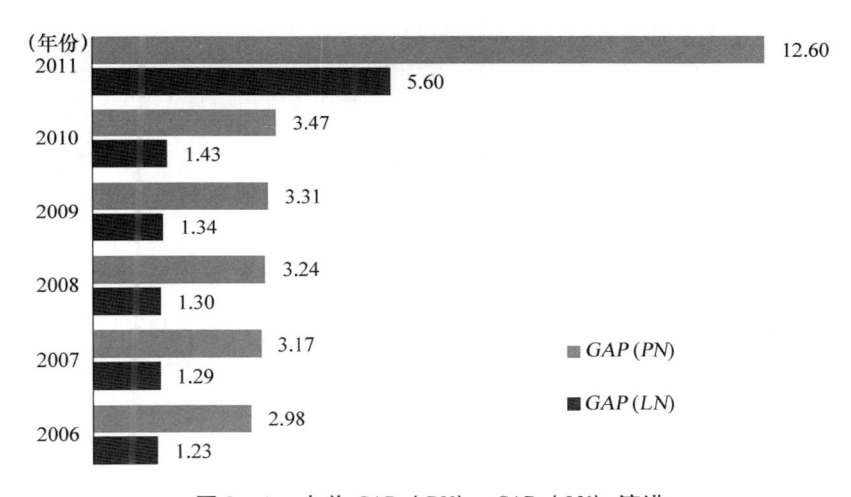

图 8-1　中美 $GAP(PN)$、$GAP(LN)$ 演进

中国自行申报人数明显增加，从 2006 年的 163 万人增加到 2010 年的 315 万人，占总纳税人数的比重从 1.94% 上升到 3.75%，增加近 2 倍，这一数量处于美国最高阶层的 Top1%—5% 的区间范围内，美国同期数值为 128 万—513.8 万人；自行申报人数的平均税率从 15.73% 下降到 12.84%，平均税率基本处于美国 Top50% 阶层的平均税率，从平均税率可以看出，两国都存在高收入阶层收入增长大于个人所得税的增长趋势。自行申报缴纳的税收份额并未随着申报人数的大幅增长而出现较大增幅，税收份额从 33.03% 上升到 35.72%。自行申报的税收份额相当于美国最高收入阶层 Top1% 的税收份额。

表 8-4　　　　　　　　　自行申报纳税人差异　　　　　　　单位：万人，%

年份	中国				美国			
	人数	占比	平均税率	税收份额	中国所处阶层	平均税率 Top 50%	平均税率 Top 25%	税收份额 Top1%
2006	163	1.94	15.73	33.03	Top2%	14.12	16.12	39.36
2007	213	2.53	13.94	33.85	Top3%	14.19	16.16	39.81
2008	240	2.86	14.37	34.79	Top3%	13.79	15.85	37.51
2009	269	3.2	14.97	35.5	Top4%	12.61	14.81	36.34
2010	315	3.75	12.84	35.72	Top4%	13.06	15.22	37.38
2011	—	—	—	—		13.76	15.82	35.06

注：1. 中国纳税人数 = 自行申报人数/自行申报人数占纳税人的比重。
2. 平均税率为自行申报人实际缴纳的个人所得税占个人所得税总额的比重。
3. 税收份额为实际缴纳的个人所得税占申报年所得额的比重。
4. 美国申报人数占比、平均税率和税收份额仅罗列了中国所处的美国阶层等。

二　调整净所得 AGI 和应税收入的差异分析

应税收入的量化标准是进行两国比较的重要指标，美国联邦个人所得税综合计征方式的征税对象是纳税人取得的全部所得，又称毛所得，美国《国内收入法典》第 61 节定义了净（毛）所得[①]，其中包括了 15 项所得和 35 项不予计列项目；纳税人获得的毛所得在剔除不征税项目后，再扣除第 62 节规定的 13 项调整项目后就得到了调整后的净所得 AGI（Adjusted Gross Income），这 13 个调整项目被称为计算调整后净所得进行的扣除（for AGI deduction）。纳税人的 AGI 可以根据可供选择的扣除项目中的分类扣除和标准扣除后的余额作为应纳税额的第一道纳税准入，其中标准扣除额和额外扣除额按照通货膨胀进行调整；如果 AGI 减去扣除项目后的所得为 0，那么纳税人应纳税额也为 0；如果小于 0，就可以进入退税环节；如果余额大于 0，再按照申报人身份享受一定数额的宽免额，宽免额按照五种不同申报纳税身份（已婚单独申报、单身、户主、已婚联合申报、丧偶人士），

---

① 李锐：《美国国内收入法典：程序与管理》，中国法制出版社 2010 年版，第 111—113 页。

第八章 基于不同计征模式的中美个人所得税再分配效应差异分析

享有 15 万—30 万美元不等的金额①。如果 AGI 项目减去扣除项目后的所得额小于宽免额，那么纳税人的应纳税所得额就为 0；如果大于 0，按照三者（AGI、扣除项目、宽免额）差额作为最终的应税所得额计算应纳税额，其中税率按照申报人申报身份的不同适用不同的累进税率。

应纳税所得额（美）= 调整后的净所得（AGI）− 扣除项目（from AGI deduction）− 宽免额（exemption）

调整后的净所得（AGI）= 毛所得 − 不计列项目 − for AGI deduction

中国分类征收的应税所得额是按照分类后减去相应的费用扣除或成本后的余额作为最终的应税所得额。由于美国数据是按照 AGI 进行统计，在比较了两国个人所得税制的不同的基础上，对 AGI 与中国的应税所得进行匹配。

美国的 13 项计列毛所得与中国的分类收入（工资薪金收入、经营收入、财产收入、转移性收入）进行匹配，其差别为多出了与中国转移性收入类似的所得：收到的赡养费、养老金和年金、来源于人寿保险合同的所得、个人退休账户支取款等转移性收入。中国对转移性收入的定义为国家、单位、社会团体对居民家庭的各种转移支付和居民家庭间的收入转移，包括政府对个人收入转移的离退休金、失业救济金、赔偿等；单位对个人收入转移的辞退金、保险索赔、住房公积金、家庭间的赠送和赡养等。按照现行个人所得税法的规定，转移性收入都属于暂免征税的收入。而在中国的收入中扣除了免税收入后再扣除相关的成本费用后的余额乘以不同的税率结构，才能最终确定缴纳税额。美国计算调整的毛所得是在毛所得基础上扣除了教育者费用、学生贷款利息、教育学杂费等，而中国没有相关规定。在这个意义上，中国扣除转移性收入后的收入在大体上相当于美国的 AGI，因此，将中国扣除转移性收入后的应税收入（taxableincome）与美国 AGI 进行比较。

中国应税收入测算式：

---

① 王晓玲：《中美税制比较》，立信会计出版社 2015 年版，第 70 页。

应税收入 = 收入 - 转移收入

$$taxableincome = labor + oprating + property$$

$$personincome = labor + oprating + property + transfer$$

$$taxincome\% = \frac{taxableincome}{personincome}$$

$$= 1 - \frac{transfer}{labor + oprating + property + transfer}$$

中国的转移性收入占收入的份额在25%左右，是城镇居民的第二大收入来源，转移性收入的较大份额，使得个人所得税的税基减少了25%，转移性收入的存在降低了个人所得税的税收再分配效应，一定程度为再分配效应提供了可挖掘的部分。

由表8-5可以看出，统计区间内，中国40%的低收入阶层的转移性收入略大于其余60%的收入阶层，最高10%收入阶层所获得的转移性收入占收入份额的比重先小于最低端40%，随后差距由负转向正的"倒U型"路径，两个阶层的数值从1995年的78.03%和81.79%变化到2011年的80.06%和76.42%；转移性收入有转向高收入阶层的倾向。除了高收入阶层有所上升外，其余阶层的转移性收入变动较小。

表8-5　　　　　　　　　　中国应税收入占收入的比重

年份	Top 10%	Top 20%	Top 40%	Top 60%	Bottom 40%	年份	Top 10%	Top 20%	Top 40%	Top 60%	Bottom 40%
1995	78.03	80.26	81.37	82.06	81.79	2004	77.48	76.83	76.71	76.92	77.30
1996	80.49	81.48	82.10	82.55	81.97	2005	78.47	77.18	76.83	76.85	76.09
1997	76.90	78.87	79.69	80.41	82.49	2006	79.60	78.16	77.67	77.54	77.27
1998	74.55	76.11	77.40	78.29	81.72	2007	79.74	78.35	77.78	77.65	77.51
1999	72.50	74.41	75.86	76.75	80.09	2008	80.73	79.17	78.27	77.91	76.39
2000	72.36	74.10	75.10	75.65	77.76	2009	78.64	77.33	76.74	76.49	76.16
2001	70.59	72.77	73.93	74.46	76.79	2010	78.29	77.17	76.59	76.27	76.18
2002	73.04	73.16	73.69	74.31	77.66	2011	80.06	78.15	77.28	76.94	76.42
2003	76.32	75.56	75.79	76.16	77.42						

三 收入份额和税收份额的差异分析

税收份额和收入份额的测算模型：

$$taxshare_i = \frac{tax_i}{\sum_{i=1}^{n} tax_i}$$

$$taxableincomeshare_i^{China} = \frac{taxableincome_i^{China}}{\sum_{i=1}^{n} taxableincome_i^{China}}$$

$$AGIshare_i^{America} = \frac{AGI_i^{America}}{\sum_{i=1}^{n} AGI_i^{America}}$$

根据测算模型测算出应税收入份额和税收份额，如表 8-6、表 8-7 所示。

由表 8-6 可以看出，1995—2011 年，美国和中国都呈现出底部收入阶层的应税收入份额下降，顶部收入阶层的应税收入上升的趋势，其中，中国底部收入的收入份额呈线性下降，而美国是带有起伏的缓慢下降；但是，中国 40% 的底部收入阶层的收入份额明显大于美国 50% 的底部收入阶层；高收入阶层两国分化较为严重，美国各阶层间的收入份额差距随着收入的增加先上升后略有下降，而中国高收入阶层的收入份额随着收入的增加持续上升，以 2011 年为例，中国 60% 的收入阶层占有 81.41% 的收入份额，Top20% 人口的收入占全国收入的 50%，相当于全国一半的收入掌握在 20% 的人手中。Top60% 的顶部各阶层收入份额随着收入阶层的提高而增加，分别为 11.01%、14.79%、20.19% 和 35.41%；美国顶部 50% 人口的 AGI 占总 AGI 的 88.45%，全国一半的收入掌握在 10% 最高收入阶层手中，在顶部各阶层中，收入份额并未随着收入的增加而持续增加，各阶层 AGI 份额分别为 20.63%、22.43%、11.50% 和 18.70%。从收入份额的比较可以看出，美国的贫富分化严重，收入差距明显大于中国。

表8-6　　　　　　　　　　应税收入份额的比较

年份	中国 Top 10%	中国 Top 20%	中国 Top 40%	中国 Top 60%	中国 Bottom 40%	美国 Top 1%	美国 Top 5%	美国 Top 10%	美国 Top 25%	美国 Top 50%	美国 Bottom 50%
1995	24.78	44.17	60.35	73.75	26.25	14.60	28.81	40.16	63.37	85.46	14.54
1996	25.36	44.61	60.60	73.81	26.19	16.04	30.36	41.59	64.32	85.92	14.08
1997	25.43	45.06	61.07	74.33	25.67	17.38	31.79	42.83	65.05	86.16	13.84
1998	25.66	45.02	61.26	74.56	25.44	18.47	32.85	43.77	65.63	86.33	13.67
1999	25.89	45.54	61.91	75.15	24.85	19.51	34.04	44.89	66.46	86.75	13.25
2000	26.90	47.05	63.37	76.28	23.72	20.81	35.30	46.01	67.15	87.01	12.99
2001	27.56	47.90	64.24	76.94	23.06	17.41	31.61	42.50	64.31	85.60	14.40
2002	32.37	52.57	68.21	80.29	19.71	16.05	30.29	41.33	63.71	85.50	14.50
2003	34.27	54.27	69.60	81.23	18.77	16.73	30.99	42.01	64.34	85.87	14.13
2004	35.27	55.52	70.50	81.83	18.17	18.99	33.31	44.07	65.68	86.51	13.49
2005	35.84	56.33	71.34	82.47	17.53	21.19	35.61	46.17	67.07	87.06	12.94
2006	35.89	56.18	71.10	82.08	17.92	22.10	36.62	47.17	67.91	87.58	12.42
2007	35.45	55.82	70.69	81.77	18.23	22.86	37.39	47.88	68.41	87.81	12.19
2008	36.29	56.99	71.76	82.55	17.45	20.19	34.95	45.98	67.69	88.08	11.92
2009	35.30	55.77	70.81	81.86	18.14	17.21	32.18	43.77	66.74	88.12	11.88
2010	34.90	55.28	70.29	81.39	18.61	18.87	33.78	45.17	67.55	88.26	11.74
2011	35.41	55.60	70.39	81.41	18.59	18.70	33.89	45.39	67.82	88.45	11.55

从两国税收份额比较来看（见表8-7），都表现出明显的底部纳税人的税收份额呈现下降趋势（个别年份有起伏），顶部纳税人的税收份额呈上升趋势。除2000年外，中国底部阶层的税收份额明显小于美国底部50%的税收份额，中国顶部60%的纳税人所缴纳的税收份额与美国顶部50%纳税人缴纳的税收份额基本持平，年均值分别为97.06%和96.26%。中国顶部40%纳税人的税收份额与美国顶部25%的纳税人承担的税收份额差别不大，美国10%的最高收入阶层的纳税份额略大于中国相同阶层，差距基本保持在3%左右，其中

第八章 基于不同计征模式的中美个人所得税再分配效应差异分析

表 8-7 税收份额的比较

年份	中国 Top 10%	Top 20%	Top 40%	Top 60%	Bottom 40%	美国 Top 1%	Top 5%	Top 10%	Top 25%	Top 50%	Bottom 50%
1995	57.73	84.67	92.71	96.91	3.09	30.26	48.91	60.75	80.36	95.39	4.61
1996	58.32	79.91	89.35	96.20	3.80	32.31	50.97	62.51	81.32	95.68	4.32
1997	56.97	81.18	91.48	96.23	3.77	33.17	51.87	63.20	81.67	95.72	4.28
1998	58.63	78.67	90.91	95.75	4.25	34.75	53.84	65.04	82.69	95.79	4.21
1999	54.41	77.10	90.48	95.73	4.27	36.18	55.45	66.45	83.54	96.00	4.00
2000	54.02	78.17	89.38	94.79	5.21	37.42	56.47	67.33	84.01	96.09	3.91
2001	53.02	78.93	90.26	96.05	3.95	33.22	52.24	63.68	81.56	95.10	4.90
2002	61.58	82.12	92.23	96.65	3.35	33.09	52.86	64.63	82.67	95.79	4.21
2003	65.33	84.77	93.81	97.42	2.58	33.69	53.54	64.89	82.76	95.93	4.07
2004	66.76	85.44	94.02	97.73	2.27	36.28	56.35	67.30	83.82	96.13	3.87
2005	62.60	83.56	93.25	97.43	2.57	38.78	58.93	69.46	85.07	96.41	3.59
2006	69.70	87.44	95.55	98.07	1.93	39.36	59.49	70.08	85.49	96.59	3.41
2007	68.92	87.30	95.40	98.40	1.60	39.81	59.90	70.41	85.71	96.64	3.36
2008	68.50	88.29	95.88	98.51	1.49	37.51	58.06	69.20	85.57	96.90	3.10
2009	66.35	85.92	95.07	98.35	1.65	36.34	58.17	69.89	86.74	97.54	2.46
2010	62.95	84.47	94.26	97.91	2.09	37.38	59.07	70.62	87.11	97.64	2.36
2011	64.77	85.04	94.41	97.84	2.16	35.06	56.49	68.26	85.62	97.11	2.89

2010年两者差距最大，为近8%。从各阶层承担具体税收份额来看，中国底部40%纳税人年均税收份额不足3%，顶部60%的纳税人缴纳的税收份额超过97%，顶部各阶层的税收份额都在持续增加，10%的最高收入阶层缴纳的税收份额年均值为61.80%，缴纳了全国一半的个人所得税；美国底部50%的人口年均税收份额不足4%，顶部50%纳税人支付了97.11%的个人所得税，最高收入10%的纳税人缴纳了全国近70%的个人所得税，1%的最高收入阶层缴纳了全国近三分之一的个人所得税，这与中国自行申报纳税人所缴纳的税收份额基

本一致。美国高收入阶层承担的税收份额要大于中国。两个国家的税收份额都表现出较强的累进性。

从顶部不同阶层所缴纳的税收份额比较可以看出（见图8-2），2011年各阶层税收份额都随收入阶层的攀升而增加，中国Top60%阶层中的20%中等收入阶层承担的税收份额为3.43%、中等偏上收入阶层承担了9.37%、高收入阶层承担了20.27%，最高收入阶层承担了64.77%。美国顶部50%的纳税人按照收入排序，25%的纳税人承担的税收份额为11.5%、10%的纳税人承担了17.36%、5%的纳税人承担了11.77%，1%的最高收入阶层承担了35.06%的税收份额。

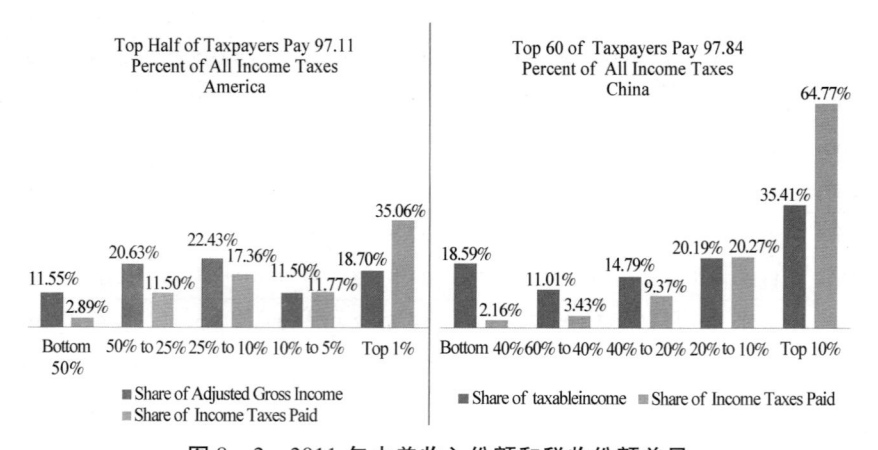

图8-2 2011年中美收入份额和税收份额差异

从税收份额和收入份额的关系来看，两国都表现出低收入阶层承担的税收份额较少，高收入阶层承担的税收份额较大，但是，10%的高收入阶层承担的税收份额有一定的差别，中国10%的高收入阶层承担的税收份额是收入份额的2倍，美国是1.5倍。

四 平均税率的差异分析

根据宏观收入、税收水平和微观各阶层收入、税收水平，将平均税率的分析分为总平均税率和各阶层平均税率差异，其中，总平均税率差异分析以税收规模和收入规模的差异分析为基础。税收规模差异

第八章 基于不同计征模式的中美个人所得税再分配效应差异分析

模型、收入规模差异模型和平均税率差异模型分别为：

$$Gap_t^T = \frac{T_t^{America}}{T_t^{China}}, Gap_t^Y = \frac{Y_{AGI,t}^{America}}{Y_{taxableincome,t}^{China}}, Gap_t^r = \frac{r_t^{America}}{r_t^{China}}$$

$$r_t^{America} = \frac{T_t^{America}}{Y_{AGI,t}^{America}}, r_t^{China} = \frac{T_t^{China}}{Y_{taxableincome,t}^{China}}$$

1. 总平均税率的差异分析

按照历史汇率牌价，测算出中美两国应税收入（所得）规模、税收规模和总平均税率（见表8-8和图8-3）。

表8-8 中美应税收入（所得）规模、税收规模、总平均税率的测算结果

单位：十亿元人民币，%

年份	中国 Total Taxableincome	中国 Total Tax	中国 Avarage Rate	美国 Total AGI	美国 Total Tax	美国 Avarage Rate	Exchange Rate（￥/$）
1995	1506.48	13.149	0.87	35450	4910.388	13.85	8.3510
1996	1805.1	19.319	1.07	38170.5	5470.744	14.33	8.3142
1997	2035.69	25.993	1.28	41639.7	6026.685	14.47	8.2898
1998	2257.25	33.865	1.50	45278.4	6523.931	14.41	8.2791
1999	2561.02	41.366	1.62	48916.5	7260.069	14.84	8.2783
2000	2882.89	66.037	2.29	53180.4	8121.11	15.27	8.2784
2001	3296.99	99.602	3.02	50624.4	7324.574	14.47	8.2770
2002	3867.73	121.107	3.13	49515.2	6574.272	13.28	8.2770
2003	4437.4	141.733	3.19	50961.4	6170.619	12.11	8.2770
2004	5114.33	173.62	3.39	55740.6	6862.262	12.31	8.2768
2005	5898.34	209.396	3.55	60337.5	7632.15	12.65	8.1917
2006	6854.35	245.267	3.58	63533.8	8134.728	12.80	7.9718
2007	8358.74	318.494	3.81	65871.8	8494.702	12.90	7.6400
2008	9847.67	372.231	3.78	56992.6	7144.209	12.54	6.9451
2009	11079.7	394.359	3.56	51769.7	5898.473	11.39	6.8310
2010	12799.1	483.727	3.78	54630.3	6449.433	11.81	6.7950
2011	15066	605.408	4.02	53719.1	6733.758	12.54	6.4588

注：Exchange Rate（￥/$）来源中国人民银行官方网站。

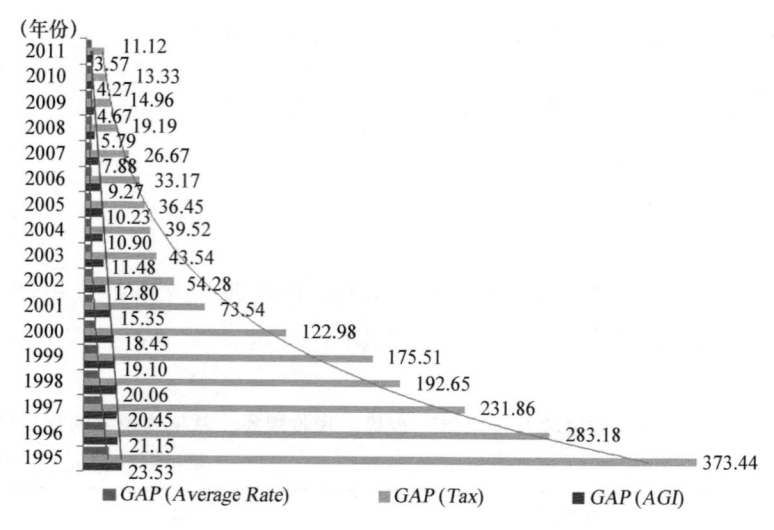

```
(年份)
2011  11.12
       3.57
2010  13.33
       4.27
2009  14.96
       4.67
2008  19.19
       5.79
2007  26.67
       7.88
2006  33.17
       9.27
2005  36.45
      10.23
2004  39.52
      10.90
2003  43.54
      11.48
2002  54.28
      12.80
2001  73.54
      15.35
2000  122.98
      18.45
1999  175.51
      19.10
1998  192.65
      20.06
1997  231.86
      20.45
1996  283.18
      21.15
1995  373.44
      23.53
■ GAP (Average Rate)    GAP (Tax)    ■ GAP (AGI)
```

图 8-3 中美 GAP（AGI）、GAP（Tax）、GAP（Average Rate）演进

统计区间内，美国的 AGI 规模与中国应税收入规模的平均差距是 12.87 倍，两国的收入规模差距过大，其中，最大差距为 1995 年的 23.53 倍，随后收入规模差距以年均 10% 的速度下降，到 2011 年两国的差距缩小至 3.12 倍。从各期具体数值来看，1995 年中国的应税收入规模为 15065 亿元，美国为 354500 亿元，到 2011 年，中国的收入规模为 150660 亿元，增加了 9 倍；美国为 537191 亿元，增加了 51.53%，中国应税收入规模的增速是美国的近 8 倍。

从税收规模来看，美国的税收规模与中国的平均差距是 102.67 倍，10 个中国的个人所得税收入规模总量才是美国一国的税收规模，中美两国的税收规模差距远远大于收入规模差距，是收入规模差距的 7.97 倍，中国的个人所得税增长并没有与收入的增长保持线性关系，其中，最大差距为 1995 年的 373.44 倍，随后个人所得税差距以高于收入差距的速度下降（19%），到 2011 年两国的差距缩小至 11.12 倍。从各期具体数值来看，1995 年中国个人所得税为 131.49 亿元，美国为 49104 亿元，到 2011 年，中国个人所得税为 6054.1 亿元，增加了 45 倍；美国为 67338 亿元，增加了 37.13%，中国个人所得税收入增速是美国的 11 倍。中美两国表现出的收入规模和税收规模的相

第八章 基于不同计征模式的中美个人所得税再分配效应差异分析

反的增长速度，使得美国的平均税率以年均 0.51% 的速度缓慢下降，而中国的平均税率以年均 10% 的速度上升，增长率的不同，使得两国平均税率差距以二项式的形式先快速下降后缓慢下降直至基本平稳。从具体数值上看，1995—2000 年，平均税率差距以 17.69% 的速度下降，2001—2002 年以 11.03% 的速度缩小差距，2003—2011 年平均税率差距基本保持在 3 左右。中美两国的税率差异虽然不断下降，但是美国各阶层的平均税率和税收份额以及收入份额的变动趋于缓慢。

2. 各阶层平均税率的差异分析

按照不同收入阶层的平均税率来看（见表 8-9、图 8-4），各阶层平均税率的绝对数比较已经失去意义，不过可以肯定的是中国各阶层的平均税率在稳步提高。统计区间内，底部 40% 的纳税人所承担的税负也在增加，而且表现出平均税率具有累进性，2011 年底部纳税人税收负担为 0.22%，100 元的收入仅有 0.22 元缴纳税款，10% 高收入阶层的税收负担为 2.16%，100 元收入中有 2.16 元缴纳了税款，纳税负担比例都较低。美国各阶层的平均税率也有所下降，而且有较强的累进性，2011 年底部收入阶层的平均税率为 3.13%，1% 最高 AGI 纳税人的税收负担为 23.50%，说明四分之一的收入用于缴纳税款，10% 最高收入阶层的税收负担为 18.85%。

表 8-9　　　　　　　　各阶层平均税率的比较

年度	中国					美国					
	Total	TOP 10%	TOP 20%	TOP 60%	Bottom 40%	Total	Top 1%	Top 5%	Top 10%	Top 25%	Top 50%	Bottom 50%
1995	0.03	0.07	0.06	0.04	0.00	13.86	28.73	23.53	20.97	17.58	15.47	4.39
1996	0.06	0.14	0.11	0.08	0.01	14.34	28.87	24.07	21.55	18.12	15.96	4.40
1997	0.08	0.18	0.14	0.10	0.01	14.48	27.64	23.62	21.36	18.18	16.09	4.48
1998	0.11	0.24	0.18	0.14	0.02	14.42	27.12	23.63	21.42	18.16	16.00	4.44
1999	0.14	0.30	0.24	0.18	0.02	14.85	27.53	24.18	21.98	18.66	16.43	4.48

续表

年度	中国					美国					
	Total	TOP 10%	TOP 20%	TOP 60%	Bottom 40%	Total	Top 1%	Top 5%	Top 10%	Top 25%	Top 50%	Bottom 50%
2000	0.21	0.43	0.36	0.27	0.05	15.26	27.45	24.42	22.34	19.09	16.86	4.60
2001	0.29	0.55	0.47	0.36	0.05	14.47	27.60	23.91	21.68	18.35	16.08	4.92
2002	0.54	1.03	0.84	0.65	0.09	13.28	27.37	23.17	20.76	17.23	14.87	3.86
2003	0.76	1.46	1.19	0.92	0.10	12.11	24.38	20.92	18.70	15.57	13.53	3.49
2004	0.96	1.82	1.48	1.15	0.12	12.31	23.52	20.83	18.80	15.71	13.68	3.53
2005	1.07	1.87	1.59	1.26	0.16	12.65	23.15	20.93	19.03	16.04	14.01	3.51
2006	0.90	1.75	1.41	1.08	0.10	12.80	22.80	20.80	19.02	16.12	14.12	3.51
2007	0.99	1.93	1.55	1.19	0.09	12.90	22.46	20.66	18.96	16.16	14.19	3.56
2008	1.04	1.96	1.61	1.24	0.09	12.54	23.29	20.83	18.87	15.85	13.79	3.26
2009	1.09	2.06	1.69	1.32	0.10	11.39	24.05	20.59	18.19	14.81	12.61	2.35
2010	1.27	2.29	1.94	1.53	0.14	11.81	23.39	20.64	18.46	15.22	13.06	2.37
2011	1.18	2.16	1.81	1.58	0.22	12.54	23.50	20.89	18.85	15.82	13.76	3.13

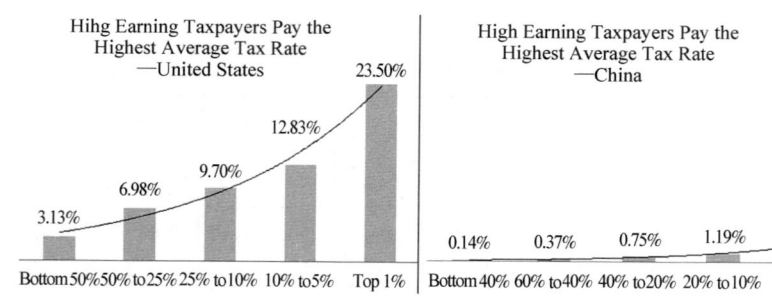

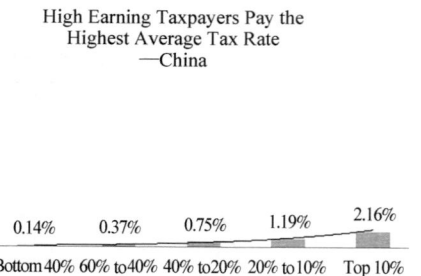

图 8-4 各阶层平均税率差异——high Earning Brackets,2011

五 税收累进性差异分析

对于税收累进性差异分析选用三种指标,古典累进性四种方法中的平均税率累进性适用于高收入阶层,剩余收入累进性适用于中低收

第八章　基于不同计征模式的中美个人所得税再分配效应差异分析

入阶层。现代累进性方法中 K 指数和 S 指数法的结论较为一致,选用 K 指数法。

1. 平均税率累进性差异分析

平均税率累进性模型:

$$ARP_t^{America} = \frac{\dfrac{Tax_{2,t}^{America}}{AGI_{2,t}} - \dfrac{Tax_{1,t}^{America}}{AGI_{1,t}}}{AGI_{2,t} - AGI_{1,t}}$$

$$ARP_t^{America} = \frac{\dfrac{Tax_{2,t}^{China}}{taxableincome_{2,t}} - \dfrac{Tax_{1,t}^{China}}{taxableincome_{1,t}}}{taxableincome_{2,t} - taxableincome_{1,t}}$$

根据平均税率累进性模型,测算出中美两国各阶层平均税率累进性(见表 8 – 10)。由于平均税率累进性是平均税率曲线的斜率,分子是平均税率差,分母是绝对数收入,因此平均税率累进性 ARP 的值较小。

统计区间内中国中等收入阶层是累退的,究其原因,20% 的中等收入阶层的平均税率是底部 40% 纳税人的 2 倍,但是,40% 底部收入阶层的收入总额是中等收入的 2 倍,边际税率小于平均税率,税收的增长不及收入的增长速度,使得平均税率的累进性小于 0。除此之外,其他阶层的平均税率累进性都是大于 0 的,表明高收入群体的边际税率更高,这一点与第四章的分析是一致的。

表 8 – 10　　　　　　　　平均税率累进性测算结果

年份	中国				美国		
	20%	20%	10%	10%	25%	15%	10%
1995	– 1.83E – 08	7.983E – 08	3.33E – 07	2.105E – 07	0.000156	0.000488	0.000056
1996	– 5.8E – 08	5.184E – 08	3.281E – 07	3.889E – 07	0.000152	0.000453	0.000052
1997	– 4.32E – 08	2.635E – 07	4.143E – 07	4.419E – 07	0.000141	0.000426	0.000045
1998	– 5.36E – 08	4.379E – 07	2.982E – 07	6.556E – 07	0.000122	0.000394	0.000042
1999	– 8.14E – 08	5.605E – 07	4.312E – 07	6.369E – 07	0.000111	0.000358	0.000039

续表

年份	中国				美国		
	20%	20%	10%	10%	25%	15%	10%
2000	−1.1E−07	4.708E−07	7.939E−07	7.168E−07	0.000106	0.000345	0.000035
2001	−2.02E−07	4.816E−07	1.066E−06	6.632E−07	0.000102	0.000847	0.000039
2002	−3.03E−07	9.437E−07	9.58E−07	8.613E−07	0.000095	0.000753	0.000042
2003	−3.54E−07	1.104E−06	1.194E−06	9.556E−07	0.000086	0.000461	0.000036
2004	−4.71E−07	1.066E−06	1.06E−06	1.029E−06	0.000076	0.000412	0.000032
2005	−5.58E−07	1.086E−06	1.077E−06	7.374E−07	0.000071	0.000338	0.000029
2006	−2.05E−07	9.287E−07	7.229E−07	7.994E−07	0.000064	0.000273	0.000026
2007	−2.82E−07	7.995E−07	7.153E−07	7.606E−07	0.000060	0.000240	0.000023
2008	−2.35E−07	6.631E−07	7.344E−07	5.872E−07	0.000053	0.000230	0.000025
2009	−2.78E−07	7.482E−07	6.099E−07	5.969E−07	0.000047	0.000217	0.000030
2010	−2.91E−07	8.316E−07	7.542E−07	5.18E−07	0.000050	0.000199	0.000027
2011	−2.08E−07	6.914E−07	5.555E−07	4.39E−07	0.000051	0.000182	0.000025

美国各阶层的平均税率累进性都大于0，底部50%纳税人的边际税率要明显地小于25%更高一级的纳税人，美国的扣除和宽免对低收入阶层的作用要明显大于其他收入阶层，而且税制的设置更加地偏向调整高收入阶层的收入，以缩小高低收入差距。

2. 剩余收入累进性差异分析

剩余收入累进性模型：

$$RIP_t^{America} = \frac{\dfrac{(AGI_{2,t}^{America} - Tax_{2,t}^{America}) - (AGI_{1,t}^{America} - Tax_{1,t}^{America})}{Tax_{1,t}^{America}}}{\dfrac{AGI_{1,t}^{America} - AGI_{1,t}^{America}}{AGI_{1,t}^{America}}}$$

第八章　基于不同计征模式的中美个人所得税再分配效应差异分析

$$RIP_t^{China} = \frac{\dfrac{(taxableincome_{2,t}^{China} - Tax_{2,t}^{China}) - (taxableincome_{1,t}^{China} - Tax_{1,t}^{China})}{Tax_{1,t}}}{\dfrac{taxableincome_{2,t}^{China} - taxableincome_{1,t}^{China}}{taxableincome_{1,t}^{China}}}$$

根据剩余收入累进性的判别标准,可以看出两国的剩余收入(见表8-11)都是累进的。从剩余收入衡量高收入阶层累进性的特点来看,税制设置主要是对高收入的调节。从两国比较来看,中国高收入各阶层的剩余收入累进性大于美国,究其原因,中国个人所得税视同工薪所得税的七级超额累进税率与美国五级超额累进税率有较大差别。2011年个人所得税法修订后,九级超额累进税率结构变为七级,但是中国的最高最低边际税率并未发生变化,最低税率为3%,最高税率为45%,而同期美国最低边际税率为15%,最高边际税率为39.6%,中国工资薪金所得的低税率太低,高税率过高。但是,对低税率的设置是有其原因的,中国对工资薪金所得的扣除额采用定额扣除3500元,没有考虑其他生活费用或损失,低税率设置实际上是生活费用扣除或损失的变相补充。而美国的15%最高税率的设置也是在多道扣除后的适用税率,与中国的低税率少扣除实际上结果是相似的。对于高收入群体,美国适用税率在35%左右,税率的结构较为合理。但是,从中国纳税人收入分布来看,大部分纳税人适用3%和10%两级税率,税率越高纳税人越少,每月收入在803500元以上的收入要按照45%的最高税率纳税,但是这一税率的纳税人不仅少之又少,而且增加了高税率纳税人的避税、逃税的可能性。

表8-11　　　　　　　　剩余收入累进性测算结果

年份	中国				美国		
	20%	20%	10%	10%	25%	15%	10%
1995	0.000588	0.000846	0.000366	9.11E-05	4.86E-05	5.16E-06	5.86E-06
1996	0.000197	0.000217	0.00013	4.7E-05	4.46E-05	4.58E-06	5.17E-06
1997	0.000135	0.000207	7.87E-05	2.73E-05	3.74E-05	3.96E-06	4.58E-06
1998	8.52E-05	0.000143	4.62E-05	2.36E-05	3.31E-05	3.75E-06	4.14E-06
1999	5.71E-05	8.68E-05	2.76E-05	1.35E-05	3E-05	3.47E-06	3.59E-06

续表

年份	中国				美国		
	20%	20%	10%	10%	25%	15%	10%
2000	2.9E−05	5.11E−05	1.95E−05	7.29E−06	2.58E−05	2.92E−06	3.1E−06
2001	2.52E−05	3.11E−05	1.23E−05	4.3E−06	2.14E−05	−1.4E−06	3.22E−06
2002	1.35E−05	1.66E−05	5.56E−06	2.11E−06	2.89E−05	−6.5E−07	3.51E−06
2003	9.91E−06	1.13E−05	3.39E−06	1.2E−06	3.22E−05	2.25E−06	3.88E−06
2004	6.91E−06	6.69E−06	2.17E−06	7.29E−07	2.95E−05	2.29E−06	3.62E−06
2005	4.44E−06	4.24E−06	1.34E−06	4.52E−07	2.7E−05	2.62E−06	3.26E−06
2006	5.37E−06	6.63E−06	1.51E−06	5E−07	2.51E−05	2.69E−06	2.83E−06
2007	4.28E−06	3.7E−06	1.01E−06	3.21E−07	2.2E−05	2.47E−06	2.46E−06
2008	3.34E−06	3.01E−06	7.57E−07	2.05E−07	2.82E−05	2.67E−06	2.42E−06
2009	2.34E−06	1.9E−06	4.96E−07	1.68E−07	4.71E−05	3.73E−06	2.8E−06
2010	1.27E−06	1.18E−06	3.25E−07	1.08E−07	4.23E−05	3.49E−06	2.56E−06
2011	9.94E−07	1.04E−06	2.81E−07	9.41E−08	3.05E−05	2.88E−06	2.14E−06

除了累进税率差异外，中国的累进税率的级次级距设置缺乏科学性和逻辑性，中低收入的累进程度跳跃过快，级次级距设置过多过大。美国的个人所得税税率表特色较为鲜明，它是不等额累进税率表，不仅应税所得累进额不等，税率的累进数也不等。同时，税率表中的税收适用级距是不同的[①]，所以即使应税收入相同，应纳税额也可能不相同。

3. 个人所得税累进性差异分析

现代累进性指数 K 是对个人所得税整体累进性的衡量，其大小由税前洛伦茨曲线与税收集中度曲线的位置决定。

（1）税收集中度曲线的直观描述

根据拟合参数（见附录 A−11）确定税收集中度曲线，如图 8−5 和图 8−6 所示。

---

① 周显志、范敦强：《美国个人所得税税率制度及其借鉴》，《税务与经济》2009 年第 7 期。

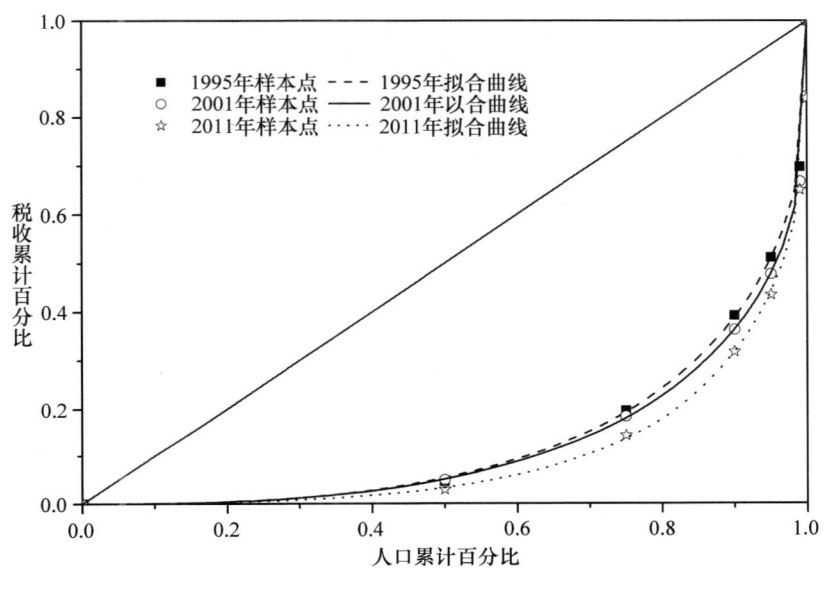

第八章 基于不同计征模式的中美个人所得税再分配效应差异分析

图 8-5 美国税收集中度曲线

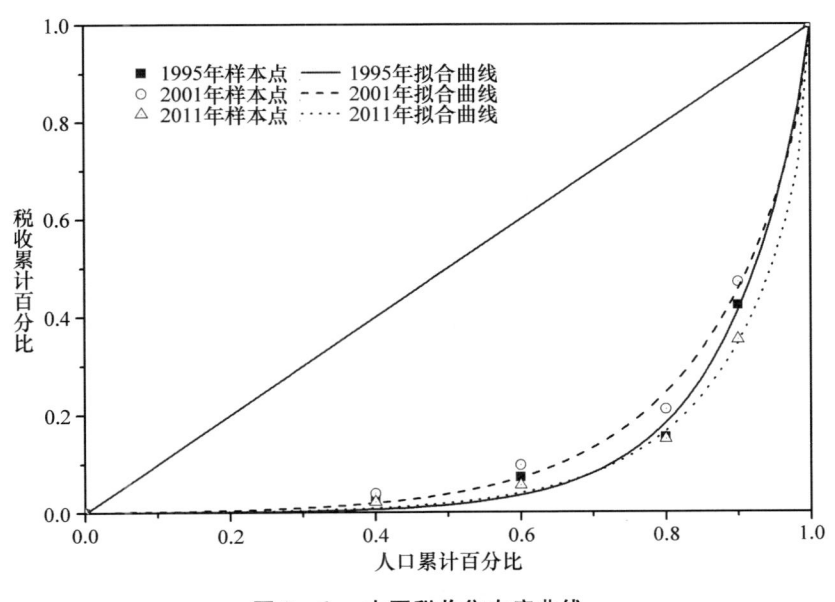

图 8-6 中国税收集中度曲线

统计区间内，中美两国税收集中度曲线无论从形态还是趋势上都有显著的差别，与中国税收集中度曲线相比，美国的税收集中度曲线更加凸向直角折线，且方向是一致的，远离绝对平均线，靠近直角折线，说明税收绝大部分由高收入阶层负担。美国 0.1% 最高收入纳税人平均缴纳的税收份额是 17.41%，0.1% 的高收入群体承担了近五分之一的税收，平均税率为 23.7%，税收负担较大。而中国的税收集中度曲线表现为先远离直角折线，再靠近直角折线，且曲线更加平滑，凸向性不明显。

（2）累进性指数 K 的差异分析

由表 8 - 12 和图 8 - 7 可以看出，中美两国的集中度系数呈上升趋势，差距较小，平均差距为 1.10 倍，中位数为 1.19 倍，最小差距为 1.05 倍。根据差距判定规则，两国税收集中度系数基本一致。而税前基尼系数的差距较大，最大值为 2.22 倍，中位数为 1.45 倍，最小差距为 1.38 倍。相对于中国的税前收入，美国调整的净所得分布极不公平。

表 8 - 12　　　　　　中美税收累进性 K 指数差异测算结果

年份	中国			美国			Gap_t^C	Gap_t^{Ginia}	Gap_t^K
	C_t^{China}	$Gini_{taxableincome,t}^{China}$	K_t^{China}	$C_t^{America}$	$Gini_{AGI,t}^{America}$	$K_t^{Amercia}$			
1995	0.770	0.261	0.509	0.813	0.571	0.242	1.056	2.188	0.476
1996	0.752	0.267	0.486	0.828	0.589	0.239	1.100	2.210	0.491
1997	0.754	0.274	0.480	0.833	0.605	0.229	1.105	2.204	0.477
1998	0.751	0.277	0.474	0.847	0.617	0.230	1.128	2.225	0.486
1999	0.728	0.287	0.441	0.857	0.631	0.226	1.177	2.199	0.512
2000	0.728	0.312	0.417	0.863	0.646	0.218	1.186	2.071	0.523
2001	0.729	0.326	0.403	0.837	0.597	0.240	1.148	1.832	0.595
2002	0.776	0.403	0.373	0.843	0.584	0.259	1.086	1.449	0.695

第八章 基于不同计征模式的中美个人所得税再分配效应差异分析

续表

年份	中国 C_t^{China}	$Gini_{taxableincome,t}^{China}$	K_t^{China}	美国 $C_t^{America}$	$Gini_{AGI,t}^{America}$	$K_t^{Amercia}$	Gap_t^C	$Gap_t^{Gini a}$	Gap_t^K
2003	0.799	0.429	0.370	0.846	0.594	0.252	1.059	1.383	0.683
2004	0.806	0.447	0.360	0.864	0.621	0.243	1.071	1.391	0.674
2005	0.785	0.460	0.326	0.879	0.648	0.230	1.119	1.411	0.707
2006	0.823	0.456	0.367	0.882	0.663	0.220	1.072	1.452	0.599
2007	0.820	0.450	0.370	0.885	0.672	0.213	1.079	1.494	0.575
2008	0.821	0.467	0.354	0.875	0.650	0.225	1.066	1.392	0.635
2009	0.807	0.450	0.357	0.876	0.625	0.251	1.085	1.389	0.703
2010	0.790	0.441	0.349	0.881	0.642	0.239	1.115	1.454	0.686
2011	0.798	0.445	0.353	0.866	0.645	0.222	1.085	1.447	0.628

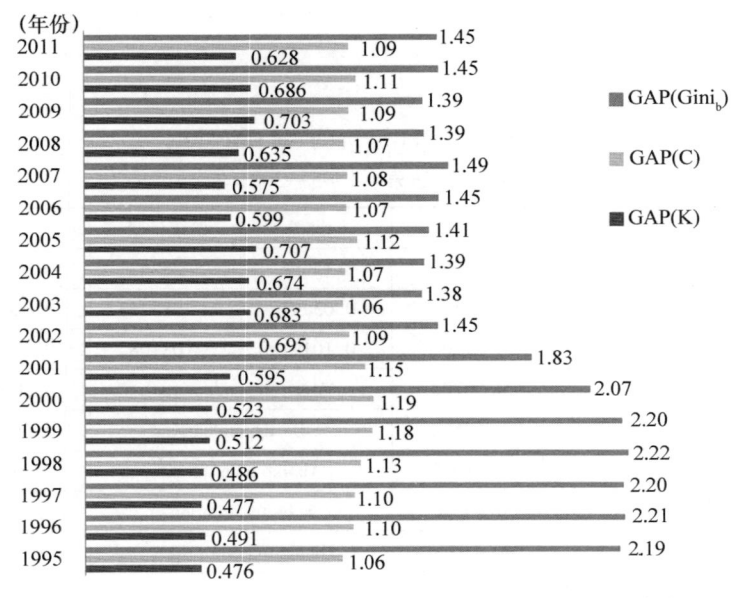

图 8-7 中美 GAP (C)、GAP ($Gini_b$)、GAP (K) 演进

在两国税收集中度系数基本无差距的条件下,较大的税前基尼系数会产生较小的税收累进性,较小的税前基尼系数会产生较大的税收累进性,税前基尼系数的差距呈现先快速下降后保持在1.42上下,税前基尼系数差距与累进性指数差距两者趋势相反,累进性指数差距先快速上升后保持在0.65左右。因此,税收累进性的差距明显小于1,累进性平均差距为0.59,最大差距为0.707,最小差距为0.476。根据差距判定规则,中国个人所得税累进性是美国的近两倍,累进性是税率结构的表现,这与中国的边际税率大于美国的实际情况相符,从公平性上而言,中国的个人所得税累进性更强,税制设置更公平。由于税收累进性指数差距存在着明显的分段,税前基尼系数差距和税收集中度差距对K指数的差距贡献不同,分别进行三变量回归,结果如表8-13所示。

由回归结果可以看出,两个统计区间内,税前基尼系数是税收累进性差距的决定因素,1995—2001年,税前基尼系数估计系数在1%的显著性水平下拒绝了零假设,对收入差距的贡献是-0.25774,也就是说基尼系数差距每增加一单位,累进性差距减少0.2577;2002—2011年,税前基尼系数对累进性的贡献增加到-0.94556,一单位的累进性差距的变动就由95%的税前基尼系数差距变动决定,但是这一阶段的模型估计效果并不理想。

表8-13 GAP($Gini_b$)和GAP(C)对GAP(K)影响的估计结果(1995—2001年)

解释变量	估计系数	标准差	T统计量	Prob.
a	0.81890	0.15496	5.28463	0.00615
GAP($Gini_b$)	-0.25774***	0.03291	-7.83233	0.00143
GAP(C)	0.21207	0.10191	2.08108	0.10589
R-squared	0.95708	Mean dependent var		0.50858
Adjusted R-squared	0.93562	S. D. dependent var		0.04209
S. E. of regression	0.01068	Akaike nfocriterion		-5.94345
Sum squared resid	0.00046	Schwarz criterion		-5.96663
Log likelihood	23.80207	Hannan-Quinn criter.		-6.22997
F-statistic	44.59577	Durbin-Watson stat		3.21841

第八章　基于不同计征模式的中美个人所得税再分配效应差异分析

续表

解释变量	估计系数	标准差	T统计量	Prob.
Prob（F-statistic）	0.00184			

GAP（Gini$_b$）和 GAP（C）对 GAP（K）影响的估计结果（2002—2011 年）

解释变量	估计系数	标准差	T统计量	Prob.
a	0.39429	0.54494	0.72355	0.49281
GAP（Gini$_b$）	−0.94556***	0.25122	−3.76390	0.00704
GAP（C）	1.48816**	0.48300	3.08104	0.01779
R-squared	0.72666	Mean dependent var		0.65858
Adjusted R-squared	0.64856	S.D. dependent var		0.04619
S.E. of regression	0.02738	Akaike info criterion		−4.11463
Sum squared resid	0.00525	Schwarz criterion		−4.02385
Log likelihood	23.57314	Hannan-Quinn criter.		−4.21421
F-statistic	9.30450	Durbin-Watson stat		0.74049
Prob（F-statistic）	0.01068			

注：**和***分别为5%和1%显著性水平下，系数估计显著异于0。

六　税收再分配效应差异分析

1. 洛伦茨曲线的直观比较

根据 Hossain（2011）函数拟合出 1995—2011 年各期税前税后洛伦茨曲线（见附录 A-12），由于 34 条拟合曲线置于一个正方形里，辨识度较低，为此选择 1995 年和 2011 年作为演示年份绘制出中美税前税后洛伦茨曲线（见图 8-8 和图 8-9）。

由两个图形比较可以看出，美国和中国的税前税后洛伦茨曲线差异较大，与中国相比，美国无论是税前还是税后洛伦茨曲线都凸向绝对不平均直角折线，美国的收入不平等更为严重。但是美国的税后收入洛伦茨曲线严格向上偏离税前洛伦茨曲线，表明美国的个人所得税起到了明显的调节收入分配差距的作用，税收的公平分配功能突出。中国的税前洛伦茨曲线和税后洛伦茨曲线基本重合，特别是 1995 年，两条洛伦茨曲线完全重合，到 2011 年，税后洛伦茨曲线向上略微偏离税前洛伦茨曲线，税收调节收入分配差距的作用不明显。

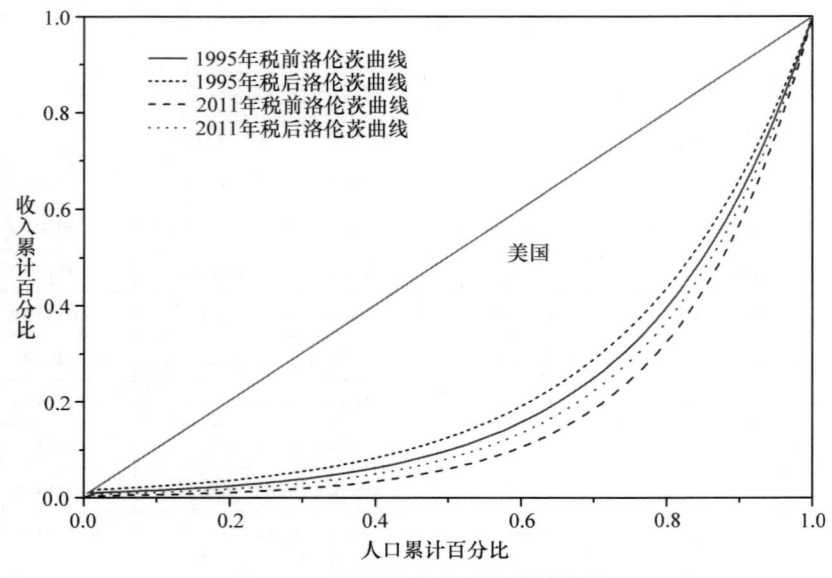

图 8-8　美国税前税后洛伦茨曲线

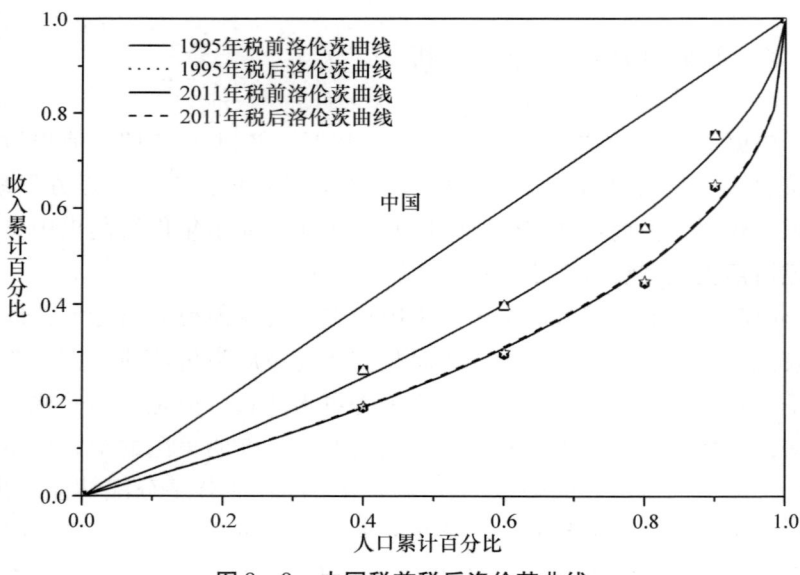

图 8-9　中国税前税后洛伦茨曲线

第八章 基于不同计征模式的中美个人所得税再分配效应差异分析

2. 税收再分配效应差异的测算与分析

统计区间内,美国个人所得税的再分配效应较大,中国的再分配效应较小(见表8-14和图8-10)。从绝对差异来看,美国的再分配效应平均值为0.046679、最大值为0.052280、最小值为0.042440,中位数为0.0457;中国的再分配效应平均值为0.002914、最大值为0.005740、最小值为0.00016、中位数为0.0035;中美两国个人所得税平均差距为52.69、最大差距为292、最小差距为7.68,中位数为12.35。由于两国的再分配效应差距明显地存在阶段性(见图8-11),1995—2001年两国再分配效应差距以28%的速度缩小,2002—2011年,速度明显下降,个别年份出现了差距扩大的趋势。从相对差异来看,美国个人所得税再分配效应的平均值为7.512%、最大值为8.5136%、最小值为6.5845%、中位数为7.36%;而中国的平均值为0.683%、最大值为1.3%、最小值为0.061%、中位数为0.824%,两国差距为25.77、最大差距为133.46、最小差距为5.28、中位数为8.9323。1995—2001年两国再分配效应差距以31%的速度缩小,2002—2011年,速度明显下降,个别年份出现了差距扩大的趋势。但从两国的个人所得税再分配效应的趋势来看,中国的个人所得税再分配效应呈现上升的趋势,美国呈现略微下降的趋势,表明中国的个人所得税对税收再分配的效应虽然较弱但是再分配效应逐步增强。

表8-14　　中美个人所得税再分配效应差距测算结果

年份	中国 $Gini_{taxableincome,t}^{China}$	中国 $Gini_{a,t}^{China}$	中国 RE_t^{China}	美国 $Gini_{AGI,t}^{Amercia}$	美国 $Gini_{a,t}^{Amercia}$	美国 $RE_t^{Amercia}$	Gap_t^{RE}	Gap_t^{λ}
1995	0.2608	0.26064	0.00016	0.5706	0.52388	0.04672	292.00	133.46
1996	0.26652	0.26618	0.00034	0.5891	0.54058	0.04852	142.71	64.56
1997	0.27438	0.27394	0.00044	0.60462	0.55644	0.04818	109.50	49.69
1998	0.27714	0.27656	0.00058	0.6165	0.56658	0.04992	86.07	38.69
1999	0.28718	0.28646	0.00072	0.63144	0.58012	0.05132	71.28	32.42
2000	0.31166	0.31064	0.00102	0.6455	0.59322	0.05228	51.25	24.75

个人所得税的居民收入再分配效应与改革升级研究

续表

年份	中国 $Gini_{taxableincome,t}^{China}$	中国 $Gini_{a,t}^{China}$	中国 RE_t^{China}	美国 $Gini_{AGI,t}^{Amercia}$	美国 $Gini_{a,t}^{Amercia}$	美国 $RE_t^{Amercia}$	Gap_t^{RE}	Gap_t^{λ}
2001	0.32612	0.32476	0.00136	0.59738	0.54702	0.05036	37.03	20.21
2002	0.40268	0.40024	0.00244	0.58354	0.53386	0.04968	20.36	14.05
2003	0.42948	0.42594	0.00354	0.59382	0.5501	0.04372	12.35	8.93
2004	0.44652	0.4421	0.00442	0.62104	0.57652	0.04452	10.07	7.24
2005	0.45954	0.45512	0.00442	0.64832	0.60264	0.04568	10.33	7.33
2006	0.45642	0.45208	0.00434	0.6625	0.6175	0.045	10.37	7.14
2007	0.44966	0.44486	0.0048	0.67174	0.6275	0.04424	9.22	6.17
2008	0.46712	0.46238	0.00474	0.65014	0.60654	0.0436	9.20	6.61
2009	0.44976	0.44468	0.00508	0.62484	0.58158	0.04326	8.52	6.13
2010	0.44122	0.43548	0.00574	0.6416	0.5975	0.0441	7.68	5.28
2011	0.44538	0.43998	0.0054	0.64454	0.6021	0.04244	7.86	5.43

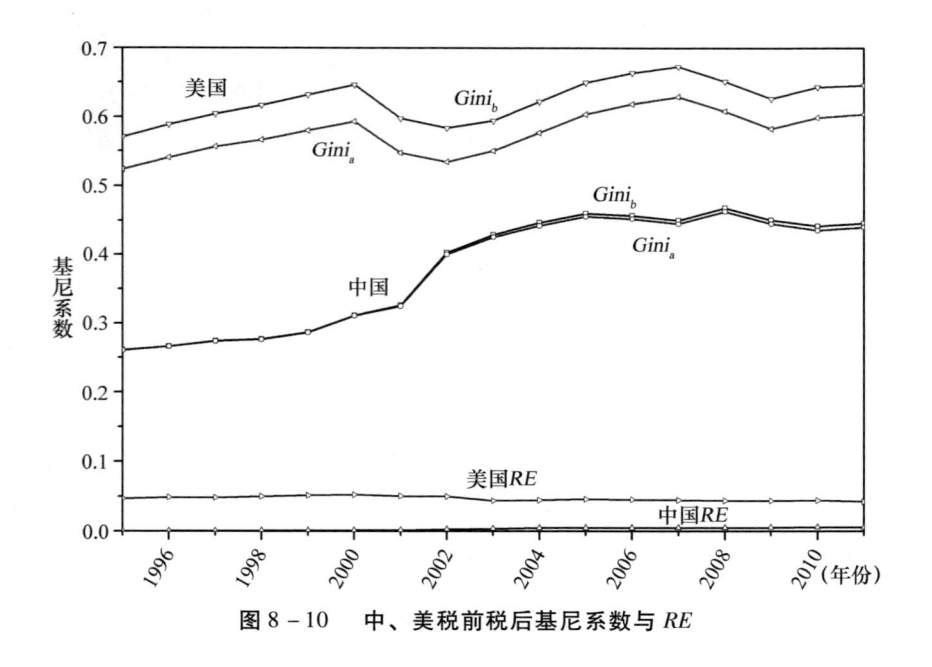

图 8-10 中、美税前税后基尼系数与 RE

第八章 基于不同计征模式的中美个人所得税再分配效应差异分析

(年份)
2011　7.86
2010　7.68
2009　8.52
2008　9.20
2007　9.22
2006　10.37
2005　10.33
2004　10.07
2003　12.35
2002　20.36
2001　37.03
2000　51.25
1999　71.28
1998　86.07
1997　109.50
1996　142.71
1995　292.00

■ GAP（RE%）　■ GAP（RE）

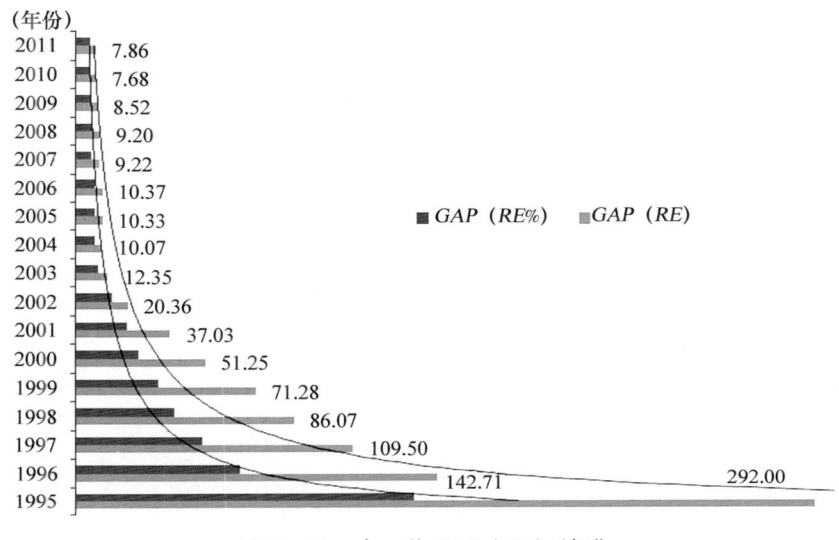

图 8-11　中、美 GAP（RE）演进

3. 税收再分配效应分解的差异分析

在对平均税率和累进性指数的分析中，美国的平均税率明显大于中国，累进性明显低于中国，但是个人所得税再分配效应差别巨大，根据第六章的分析，平均税率是税收再分配效应的决定因素，而累进性是次要因素，对个人所得税再分配效应进行贡献分解，以衡量各要素对再分配效应的影响程度。

从个人所得税平均税率和累进性指数对税收再分配效应的 OLS 回归估计结果（见表 8-15、表 8-16）可以看出，中美两国的平均税率和税收累进性指数 K 对个人所得税再分配效应的贡献率有较大的差异。

表 8-15　K 和 r 对 RE 影响模型的估计结果（1995—2011 年）——中国

解释变量	估计系数	标准差	T 统计量	Prob.
K	0.00173	0.00172	1.00649	0.33126
r	0.00470***	0.00021	22.02934	0.00000
a	-0.00074	0.00081	-0.91111	0.37766
R-squared	0.99513	Mean dependent var		0.00291

续表

解释变量	估计系数	标准差	T统计量	Prob.
Adjusted R-squared	0.99443	S. D. dependent var		0.00208
S. E. of regression	0.00016	Akaike info criterion		-14.54094
Sum squared resid	0.00000	Schwarz criterion		-14.39390
Log likelihood	126.59798	Hannan-Quinn criter.		-14.52632
F-statistic	1430.54674	Durbin-Watson stat		2.26199
Prob（F-statistic）	0.00000			

K 和 r 对 RE 影响模型的估计结果（1995—2001 年）——中国

解释变量	估计系数	标准差	T统计量	Prob.
K	-0.00149	0.00093	-1.59767	0.18536
r	0.00392***	0.00040	9.83581	0.00060
a	0.00083	0.00048	1.72956	0.15876
R-squared	0.99827	Mean dependent var		0.00066
Adjusted R-squared	0.99741	S. D. dependent var		0.00041
S. E. of regression	0.00002	Akaike nfocriterion		-18.39879
Sum squared resid	0.00000	Schwarz criterion		-18.42197
Log likelihood	67.39576	Hannan-Quinn criter.		-18.68531
F-statistic	1157.19682	Durbin-Watson stat		1.11984
Prob（F-statistic）	0.00000			

K 和 r 对 RE 影响模型的估计结果（2002—2011 年）——中国

解释变量	估计系数	标准差	T统计量	Prob.
K	0.99652***	0.00195	9.04908	0.00004
r	0.99552***	0.00013	39.64720	0.00000
a	0.00006	0.00078	-8.74358	0.00005
R-squared	0.996517	Mean dependent var		0.00449
Adjusted R-squared	0.995522	S. D. dependent var		0.00094
S. E. of regression	6.32E-05	Akaike info criterion		-16.25638
Sum squared resid	2.80E-08	Schwarz criterion		-16.16560
Log likelihood	84.28188	Hannan-Quinn criter.		-16.35596
F-statistic	1001.429	Durbin-Watson stat		1.09909
Prob（F-statistic）	2.49E-09			

第八章　基于不同计征模式的中美个人所得税再分配效应差异分析

表 8-16　K 和 r 对 RE 影响模型的估计结果（1995—2011 年）——美国

解释变量	估计系数	标准差	T 统计量	Prob.
K	0.00267 ***	0.00026	10.39201	0.00000
r	0.06305 ***	0.02287	2.75706	0.01543
a	-0.00361	0.00718	-0.50293	0.62283
R-squared	0.88542	Mean dependent var		0.04668
Adjusted R-squared	0.86905	S. D. dependent var		0.00317
S. E. of regression	0.00115	Akaike nfocriterion		-10.54554
Sum squared resid	0.00002	Schwarz criterion		-10.39851
Log likelihood	92.63712	Hannan-Quinn criter.		-10.53093
F-statistic	54.09206	Durbin-Watson stat		1.26456
Prob（F-statistic）	0.00000			

注：＊＊＊为 1% 显著性水平下，系数估计显著异于 0。

美国的税收累进性和平均税率在统计区间内没有较大的波动，在 1% 的水平下，平均税率和累进性指数 K 的估计系数都显著异于 0，而且两者与税收再分配效应的关系是正相关。平均税率的估计系数为 0.06305，表明美国平均税率每增加 1%，个人所得税再分配效应增加 0.06305；税收累进性指数 K 的估计系数为 0.00267，表明税收累进性每增加 1 个单位，个人所得税再分配效应增加 0.00267。在其他条件不变下，旨在提高税制公平性的税收政策应该更加关注平均税率，因为，平均税率对个人所得税再分配效应的贡献是累进性的 23 倍。

与美国相比，中国个人所得税的平均税率和累进性对税收再分配的效应产生了分歧，平均税率估计系数显著异于 0，对个人所得税再分配效应的贡献为 0.0047，相当于美国的累进性指数 K 贡献率，增加 1% 的平均税率个人所得税再分配效应仅增加 0.00470，而累进性指数 K 的系数估计不能显著异于 0，表明税收累进性指数 K 对个人所得税再分配效应的作用不明确。究其原因，在统计区间内，平均税率和累进性存在两个不同的变化趋势，1995—2001 年，两个分解因素变动较小，2002—2011 年变动较大。为此，将两个区间分别进行 OLS 回归估计，2002—2011 年，税收累进性和平均税率的估计系数都显著异于 0，对个人所得税再分配效应的贡献基本一致，估计系数分别为 0.99652 和 0.99552，累进性指数 K 的贡献率还要略大于平均税率，但 1995—2001 年，累进性指数对个人所得税再分配效应的作用仍然不明显。再分配效应随平均税率提高而提高；2002—2011 年，平均税率大幅增加，在开始的 3 年里对个人所得税的再分配效应的增加贡献最大，两者趋势一致，但是随后平均税率的大幅增加都没有使得个人所得税的增加与其同步，可能的原因为累进性的降低在一定程度上抵消了平均税率对个人所得税再分配效应的贡献。

第四节 本章小结

本章通过构建差异模型，对中美两国不同税制特点的个人所得税再分配效应进行了对比，得出以下结论：

第一，2006—2010 年，美国纳税人数是中国的 1.6 倍，中美在 PN 和 LN 的差距基本保持在 3.3 倍和 1.3 倍左右；2011 年美国纳税人数是中国的 5.79 倍，PN 和 LN 的差距扩大到 12.6 倍和 5.6 倍，增幅近 300%。中国自行申报纳税人数占总纳税人数的比重从 1.94% 上升到 3.75%，增加近 2 倍；自行申报人数的平均税率从 15.73% 下降到 12.84%，基本处于美国 Top50% 阶层水平；自行申报缴纳的税收份额从 33.03% 上升到 35.72%，相当于美国最高收入阶层 Top1% 的水平。

第二，分别按照调整后的净所得和扣除转移收入后的应税收入计算的收入份额，美国的收入不平等更为严重。中国 40% 的底部收入阶层的收入份额明显大于美国 50% 底部收入阶层；中国 Top20% 人口的收入占全国收入的 50%，美国 Top10% 的人口掌握了全国一半的收入。从承担的税收份额来看，中美两国的低收入阶层承担的税收份额较少，高收入阶层承担的税收份额较大。但是，中国 10% 的高收入阶层承担的税收份额是收入份额的 2 倍，美国是 1.5 倍。

第三，美国的税收规模与中国的差距是 102.67 倍（平均值），中美两国的税收规模差距远远大于收入规模差距，是收入规模差距的 7.97 倍，中国的个人所得税增长并没有与收入的增长保持线性关系，

第八章　基于不同计征模式的中美个人所得税再分配效应差异分析

而美国的税收规模和收入规模保持稳定。美国的平均税率以年均0.51%的速度缓慢下降,而中国的平均税率以年均10%的速度上升,增长率的不同,使得两国平均税率差距以二项式的形式先快速下降后缓慢下降直至基本平稳。2003—2011年美国的平均税率基本保持在中国的3倍左右。

第四,从古典累进性测量法看,除了中等收入阶层的平均税率是累退的,中国其他收入阶层都是累进的,而美国各阶层的平均税率都是累进的。中国高收入各阶层的剩余收入累进性都要大于美国,主要是由两国工薪所得的税率结构不同造成的。从现代累进性测量法的 K 指数上看,中国的累进性是美国的近2倍。

第五,平均税率是决定再分配效应的决定因素,美国较高的平均税率决定了较高再分配效应,而中国的再分配效应较小。两国的平均差距为52.69、最大差距为292、最小差距为7.68、中位数为12.35。但从两国的个人所得税再分配效应的趋势来看,中国的再分配效应呈现上升的趋势,而美国呈现略微下降的趋势,中国的再分配效应虽然较弱但是再分配效应逐步增强。从平均税率和累进性对 RE 的贡献分解来看,美国的平均税率和累进性对 RE 的影响都是正向的,平均税率的贡献为0.06305,是累进性的23倍。中国平均税率的贡献仅为0.0047,相当于美国累进性的贡献率,但累进性对再分配效应的影响具有明显的阶段性。

第九章　基于提升再分配效应的个人所得税改革升级研究

我国个人所得税税制设置具有累进性特征（第三章）；但是改善税前收入不平等（第二章）的程度有限，税收的再分配效应处于千分位内（第四章）；税收是累进的前提下（第四、五章），税收规模是个人所得税再分配效应的决定因素（第六章）；我国个人所得税再分配效应较弱的原因正是高速增长的税收规模还不足以实现有效的再分配功能；而我国征管不利造成的税收流失在很大程度上损害了再分配效应，最优税收征管能够使现有效应水平提高1倍，使税后基尼系数下降0.00116（第七章）；综合计征方式和分类计征方式的再分配效应程度完全不同，应税项目纳入综合计征的越多，调节收入分配的力度就越大（第八章），同时对征管的要求也就越高。由此可见，增加税收规模是提高再分配效应的重要手段，而计征模式的改变和税收征管的提高是增加税收规模的两个有效途径。

因此，从提升再分配效应角度，按照两个有效途径——计征模式和税收征管对我国个人所得税的改革进行升级，针对不同阶段提出分步实施设想，有计划有目的地解决改革过程中的难点，力求为决策层的个人所得税改革提供有价值的借鉴。

第一节　对综合与分类相结合计征方式的认识

1996年，我国在经济和社会发展"九五"计划中首次提出"建

第九章 基于提升再分配效应的个人所得税改革升级研究

立覆盖全部个人收入的分类与综合相结合的所得税制[①]"后,这一改革设想出现在了随后的三个"五年计划"中。20年来,个人所得税的改革历经了五次修订,没有一次涉及计征模式的改变,仅体现在费用扣除额的提高。对现有研究进行梳理发现,计征模式改革之所以停滞不前,主要是现行税收征管水平不能适应改革的需要,如计征方式的改变会增加征管成本(高培勇、张斌,2011);新的计征模式所要求的自行申报制度会降低本来就"少之又少"的税收规模;征管信息化系统不满足计征模式改变的需要;缺乏个人收入监控体系等。

  对改革的税收征管要求有其正确的认识,也有片面的认识。首先,任何一个先进的征收管理体系都有利于涵养税源、提高纳税遵从度和增加税收规模,计征方式建立的初期税收征管成本的上升是必然的,但会随着征管方式的不断完善而经历上升到下降的过程,这不是个人所得税计征方式改变而独有的,是所有税制改革都需要面临的问题。其次,无论哪个国家采取哪种计征方式(综合、分类、综合与分类相结合)都没有以自行申报作为唯一或决定性的纳税方式。美国综合计征纳税方式是"源泉扣缴、自行预缴、年度综合申报"三种制度紧密配合,对支付方支付的工薪、退休金、社会福利保险等易于扣缴的应税所得实行代扣代缴。对未实行源泉扣缴的,税法规定了严格的自行申报制度,并运用纳税身份选择、宽免额逐步退出、不足退税、纳税人性化服务等自行申报环节独有的措施,保障自行申报制度的运行。法国是典型的综合与分类相结合所得税制国家,按照源泉分类扣缴和年度综合征收,重点培育源泉扣缴,采用"PAYG(Pay－As－You－Go)随薪纳税"的源泉扣缴方式。其次,个人收入信息难以监控也不是改革停滞的理由,无论实行何种计征方式,纳税人收入和费用扣除的相关信息都是税务机关最难把握的重点,正如第七章所论述的,我国分类计征模式下的税收流失规模巨大,分析其原因之一是纳税人收入难以掌握。即使在现行计征方式下,仍是税收征管完善的重点和难点。最后,税收征管信息系统虽然未完全建立,但是以公安身份信息系统、

---

① 《中华人民共和国国民经济和社会发展"九五"计划和二〇一〇年远景目标纲要》,新华网,http://news.xinhuanet.com,2005年3月15日。

银行实名制系统、不动产登记系统、非银行金融机构证券信息系统、315 万自行申报纳税人信息（2010 年）、普遍实行源泉扣缴下培育的个人纳税档案等都为综合与分类相结合的计征模式提供了信息平台。目前存在的困难，根据难易程度，可以采取先易后难，边分项改革边解决困难的方式进行。但是将"征管不适应改革的需要"作为改革停滞的理由是不成立的。因为，计征方式的改变是个人所得税改革的大势所趋。

第二节　综合与分类相结合的税制设计

借鉴美国经验，需要对我国现有分类税目进行综合与分类安排，在应税收入综合计征的基础上，充分考虑不同纳税人的收入差异和生活负担水平，充分体现公平。

一　综合与分类的税目安排与扩大税基

正如第六章实证分析的个人所得税税收规模是再分配效应的决定因素，而税收规模与税基的范围紧密相关。2001 年沿用至今的 11 个应税项目与多元化的居民收入不匹配，占居民收入 20% 以上的转移性收入是个人所得税的暂免征税收入，造成了税基的缩小。随着金融市场的繁荣，居民资本性收入不断增加，但却一直为纳入个人所得税的征税范围，造成了税基的进一步缩小。税收征管的不利，特别是对高收入阶层收入监测的缺失，加之隐性收入对税基的侵蚀，造成了个人所得税的实际征收率较低（第七章），税基的大幅缩减，严重地制约了个人所得税再分配效应的发挥。

个人所得税综合与分类相结合的计征方式的基石是如何确定税基，初步的税目安排可以从两个方面进行：一方面，评估纳税人纳税能力，只要是提升纳税人消费能力的收入都应作为税基。另一方面，对现有税目和新的征税项目进行综合与分类安排，重新划分类税目和子税目，如表 9-1 所示。

1. 现有税目的综合与分类安排

按照第三章的收入与对应的所得分类，将我国现行的 11 个所得项目进行重新划分（见表3-6），将工资性所得、经营性所得、财产性所得、转移性所得作为类综合计征收入，制定统一适用的超额累进税率；偶然所得等计入分类所得，按照比例税率计征。

表9-1　综合与分类相结合计征方式的税目设置（续表3-6）

类税目	子税目	计征方式	税率结构
工资性所得	工资、薪金所得 劳务报酬所得 稿酬所得	综合	超额累进税率
经营性所得	个体工商户生产、经营所得 企事业单位承包、承租经营所得	综合	超额累进税率
财产性所得	财产租赁所得 财产转让所得	综合	比例税率
转移性所得	企业年金、职业年金 商业养老保险、基本养老金	综合	超额累进税率
资本性所得	股票转让所得 利息、股息、红利所得 金融产品所得（新）	分类	比例税率
其他所得	偶然所得等	分类	比例税率

2. 将部分转移性收入纳入综合计征的范围

我国对基本养老金、解除劳动合同获得的一次性补偿、举报和见义勇为等行为的奖金等所得予以免税，这主要与我国长期以来形成的观念和文化相关。对于老者的尊重和特别关照使退休金在道义上不可能作为应税收入的一部分，解除劳动合同的补偿一般也发生在弱势群体的失业者身上。举报违法行为、见义勇为的行为是文化认同中的高尚行为，对这部分收入征税必然引起社会舆论的反对，目前对这部分所得予以免税的另一个原因是对于普通劳动者而言，基本养老金及解除劳动合同的补偿等收入通常来说不会很高，基本上是满足基本生活水平需要，也没有征税的必要，从简化征管的角度看，免税更具有效率。2014年，我国先后针对企业年金、职业年金和商业养老保险试行个人所得税递延纳税。但是从居民收入结构来看，转移性收入份额不但仅次于工资薪金收入份额，高于财产性收入份额和经营性收入份额；而且高收入阶层的转移性收入增速有大于低收入阶层的趋势（第三章），一旦高收入阶层的转移性收入份额大于低收入阶层，个人所得税就会缺失对转移性收入的调节，可以将纳税人高于平均水平的养老金收入和退休金纳入缴税范围，既体现了对弱者的关怀，也体现了税收的公平原则。

3. 扩大资本利得的征税范围，纳入分类计征

基于大力发展股票市场、促进金融发展的政策考虑，我国对转让股票所得的资本利得不征税。但是，对取得来自上市公司的股息征税税，对转让股票的个人所得又暂停征税，这样的做法不能体现税收的公平性，而且资本利得属于非勤劳所得，不计征税款没有任何的人道主义理由。除以之外，根据新的收入形式增加新的税目，扩大对资本利得的征税范围，将金融产品与金融衍生产品的收益纳入分类计征范围[①]，这是因为，股票转让所得和金融产品收益较易监控，征管成本较低。

二 引入"家庭"征税单位、多种纳税申报供选择

以家庭还是以个人为单位征税是决定纳税人税收负担水平高低的一个重要因素。以家庭为申报单位纳税意味着家庭人口数量会对费用扣除造成直接的影响。如果三口和四口之家处于同等收入水平，由于赡养人口不同，则会产生不同的费用扣除，不同的费用扣除决定了应税所得适用的税率结构也不相同。同等收入下，抚养两个孩子的家庭比抚养一个孩子的家庭或者没有孩子的家庭缴纳更少的个人所得税。以个人为单位征收，没有考虑家庭的开支和赡养负担，个人实际缴纳的税款要大于按家庭缴纳的税款。我国现行个人所得税仅以个人为征税单位，征税单位单一，不能辨别纳税人的负担状况，不利于自行申报制度的实行。因此，可以将家庭引入个人所得税，制定以个人和家庭并行的纳税方式。

在综合与分类相结合的计征方式下，代扣代缴环节以个人为课税

---

① 崔军、朱晓璐：《论综合与分类相结合计征方式下的我国个人所得税改革》，《税务研究》2014年第9期。

单位，而在年终纳税申报（按月代扣代缴，按年汇算清缴）时，为纳税人提供可供选择有利于自身的最优纳税身份，设置更加有利于以家庭为征税单位的申报制度。2014年，我国城镇家庭平均人口为2.7人，其中，以婚姻关系为基础形成的三口之家（养育一个未成年子女）占总家庭数的比重最大[①]，这也为我国引入以家庭为单位的征税方式提供了支持。在国家鼓励生育二孩政策的引导下，对有两个孩子的四口之家给予奖励性赡养系数。

按照婚姻是否存续，将年终自行申报身份分为家庭和个人（见表9-2）。其中，家庭有三种具体形式，分别为夫妻联合、离异家庭、丧偶家庭；在没有赡养人口下，可以按照个人作为纳税单位，分为成年未婚、离异、丧偶三种身份。赡养人口按照有无赡养子女及数量进行分类，不同的赡养子女数规定不同的赡养系数。

表9-2　　　　　综合与分类相结合下纳税人申报身份选择

申报身份	具体形式	有无赡养子女	赡养系数
家庭	夫妻联合	无	0
		有	1，2.5
	离异家庭	有	1，2.5
	丧偶家庭	有	1，2.5
个人	成年未婚		0
	离异	无	0
	丧偶	无	0

注：1. 根据崔军、朱晓璐《论综合与分类相结合计征方式下的我国个人所得税改革》，《税务研究》2014年第9期，表1改写。

2. 赡养系数为未成年子女数量，赡养系数为1表明有一个未成年子女；2.5表明两个未成年子女，鼓励生育二孩并给予0.5的奖励性优惠。

三　优化综合计征税率结构，降低最高边际税率

正如第五、八章论述的，税收是累进的，是再分配效应发挥的必要条件，而税收累进性又是通过累进性税率结构而实现的。与美国相

[①] 崔军、朱晓璐：《论综合与分类相结合计征方式下的我国个人所得税改革》，《税务研究》2014年第9期。

比，我国的个人所得税累进性 K 指数是美国的近 2 倍（见表 8-12），现行的累进税率结构级次较多，最高边际较高，一定程度上损害了再分配效应。因此，综合计征部分应按照"低税率、少级次、宽级距"的原则优化税率结构。

1. 降低税率

家庭征税单位必须有与之相适应的累进税率，对综合征税的所得设计累进税率结构，并针对高收入群体制定"累进消失结构"，这是因为过高的边际税率不仅降低了纳税遵从度，增加了税收流失，而且"少之又少"的纳税人才能够进入该税率级次，造成了税率设置的无效浪费。2011 年，个人所得税九级超级额累进税率减至七级，级次和级距都有较大的变动，但是，最高边际税率依然为 45%，这一数值，无论与发达国家还是发展中国家相比，都明显偏高。从我国各阶层应税所得实际税率和税收流失规模（见表 7-2、附录 A-8）看，纳税人覆盖的边际税率为 10%—35%，触及 45% 的纳税人少之又少，而偷逃税规模却越来越大。因此，必须降低最高边际税率。

2. 减少级次

现行税率结构的级次为七级，按照边际税率覆盖的区间，第七级的税率较少涉及，所以从降低税收征管难度的角度考虑，可以考虑减少税率级次。按照应税阶层实际税率（见表 7-2），设置为 5 级，这样不仅提高了效率而且有利于税制的延续。

3. 扩大级距

级距的宽窄直接决定了纳税人适用的边际税率，级距越宽，低收入纳税人的税负越轻，我国各阶层的纳税主体以中等收入和高收入为主，可以采取提高最低税率，扩大最低税率级距，降低中等收入纳税人的税负，使得低收入纳税人成为免税群体。

基于计征模式改变的需要，按照"低税率、少级次、宽级距"的原则优化税率结构，具体可以依据以下思路来实现。扩大最低税率的级距，将应纳税所得额上限调整为 4000 元（万莹，2014）；降低最高边际税率至 40%。针对不同的收入阶层，采用累进税率，具体税率设置见表 9-3。

表9-3　　　　　　综合计征部分超额累进税率结构设计

计征模式	级次	全年应纳税所得额（元）	月所得额（元）	税率（%）
综合计征	1	≤48000	≤4000	5
	2	48000—150000	4000—12500	10
	3	150000—300000	12500—25000	20
	4	300000—600000	25000—50000	30
	5	≥600000	≥50000	40

资料来源：万莹：《如何优化我国个人所得税累进税率结构》，《税务研究》2014年第9期，表7。

四　完善综合计征费用扣除制度

一般来说，费用扣除制度和累进税率是综合计征部分最难设定的要素。我国现行费用扣除标准是典型的"一刀切"式基本扣除，没有生计扣除和特别扣除之分，适合税收征管水平较低的状况。但是此类费用扣除制度存在两个问题：第一，对扣除标准的构成没有明确的理论和事实依据，缺乏物价联动性。第二，不体现纳税人的负担程度；同等收入的纳税人，不区分赡养人口数量、承担的教育费用、支付的医疗费用和住房贷款、身体情况差异、地区经济差异等，按照无差别的扣除标准损害了纳税人的横向公平。因此，可以考虑在细化标准扣除的基础上引入特别扣除，以完善费用扣除制度，体现"公平"原则。

表9-4　　　　　　　综合计征费用扣除设计

扣除类别	类目	子目	扣除说明	动态调整机制
标准扣除	生计扣除		全国统一设定一个扣除标准（无须凭证）	根据上年CPI或税收指数化调整
	额外标准扣除	赡养扣除	根据纳税人纳税申报身份，定额扣除赡养费用	
		差异化扣除	根据地区财力差异和社会化（民族），定额差异化扣除	

续表

扣除类别	类目	子目	扣除说明	动态调整机制
特别扣除	限制性扣除	住房贷款利息和租金支出、学费和人力资源培训费、医疗支出、慈善捐赠、意外事故及盗窃损失、杂项扣除	超出应税所得规定的比例部分予以扣除（根据凭证比例扣除）	保持扣除比例的稳定性
	全额扣除	经营性支出	依据凭证全额扣除	—

（一）细化标准扣除

标准扣除可以分为生计扣除和额外标准扣除两种，不同的扣除标准有不同的具体规定，其中额外标准扣除包括赡养扣除和差异化扣除两类。对标准扣除建立指数化调整，以剔除通货膨胀带来的实际税收负担增加的影响。

1. 生计扣除

生计扣除是维持纳税人基本生活和劳动能力所必需的生活资料扣除，相当于给予必要生活费用支出的税收减免。全国统一设定一个生计扣除标准，纳税人无须提交凭证就能享有此扣除。

2. 赡养扣除

赡养扣除是根据纳税人申报身份中的赡养人口数给予养育费用的税收减免。家庭赡养是纳税人重要的经济负担。由于我国家庭结构中低收入家庭就业人口赡养率大于高收入家庭。而将赡养费用等支出剔除在费用扣除标准外，损害了纵向公平，应制定赡养费用扣除标准，提高夫妇生育二孩的赡养费用扣除额，以体现国家政策的扶持。

3. 差异化扣除

差异化扣除是充分考虑不同地区经济、财力、生活水平差异以及少数民族地区民族状况差异制定的区域性扣除标准，以体现政策性倾斜。

4. 标准扣除的指数化调整

无论是生计扣除还是赡养扣除、差异化扣除，都是设定绝对数扣除额。然而扣除额的设定如果不考虑通货膨胀因素，就会造成应税所得进入更高的级次和税率，增加纳税人实际税收负担。通过改变标准扣除比改变税率结构更加有效，因此，可以借鉴美国的税收指数化办法进行调整，按照通货膨胀率的变动，制定标准扣除随物价水平变动的调整办法，可以根据往期 CPI 或者引入 CPI 预期模型，对期初标准扣除进行调整。

（二）引入限制性特别扣除

生活性特别扣除是给予纳税人维持生存和发展所需大额生活费用的税收支持①，必须明确的是特别扣除不是无限制地扣除，纳税人在选择特别扣除时，必须保留并出具税务部门认可的相关证据或记录。对于各项费用的扣除，进行限制性规定，只有超过应税所得规定比例的部分才能扣除。从纳税人负担角度，引入特别扣除，具体特别扣除费用如下：

1. 医疗费用

医疗费用是维持公民生活质量和生存权利的基本费用，是生活费用的组成部分。虽然，我国已实行基本医疗和大病统筹，在很大程度上减轻了社会成员的经济负担，但是个人支付比例除了依照公民身份有所差别外，个人实际支付有时会超出自身经济负担能力。当然，个人支付部分完全依靠个人所得税的费用扣除既不现实也无法律依据。因此，按照超过应税所得部分给予比例扣除，一定程度上减轻纳税人负担，有利于体现"公平"原则。

2. 教育学费和人力资源培训费

教育是社会成员提高自身素质的重要手段。现阶段我国 9 年免费义务教育已经全覆盖，义务教育阶段学杂费全额免除，因此，教育支出的扣除应提升至非义务教育阶段的学杂费扣除。为了鼓励公民接受有利于其就业的职业教育，允许从所得中限制性扣除纳税人及其赡养人口的非义务教育和职业教育阶段的学费支出等。除教育学费外，对在职人员提升专业技能的培训费用给予限制性优惠。

3. 住房贷款利息和租金支出

住房是政府提供的重要公共产品之一，对公民的住房贷款利息，允许限制性扣除。具体做法为，家庭或者个人购买的满足居住的第一套住房商业抵押贷款利息（不包括公积金贷款购房和满足刚需的改善性住房）以及购房前的租房费用给予限制性扣除。

---

① 黄凤羽：《中国个人所得税改革的路径选择：从分类到综合》，《中央财经大学学报》2011 年第 7 期。

4. 其他特别扣除

其他特别扣除包括慈善捐赠、意外事故及盗窃损失和杂项扣除。其中，个人可以扣除的捐赠包括对宗教、慈善、教育、科学以及文学组织的捐赠，总的慈善捐赠进行限制性扣除，向慈善机构捐赠财产，可以按照捐赠类型确定具体扣除标准；因意外事故或被盗发生的损失可以按照规定扣除；杂项扣除包括与爱好有关的费用、订阅专业性期刊费用、税务咨询、纳税申报准备费用等。

（三）经营性费用成本全额扣除

对个体工商户和企事业单位在标准扣除的基础上，设定经营性费用和成本的据实全额扣除①。从税法角度，经营性发生的成本费用不应计入征税范围，这不仅有利于税法的公平性，也有利于鼓励创业者创业积极性和经营者扩大生产。

（四）取消超国民待遇的附加减除费用

我国个人所得税从1980年立法以来就对非居民纳税人制定了超国民待遇的附加减除费用，1994年"三税"合并后，个人所得税法的历次修订虽然降低了附加减除费用额，但至今非居民纳税人的超国民待遇比例仍为37%（见表3-2、表9-5）。对非居民纳税人的附加费用扣除的制定有其国情和经济发展的需要，但是不符合税法的"支付能力"原则和"公平"原则，应该予以取消。

表9-5　　　　　　非居民纳税人超国民待遇比例　　　　　单位：元,%

修订时间	居民纳税人 扣除标准	扣除标准	非居民纳税人 附加减除	总扣除	超国民待遇比例
1994年1月1日	800	800	3200	4000	400
2005年10月27日	1600	1600	3200	4800	200
2007年12月29日	2000	2000	2800	4800	140
2011年6月30日	3500	3500	1500	4800	37

注：1. 非居民纳税人费用总扣除额为居民纳税人费用扣除标准加附加减除费用。

2. 超国民待遇比例＝非居民附加减除/居民纳税人扣除标准。

---

① 黄凤羽：《中国个人所得税改革的路径选择：从分类到综合》，《中央财经大学学报》2011年第7期。

五 分类计征的税率和费用扣除安排

综合与分类相结合的计征方式除需设计综合计征的税率结构和费用扣除制度外,还需设计分类计征的税率结构和费用扣除。根据表9-1的税目安排,分类计征的税目有资本所得和其他所得等。由于这些收入为非勤劳所得,应按照比例税率从高计征。国际上,对资本所得采用分类征收个人所得税的国家,都采用了较高的税率。2011年,法国修订了资本所得税的税率规定,居民转让证券实现的资本利得,按照19%的基本税率征收所得税,同时按照12.3%的税率征收社会附加税,合计税率为31.3%;日本对销售特定证券实现的资本利得按照20%的基本税率单独征税[①]。法国和日本都对证券持有期的长短规定了不同的税率,持有期越长则税率越低。我国对转让持有的二级市场流通的股票取得的所得暂免征收所得税;对上市公司股票利息红利按持有时间实行差别化个人所得税政策,在20%的比例税率基础上,设定减征率。为了体现税法的延续性,对资本所得和偶然所得等仍然按照20%的比例税率计征,不区分纳税人身份,不设定费用扣除,按次征收,源泉扣缴。

表9-6　　　　　　　　分类计征的税率设计

类税目	子税目	持有期限	比例税率	减征率	实际税率
资本所得	股票转让所得 利息、股息、红利所得 金融产品所得	不足一个月 超过一个月不足一年 超过一年	20%	0 50% 75%	20% 10% 5%
其他所得	偶然所得等		20%		

第三节　税收征管水平的升级

一　强化源头扣缴制度与完善自行申报制度

源泉扣缴(代扣代缴)和自行申报制度是个人所得税综合与分类

[①] 国家税务总局税收科学研究所:《外国税制概览》(第4版),中国税务出版社2012年版,第111、202页。

相结合计征方式的核心制度安排。代扣代缴的优点在于税收征管要求较低，税源易于控制，税收规模不会发生较大的变化，无论在发达国家还是发展中国家，都是积极使用的征税方式，自行申报制度是代扣代缴制度的有益补充。我国已普遍实行源泉扣缴制度和12万收入纳税人自行申报制度相结合的征管方式。为了更好地服务于计征方式的改变，可以从以下几个方面进行完善。

（一）强化源泉扣缴和分期预缴制度

在我国现有代扣代缴经验的基础上，强化源泉扣缴和分期预缴制度。对政府部门、国家企事业单位、私营企业等向个人支付的各类收入，付款方必须以非现金方式支付，并履行代扣代缴义务。对实行年薪制的单位，依然沿用按年征收、分月代扣代缴的征收方式，即按月由企业先代扣代缴个人所得税，年终由具体发放金额按照已扣缴和应扣缴额计算差额缴纳剩余税款。

（二）完善全员自行申报制度、提高纳税申报效率

1. 弥补代扣代缴

对没有法定扣缴义务人和未完全代扣代缴的税款，从法律和加大惩治力度上要求纳税人必须进行自行纳税申报，以保证缴纳税款的准确和及时。

2. 自行申报电子化

实行纳税申报电子化，纳税人根据税务机关设置的手机纳税APP软件，对个人收入的纳税情况进行据实填写，根据填写的纳税人收入，利用软件内设的不同纳税身份适用的税率和费用扣除标准，引导纳税人做出最优纳税选择。

3. 未自行申报的纳税人规定申报期限

对已达到自行申报（年收入12万元）但未申报的纳税人，从已代扣代缴的义务人层面获取数据，做出自行申报期限限制。自行申报制度实施以来，自行申报人数大幅增加（见表8-4）。但是，自行申报人数和符合自行申报的纳税人数存在着一定差异，2009年我国41家金融业上市公司共有144万员工，平均工资13.6万元；2014年，我国金融业人员平均工资为108273元，员工人数为566.3万人；信

息传输和信息技术服务业平均工资为 100845 元,员工人数 336.27 万人[1];两行业员工数 900 万人,平均工资都在 10 万元以上,可以推测,两行业一半的员工都应是自行申报纳税人,但是,在其他行业未计算在内的前提下,自行申报实际人数远低于这一数值,自行申报纳税人数和实际人数相差较大。

4. 完善全员申报

逐步放开自行申报纳税人年收入限制,可以先鼓励年收入 10 万—12 万元的纳税人自行申报,根据申报效果,逐次放开。

5. 国家公职人员和部队现役军官强制申报

将国家公职人员和部队现役军官纳入自行申报的范围,税务机关为自行申报提供通用的完税证明,将自行纳税申报证明作为其年度考核的指标之一。国家公职人员和现役军官自行申报纳税不仅具有示范作用,而且易于管理。

二 完善个人所得税申报管理系统

代扣代缴义务人与纳税人具有"合谋"偷逃税款的可能性,必须对扣缴义务人和纳税人进行管控,具体做法是建立统一的税收代码制度和个人所得税交叉稽核系统。

1. 建立统一的税收代码制度

为纳税人设置统一的税收代码,纳税人取得的所有收入信息都使用此代码并伴随纳税人终身。纳税人离世后,根据其收入支出状况,核查税收法律责任,明确无税款缺失后,再予以注销。税收代码制度还可以为征纳双方提供便捷的税收信息。

2. 建立个人所得税交叉稽核系统

为了确保纳税申报的真实性,防止偷避税行为,需要建立个人所得税交叉稽核系统,利用相关的程序将纳税人自行申报信息、代扣代缴义务人申报信息进行比对、分析,采取人机结合的方式,核查纳税资料的准确性和完整性,及时发现并处理代扣代缴义务人和纳税人的偷逃税行为[2]。

---

[1] 数据来源:Wind 数据库,《中国统计年鉴》2015。
[2] 石坚、陈文东:《中国个人所得税混合模式研究》,中国财政经济出版社 2012 年版,第 81—83 页。

三 纳税服务的策略选择

税收征管中的纳税服务是税收征管体系中必不可少的要件，是涉及多层次多角度的系统工程。计征模式的改变需要各部门沟通合作的联动机制，通过增强纳税服务的人性化、信息化和税收透明度，解决纳税人的"困境"和提高纳税遵从度。

1. 提供人性化纳税服务

计征模式改变后，由于计税方法和纳税流程的改变，会造成纳税人理解偏差或者缴税"困境"，可以通过建立和培育纳税服务志愿者队伍（由税法工作者、财经类院校大学生、高校财经类专业人员组成）、纳税人帮助中心、纳税咨询办理预约纳税一对一等免费服务，提高纳税人的纳税意识和纳税遵从度。

2. 提高税法普及度，建立定期税收公告制度

利用税务平台对不同纳税身份的优缺点进行普及，通过各种方式加大税收宣传，不仅要向纳税人宣传必须缴税的义务，也要宣传如何缴税、缴纳税额的具体计算方法等。对各年各阶层缴纳的个人所得税各类指标定期在官方网站和各类合法平台进行公告，对高收入阶层缴纳税收额进行细化，如设定 Top0.1%、1%、5% 的具体收入份额、税收份额、税收负担等，这样不仅能使全社会清晰地认识个人所得税的高收入调节作用，也能使税务部门有效监控和改善税收政策，保护纳税人权利，提高纳税人纳税意识。

3. 提高纳税信息化程度

为纳税人提供可供下载的个人所得税纳税模拟软件，大力推行网上申报个人所得税。申报者可以通过申报在线服务或纳税 APP，免费获得安全的个人纳税信息，并缴纳税款。鼓励纳税人通过网络申报，制定相关政策给予网络申报纳税人申报延期的好处。

四 完善相关配套制度

1. 建立个人信用评价体系

通过法律的形式对个人账户、个人信用进行管理，对个人信用的权利义务及行为规范等做出明确的规定，在法律层面保障个人信用制

度的健康发展。建立诚信纳税的奖励和约束机制,将个人所得税申报纳税义务履行情况作为个人信用评价体系的重要指标。

2. 健全协税护税体系

对于纳税人申报信息的稽查,税务部门需要与司法部门、公安部门、工商部门、海关部门、住房和城乡建设委员会、人力资源和社会保障部门、文化局、广电局、证券机构、保险机构、拍卖公司、乡镇街道政府、出入境管理局、住房公积金管理中心等多部门和单位建立经常性联系制度,以全面及时掌握个人收入、财产、费用的相关信息。实现部门之间的数据共享,健全协税护税体系。在政府绩效管理考核中增加对政府各职能部门之间协税护税配合的约束性考核指标,强化地方政府的责任主体地位[①]。

3. 推广个人非现金结算制度

现金交易是避税和逃税的主要手段,降低现金交易的最有效方式就是进行非现金结算。美国规定小额交易可以使用现金,但是超过1万美元的收入必须使用转账的方式进行,否则就会视为违法。由于我国的现金使用量较大,对企事业单位的现金交易进行严格控制,规定每天现金交易量上限,超出部分完全使用转账支票或者银行卡转账等支付手段。加大现金检查力度,及时发现和严厉处罚现金管理违规的金融机构和企业。

第四节 改革升级的分步实施设想

由于综合与分类相结合的计征模式的改变,在实施过程中必然会遇到重重困难,但是,个人所得税计征模式的改变可以采取分步实施、多头并进方式进行。贾康、梁季(2010)认为相关部门信息共享程度已经大大提高,银行存款实名制度完善,金融机构、公安、房产、证券机构等身份识别制度趋于完备[②],企事业单位现金发放基本实现转账方式,现

---

① 石坚、陈文东:《中国个人所得税混合模式研究》,中国财政经济出版社2012年版,第81—83页。

② 贾康、梁季:《我国个人所得税改革问题研究——兼论"起征点"问题合理解决的思路》,《财政研究》2010年第4期。

行征管条件在技术上能够支撑个人所得税综合与分类相结合的计征模式改革。为此,在现有征管条件的基础上,按照综合与分类相结合的计征模式设计和征管水平的升级,提出分步实施设想,如表9-7所示。

表9-7　　　　　　　个人所得税改革升级的分步实施设想

分步	综合与分类相结合的税目安排			特定扣除	自行申报制度	已(应)具备的征管水平
	方式	税目	子税目			
第一步	综合	工资性所得	工资、薪金所得;劳务报酬所得;稿酬所得	学费和人力资源培训费;医疗费用(比例扣除)	1. 从代扣代缴的法人层面获取数据,对12万元以上收入纳税人做出自行申报期限限制 2. 鼓励年收入10万—12万元的纳税人自行申报 3. 国家公职人员和部队现役军官、士官强制申报 4. 与代扣代缴相结合,鼓励纳税人自行申报	纳税APP;银行信息、房产信息、医疗信息共享;企事业单位现金管控制度建立;财产实名制基本建立
		经营性所得	个体工商户生产、经营所得;企事业单位承包、承租经营所得			
		转移性所得	企业年金;职业年金;商业养老保险			
	分类	财产性所得资本所得其他所得	股票转让所得;利息、股息、红利所得;偶然所得			
第二步	综合	财产性所得	财产租赁所得;财产转让所得	赡养费用额外标准扣除;住房贷款利息和租金支出;慈善捐赠;意外事故及盗窃损失;杂项支出	继续完善代扣代缴制度,实行全员申报制度;引入家庭征税单位,鼓励纳税人做出可供选择的自行申报身份,并与代扣代缴纳税人进行信息比对;引入报税志愿者服务	银行贷款信息、慈善信息共享;意外损失认定健全;不动产登记工作基本完成;财产实名制完善
	分类	资本所得	金融产品所得			
第三步	综合	转移性所得	基本养老金中非暂免征收部分(退休公职人员、部队退役军官)	出现的新的可扣除的项目	健全自行申报制度	信息共享;财产实名制度全覆盖;非现金交易完善
	分类	资本所得	具有资本性质的其他所得			

第九章　基于提升再分配效应的个人所得税改革升级研究

第一步，在现有征管水平下，按照"低税率、少级次、宽级距"的超额累进税率，将工资性所得、经营性所得、转移性所得中的年金和商业养老保险纳入综合计征税目；以代扣代缴为基础，完善自行申报制度；对特定费用中国家认可的非义务教育阶段的学费、人力资源培训费、医疗费用等尝试性限制性扣除，不超出应税所得规定的比例部分予以扣除；按照 CPI 对综合计征部分的标准扣除进行指数化调整。对收入超过 12 万元的纳税人进行自行申报监管，鼓励 10 万—12 万元收入的纳税人自行申报；要求国家公职人员和部队现役军官士官必须自行申报。将财产性所得先按照 20% 的比例税率征收，恢复资本性所得的股票转让所得征税，将其与利息股息红利所得、偶然所得以 20% 比例税率，按次分类计算纳税。推广纳税 APP 软件，鼓励纳税人自行申报电子化，减少纳税人出行成本。

第二步，信息共享、不动产登记基本完成、财产实名制完善的前提下，将财产性所得中的财产租赁所得和转让所得纳入综合所得范围；对住房贷款利息、慈善捐赠、意外事故及盗窃损失、杂项支出等限制性扣除，实行赡养标准扣除；引入家庭计征单位，实行全员申报制度，定期公布自行申报纳税人与代扣代缴人信息，公布高收入群体纳税情况。

第三步，在信息共享、财产实名制度全覆盖、非现金交易完善的条件下，将转移性所得中的退休公职人员和部队退役军官基本养老金纳入综合所得范围，完善已纳入综合计征范围的所得监管，对新出现的可扣除的项目（满足生活需要的消费）进行尝试性特定扣除，健全自行申报制度，基本建立综合与分类相结合的个人所得税制度。

第五节　本章小结

根据实证研究总括，本章以提升个人所得税再分配效应为角度，提出了个人所得税改革升级的措施建议：一方面要设置适合我国实际国情的综合与分类相结合的计征模式；另一方面，提升税收征管水平。按照已具备的征管条件，提出可供实施的分步改革设想。个人所得税综合与分类计征模式的改革在实施上具有较高的征管要求，实施具有一定的难度，但是，改革是大势所趋，不能因为难度和阻力，而停滞不前。在税前收入不平等趋势并未有效逆转的前提下，计征模式的改变和税收征管水平的提高有利于提高税收规模，继而提升个人所得税的再分配效应，改革必须付诸实施。

结论与展望

本书在分析国内外有关税收再分配研究的基础上，就我国个人所得税的再分配效应问题进行了深入的研究，在取得一定研究成果的同时，存在着不足，为今后确定了进一步的研究方向。

一　主要结论

本书以税前收入不平等的数量程度作为逻辑起点，在分析现行个人所得税具有"公平性"税制设置的基础上，运用曲线拟合法、指标测量法、计量模型、数量差异比较法等有效研究方法，辅助 Matlab 7.0、Origin 7.5、Eviews 7.0 统计工具，对我国个人所得税再分配效应的数量程度进行了较为详细的实证分析，主要得到以下结论：

第一，我国城镇居民税前收入快速增长，收入结构基本不变。工资性收入缓慢下降的同时，经营性收入份额快速增加，财产性收入有所增加，转移性收入稳步增加。与之相伴的是各阶层收入差距迅速扩大。无论是低收入阶层内部、中等收入阶层内部、高收入阶层内部还是高低收入阶层之间的收入差距都呈现先迅速扩大后缓慢下降的趋势，其中 2005 年各指标值达到了峰值。随后，收入不平等的趋势得到了缓解，但程度有限。在各阶层中以最低收入阶层与最高收入阶层的收入差距最为严重，1994 年，最高收入阶层的收入是最低收入阶层的 3.94 倍，2012 年，这一差距扩大到 7.59 倍；低收入阶层内部的收入差距明显大于高收入阶层内部；与 OECD 35 个成员国的收入不平等进行比较，我国收入不平等处于金字塔靠近塔尖处（基尼系数为 0.4—0.5），但贫富两极化并未达到较为严重的程度。

第二，个人所得税是否具有再分配功能，是由其税制特点决定的。"税制是累进的"是个人所得税具有再分配功能的必要条件。对我国所得税的税制要素分析发现，累进性税率结构设置使得个人所得税具有较高的累进性，但是过高的税率结构、不合理的级距、过多的级次加上"无差别"的费用扣除制度，在一定程度上降低了个人所得税的累进性。伴随着居民收入快速增长，个人所得税的"效率功能突出，公平功能缺失"，个人所得税再分配效应 RE 值呈现"先缓慢增长，再快速增长，后波动略微上升"的趋势，但绝对值仍然较低 [RE（1995）＝0.00012；RE（2011）＝0.00338]，对税前收入不平等的改变程度可以忽略不计。

第三，较高的税制累进性却没有有效的再分配效应数据，究其原因是个人所得税的平均税率较低。运用 VAR 模型对各因素的税收再分配效应贡献程度进行量化发现，税收规模或平均税率是个人所得税再分配效应的决定性因素，而累进性是次要因素。

第四，税收规模的贡献度为挖掘个人所得税再分配效应的潜力提供了空间。税收征管不利造成的税收流失规模是实际征收规模的近 2 倍（2011 年，按各阶层适用税率计算），税收流失造成了三分之一的理论个人所得税效应损失 [2011，loss（RE%）＝33.46%]；实际个人所得税再分配效应年均值为 0.00178，理论效应为 0.00295，效应损失为 0.00116，管控税收流失的最好结果就是使税收再分配效应在现有水平上提升 1 倍，使税后基尼系数再下降 0.00116。

第五，税收征管方式的完善为再分配效应的潜力挖掘提供了空间，除此之外，分类计征模式和综合计征模式带来的个人所得税再分配效应的差距不容忽视。与美国模式相比，中国的个人所得税累进性是美国的近 2 倍，但是美国的再分配效应却是中国的 7.86 倍 [RE（America）＝0.04224，RE（China）＝0.0054]。美国的个人所得税将税前基尼系数降低了 0.04224，而我国只降低了 0.0054。从效应分解看，美国的平均税率和累进性对 RE 的影响都是正向的，平均税率的贡献为 0.06305，是累进性的 23 倍。中国平均税率对 RE 的影响也是正向的，贡献仅为 0.0047，相当于美国累进性的贡献率。这一数据不仅支持了税收规模（平均税率）是个人所得税再分配效应的决定因素，而且，不同计征方式形成了不同的再分配效应。

第六，由于可供研究的微观数据止步于 2011 年，而 2011 年却是我国个人所得税费用扣除标准大幅提高的改革节点，个人所得税是否具有累进性是再分配功能继续有效发挥的前提，运用宏观数据进行分析得出了有意义的结论，2011—2014 年，虽然费用扣除额的提高短暂地降低了累进性，但个人所得税仍然发挥了"公平"再分配的作用（$KP>1$），但是作用程度不明确。除此之外，我国整体税制呈现累退性，而且累退性不断加强，这是由流转税为主体的税制结构造成的，流转税的累退性又是因为增值税的累退性而显现的。所得税、企业所得税和个人所得税基本是累进的。

第七，经过实证推导，论证了税收规模是个人所得税再分配效应的决定因素，而税收征管水平的提高和计征模式的改变又是提高税收规模的有效途径。从税目安排、扩大税基、费用扣除制度设置、纳税人身份选择、优化税率结构等综合计征部分要素设计和分类计征设计，全面规划了综合与分类相结合的计征模式；在已具备或将具备的税收征管条件下，提出了可供实施的分步改革设想。

二 进一步研究方向

限于作者的写作能力，个人所得税再分配效应的研究还应该而且能够进一步扩展。

1. 由于本书主要研究个人所得税再分配效应的数量程度，对方法论的研究较为深入，但是对税收再分配的理论基础研究较为薄弱，今后的研究应更多地偏向理论研究，力求研究的全面性。

2. 对个人所得税再分配效应的研究只停留在各收入阶层的纵向比较上，缺少横向比较研究，也未涉及地区间的个人所得税再分配研究。

3. 由于我国微观数据的质量，数量和获取便捷性较差，不能确定研究的结论是否具有全局性，运用宏观数据测算的税收累进性指数 KP 值，虽然与同类指标得出的结论较为一致，但是鲜少研究涉及此类方法，使得 KP 指数法的运用既是研究的创新也为后期研究提供了方向。

4. 个人所得税再分配效应的国际比较应选择发展中国家，或者税制结构相似或相近的国家,但是由于发展中国家的数据缺失,关于个人所得税再分配效应国际比较研究仍待进一步。

5. 试图运用 CGE 模型测算改革升级的政策效果,特别是计征模式改革对税前基尼系数的改变程度,但是由于掌握的技术有限未完成,也为今后进一步的研究提供了可以拓展的方向。

附　　录

附录 A-1　Hossain（2011）税前洛伦茨曲线拟合方程 Matlab 7.0 程序

```
clear all
close all
clc
load（'lornze.txt'）；
％a = cell（1，8）；
％y = cell（1，8）；
％renew = cell（1，8）；
％gb = cell（1，8）；
x0 = [0.1，0.1，0.1]；
for i = 1：19
x = [0，0.1，0.2，0.4，0.6，0.8，0.9，1]；％累进人口比例
y = lornze（:，i）´；％累进收入比例
[a res（:，i）] = lsqcurvefit（@h，x0，x，y，[0，0，0]，[inf，inf，1]）；％拟合
xs（:，i）= a；p（:，i）= y（1）.^2 + y（2）.^2 + y（3）.^2 + y（4）.^2 + y（5）.^2 + y（6）.^2 + y（7）.^2；
rnew（:，i）= 1 - （res（i）/p（i））.^（1/2）；％拟合优度
ff = @（x）（x.^α）.*（exp（β*（x-1）））.*（（1-（1-x）.^θ））；
gb（:，i）= 1 - 2.*quad（ff，0，1）；％初始基尼系数
x1 = 0：01：1；
```

```
y1 = h (a, x);
y11 (:, i) = h (a, x);
plot (x, y, 'o', x1, x1, x, y1), hold on
legend ('样本点','绝对公平线','拟合曲线');% 拟合曲线
end
```

附录 A-2　税前洛伦茨曲线拟合方程参数值和拟合优度

$$y = f(x) = x^{a_t} e^{\beta_t(x-1)} [1 - (1-x)^{\theta_t}]$$

年份	α_t	β_t	θ_t	R^2
1994	3.29E-16	3.60E-17	0.54286	0.99521
1995	3.34E-16	3.78E-17	0.55193	0.99509
1996	3.31E-16	4.03E-17	0.55236	0.99501
1997	3.30E-16	4.39E-17	0.53345	0.9956
1998	3.32E-16	4.54E-17	0.524	0.9958
1999	3.34E-16	4.96E-17	0.51423	0.99584
2000	3.30E-16	5.37E-17	0.50078	0.9960
2001	3.17E-16	5.83E-17	0.48614	0.99606
2002	3.22E-16	6.80E-17	0.42532	0.99578
2003	3.13E-16	7.32E-17	0.41312	0.99576
2004	3.05E-16	8.01E-17	0.40423	0.99567
2005	3.06E-16	7.99E-22	0.40036	0.99517
2006	3.10E-16	8.48E-22	0.40356	0.99543
2007	3.15E-16	9.07E-22	0.40868	0.99547
2008	3.12E-17	9.73E-22	0.40161	0.99514
2009	3.01E-17	1.04E-21	0.41015	0.99542
2010	3.00E-17	1.10E-21	0.41615	0.99572
2011	3.06E-17	1.15E-21	0.41617	0.99564
2012	2.95E-17	1.21E-21	0.43064	0.99591

附录 A-3 税后洛伦茨曲线拟合方程参数值和拟合优度

$$ty = tf(x) = x^{\alpha_t}e^{\beta_t(x-1)}[1-(1-x)^{\theta_t}]$$

年份	α_t	β_t	θ_t	R^2
1995	1.0444E-17	4.4699E-15	0.5520	0.99553
1996	1.0167E-17	4.7491E-17	0.5526	0.98749
1997	1.0101E-17	5.07E-17	0.53376	0.99004
1998	1.01E-17	5.34E-17	0.5244	0.99100
1999	9.97E-18	5.61E-17	0.51471	0.99753
2000	1.01E-17	5.95E-17	0.50144	0.99745
2001	1.00E-17	6.20E-17	0.48698	0.99710
2002	1.05E-17	6.87E-17	0.42671	0.99848
2003	1.12E-17	6.95E-17	0.41523	0.99901
2004	1.11E-17	7.29E-17	0.40687	0.99897
2005	1.09E-17	7.63E-17	0.40301	0.99765
2006	1.08E-17	8.02E-17	0.40622	0.99843
2007	1.06E-17	8.25E-17	0.41165	0.99765
2008	1.06E-17	8.73E-17	0.40465	0.99825
2009	1.04E-17	9.48E-17	0.41326	0.99719
2010	1.04E-17	9.85E-17	0.41962	0.99914
2011	1.02E-17	1.01E-16	0.41951	0.99909

附录 A-4 税收集中度曲线 C_k 拟合方程参数值和拟合优度

$$C_k = T(x) = x^{\alpha_c}e^{\beta_c(x-1)}[1-(1-x)^{\theta_c}]$$

年份	$\alpha_{c,t}$	$\beta_{c,t}$	$\theta_{c,t}$	R^2
1995	1.24E-16	4.11435	0.42766	0.99293

续表

年份	$\alpha_{c,t}$	$\beta_{c,t}$	$\theta_{c,t}$	R^2
1996	1.47E-16	2.80604	0.32935	0.99749
1997	3.93E-18	4.14745	0.43359	0.99734
1998	4.46E-18	2.95074	0.34	0.9990
1999	3.20E-18	3.33283	0.42084	0.99852
2000	3.11E-18	3.12406	0.40273	0.99672
2001	1.65E-18	4.04063	0.49619	0.99699
2002	1.98E-18	3.58405	0.33288	0.9985
2003	2.02E-18	4.23336	0.31699	0.9989
2004	2.16E-18	4.23142	0.29836	0.99905
2005	2.05E-18	4.34097	0.36126	0.99876
2006	2.17E-18	5.02719	0.29539	0.99933
2007	2.03E-18	5.23043	0.31589	0.99937
2008	4.94E-19	6.36896	0.38524	0.99925
2009	5.99E-19	5.19587	0.35456	0.99939
2010	5.30E-19	5.15823	0.40929	0.99904
2011	6.69E-19	4.87414	0.3602	0.99908

附录 A-5　税收集中度曲线 C_s 拟合方程参数值和拟合优度

$$C_s = T(y) = y^{\alpha_s} e^{\beta_s(y-1)} [1 - (1-y)^{\theta_s}]$$

年份	$\alpha_{s,t}$	$\beta_{s,t}$	$\theta_{s,t}$	R^2
1995	1.24E-16	4.11435	0.42766	0.99897
1996	1.47E-16	2.80604	0.32935	0.99799
1997	3.93E-18	4.14745	0.43359	0.99991
1998	4.46E-18	2.95074	0.34	0.99899
1999	3.20E-18	3.33283	0.42084	0.99895

续表

年份	$\alpha_{c,t}$	$\beta_{c,t}$	$\theta_{c,t}$	R^2
2000	3.11E－18	3.12406	0.40273	0.99898
2001	1.65E－18	4.04063	0.49619	0.99674
2002	1.98E－18	3.58405	0.33288	0.99789
2003	2.02E－18	4.23336	0.31699	0.99844
2004	2.16E－18	4.23142	0.29836	0.99911
2005	2.05E－18	4.34097	0.36126	0.99896
2006	2.17E－18	5.02719	0.29539	0.99933
2007	2.03E－18	5.23043	0.31589	0.99937
2008	4.94E－19	6.36896	0.38524	0.99944
2009	5.99E－19	5.19587	0.35456	0.99964
2010	5.30E－19	5.15823	0.40929	0.99936
2011	6.69E－19	4.87414	0.3602	0.99988

附录 A－6 税收收入能力测算模型

贾绍华（2002）对个人所得税收收入能力测算方法由11个指标5个层层递进的计算公式（实际为13个）组成，其中税率没有进入测算公式，本书将此测算方法汇总成一个税收收入能力测算模型，并将税率融入模型中。

［1］应交个人所得税总额72［（hypop7/hl7）－F］×R／（hypop7/hl7）×KY×（hypop7/HYP）＝应交个人所得税占收入总额的比重71［（hypop7/hl7）－F］×R／（hypop7/hlarb7）×月收入在费用扣除标准以上全体收入总额67 CPY×（hypop7/HYP）

［2］应交个人所得税占收入总额的比重71［（hyp7/hl7）－F］×R／（hyp7/hl7）＝月收入在费用扣除标准以上者人均应征个人所得税70［（hyp7/hl7）－F］×R／月收入在费用扣除标准以上者人均收入额69（hyp7/hl7）

〔3〕月收入在费用扣除标准以上者人均应征个人所得税 70〔(hyp7/hl7) – F〕×R = 月收入在费用扣除标准以上者人均收入额 69（hyp7/hl7）– 个人所得税费用扣除额标准 61F×20% 税率 R

〔4〕月收入在费用扣除标准以上者人均收入额 69（hyp7/hl7）= 月收入额在费用扣除标准以上收入总额 65hyp7/月收入在费用扣除标准以上的人口数 68hl7

〔5〕月收入额在费用扣除标准以上收入总额 65hyp7 = 收入总额 – 最高收入户 52 hyp7

〔6〕收入总额 – 最高收入户 52hyp7 = 城镇居民家庭调查户数 – 最高收入户 h7×城镇居民家庭人均总收入 – 最高收入户 y7×城镇居民家庭平均每户常住人口 p7 – 最高收入户

〔7〕月收入额在费用扣除标准以上的人口数 68 hl7 = 城镇居民家庭调查户数 – 最高收入户 h7×城镇居民家庭平均每户就业人口 l7 – 最高收入户

〔8〕月收入在费用扣除标准以上全体收入总额 67KY×（hyp7/HYP）= 全国城镇居民收入总额 62CPY×月收入额在费用扣除标准以上收入总额占全体城镇居民总收入比重 66（hyp7/HYP）

〔9〕全国城镇居民收入总额 62YPurbain = 年末城镇人口数 Purbain×人均总收入可支配收入 Y/10000

〔10〕月收入额在费用扣除标准以上收入总额占全体城镇居民总收入比重 66（hyp7/HYP）= 月收入额在费用扣除标准以上收入总额 hyp765/收入总额 – 全国 45HYP

〔11〕收入总额 – 全国 45HYP = 城镇居民家庭调查户数 H×城镇居民家庭人均总收入 Y×全国城镇居民家庭平均每户常住人口 P – 全国 45HYP

〔12〕理论个人所得税规模 = 应交个人所得税总额 LT72〔(hyp7/hl7) – F〕×R/（hyp7/hl7）×KY×（hyp7/HYP）

〔13〕个人所得税流失额 NT = 应交个人所得税总额 LT 72〔(hyp7/hl7) – F〕×R/（hyp7/hl7）×KY×（hyp7/HYP）– 实际征收个人所得税 T

附录 A-7 1995—2011 年我国个人所得税税收能力测算——适用税率 20%

单位：亿元，%

年份	全国城镇居民收入总额	实际个人所得税收规模	个人所得税实际征收率	月收入在费用扣除标准以上者 收入总额比重	收入总额	人均收入额	人均应征个人所得税	应征个人所得税比重	应交个人所得税总额	个人所得税流失规模
1995	15064.85	131.49	0.87	16.58	2497.88	12688.04	617.61	4.87	121.59	-9.91
1996	18051.03	193.19	1.07	29.80	5379.34	12419.62	563.92	4.54	244.25	51.07
1997	20356.87	259.93	1.28	52.77	10742.14	11948.09	469.62	3.93	422.22	162.29
1998	22572.55	338.65	1.50	53.31	12034.37	12879.30	655.86	5.09	612.83	274.18
1999	25610.17	413.66	1.62	72.69	18615.13	12584.72	596.94	4.74	882.99	469.33
2000	28828.88	660.37	2.29	73.47	21180.88	14264.40	932.88	6.54	1385.21	724.84
2001	32969.89	996.02	3.02	89.59	29536.16	14321.22	944.24	6.59	1947.41	951.39
2002	38677.30	1211.07	3.13	88.60	34269.54	17114.43	1502.89	8.78	3009.34	1798.27
2003	44373.99	1417.33	3.19	89.14	39553.36	18903.66	1860.73	9.84	3893.33	2476.00
2004	51143.33	1736.20	3.39	96.44	49323.81	22829.51	2645.90	11.59	5716.55	3980.35
2005	58983.42	2093.96	3.55	97.85	57715.84	26338.54	3347.71	12.71	7335.86	5241.90
2006	68543.48	2452.67	3.58	78.85	54045.74	31488.82	2457.76	7.81	4218.38	1765.71
2007	83587.38	3184.94	3.81	77.83	65056.38	36111.36	3382.27	9.37	6093.33	2908.39
2008	98476.68	3722.31	3.78	79.41	78202.84	43482.95	4056.59	9.33	7295.66	3573.35
2009	110797.10	3943.59	3.56	92.75	102769.52	41832.45	3566.49	8.53	8761.77	4818.19
2010	127991.21	4837.32	3.78	92.35	118198.28	46516.31	4503.26	9.68	11442.82	6605.55
2011	150659.78	6054.08	4.02	97.73	147245.45	55804.82	5160.96	9.25	13617.61	7563.54

注：1. 城镇居民可支配收入总额 = 人均可支配收入 × 年末城镇人口数；

2. 月收入费用扣除额为换算成年扣除标准：1995 年为 9600 元，2006—2007 年为 19200 元，2008 年为 23200 元，2009—2010 年为 24000 元，2011 年为 3000 元，2012 年为 42000 元；

3. 个人所得税适用税率为 20%，按照样本内平均就业者工资超过当年的费用扣除标准后的应税所得适用的平均税率。

附录 A-8　各收入阶层应税所得实际税率

年份	tr	tr1	tr2	tr3	tr4	tr5	tr6	tr7
1994								0.10
1995								0.15
1996							0.10	0.15
1997							0.10	0.20
1998						0.10	0.15	0.20
1999	0.05				0.05	0.10	0.15	0.20
2000	0.15				0.10	0.15	0.20	0.20
2001	0.15			0.05	0.15	0.15	0.20	0.20
2002	0.2			0.10	0.15	0.20	0.20	0.25
2003	0.2			0.10	0.15	0.20	0.20	0.25
2004	0.2		0.10	0.15	0.20	0.20	0.20	0.25
2005	0.2		0.10	0.15	0.20	0.20	0.20	0.30
2006	0.2			0.10	0.20	0.20	0.20	0.25
2007	0.2				0.15	0.20	0.20	0.30
2008	0.2				0.20	0.20	0.25	0.30
2009	0.2			0.10	0.20	0.20	0.25	0.30
2010	0.2			0.20	0.20	0.25	0.25	0.35
2011	0.2125			0.10	0.23	0.25	0.28	0.35
2012	0.25				0.10	0.20	0.25	0.35

注：1. $tr1$—$tr7$ 代表各收入阶层从最低收入户到最高收入户的实际税率；

2. 2011 年 9 月 1 日实施新税率，当年应税所得适用税率测算公式 $tr = 1/3 \times$ 旧税率 $+ 2/3$ 新税率。

附录 A-9 各收入阶层理论税收规模——按实际适用税率计算

单位：万元

年份	T^*1	T^*2	T^*3	T^*4	T^*5	T^*6	T^*7	T^*	NT
1994							161213.3	161213.3	-565486.74
1995							911908.6	911908.6	-402991.44
1996						262585.4	1438024	1700610	-231290.26
1997						514112.4	2757239	3271352	672051.572
1998					489646.7	1172223	3586066	5247935	1861435.2
1999				559.44	1020643	1662469	4569765	7253436	3116836.46
2000				617584.4	2603958	3217576	5927425	12366544	5762843.82
2001			40315.23	1807465	3750684	4215774	7686244	17500482	7540281.87
2002			347693.6	2715842	7473395	6170836	15165864	31873630	19762929.7
2003			883288.9	3739721	9542029	7678767	18699542	40543348	26370047.9
2004		106716.9	2470672	7125349	12597141	9736049	24052843	56088772	38726772
2005		498692	3906659	10010187	16399842	12403687	35151251	78370317	57430717.5
2006				848086.2	9255297	9401583	27288377	46793344	22266643.6
2007				4183023	14565966	13012248	41666570	73427807	41578407.4
2008				6940181	17830074	19603110	48755800	93129165	55906065.2
2009			329844.3	9869492	21777685	22844761	55552613	1.1E+08	70938495.1
2010			4835971	15074327	34902805	28051073	77270933	1.6E+08	111762409
2011			724858.5	14714376	38278664	32431146	87596870	1.74E+08	113205114

注：$T^*1—T^*7$ 代表各收入阶层从最低收入户到最高收入户的理论应纳税额，T^* 为理论税收规模，NT 为税收流失规模。

附录 A-10 美国税后收入洛伦茨曲线拟合样本点

年份	样本点个数	累计人口百分比（%）						
		0	50	75	90	95	99	99.9	100
		累计税后收入百分比（%）						
1995	7	0	16.13	39.38	63.17	74.43	87.91		100
1996	7	0	15.71	38.52	61.89	73.05	86.65		100
1997	7	0	15.46	37.76	60.61	71.60	85.29		100
1998	7	0	15.27	37.26	59.84	70.71	84.30		100
1999	7	0	14.86	36.53	58.86	69.67	83.39		100
2000	7	0	14.62	35.90	57.84	68.53	82.18		100
2001	8	0	16.01	38.61	61.08	71.88	85.26	93.24	100
2002	8	0	16.07	39.19	62.24	73.16	86.55	94.20	100
2003	8	0	15.52	38.19	61.14	72.12	85.60	93.51	100
2004	8	0	14.84	36.87	59.19	69.93	83.44	91.98	100
2005	8	0	14.29	35.53	57.20	67.76	81.36	90.56	100
2006	8	0	13.74	34.68	56.19	66.74	80.44	89.95	100
2007	8	0	13.50	34.15	55.46	65.95	79.65	89.22	100
2008	8	0	13.18	34.87	57.35	68.37	82.29	91.10	100
2009	8	0	13.09	35.84	59.59	71.16	85.25	93.22	100
2010	8	0	13.00	35.07	58.24	69.60	83.61	91.92	100
2011	8	0	12.79	34.73	57.89	69.35	83.64	92.18	100

附录 A-11 美国税收集中度曲线拟合参数值和拟合优度

$$GT = t(x) = x^{a_{c,t}} e^{\beta_{c,t}(x-1)} [1 - (1-x)^{\theta_{c,t}}]$$

年份	$\alpha_{c,t}$	$\beta_{c,t}$	$\theta_{c,t}$	R^2
1995	1.67131	7.83E-171	0.27099	0.99988
1996	1.67976	8.15E-171	0.255	0.9999
1997	1.67144	9.28E-171	0.2485	0.99991
1998	1.72551	1.03E-170	0.23601	0.99996
1999	1.78251	1.15E-170	0.22613	0.99996
2000	1.78022	7.84E-171	0.21857	0.99996
2001	1.76849	1.32E-170	0.25329	0.99943
2002	2.05935	1.46E-170	0.25589	0.99922
2003	2.05702	1.63E-170	0.25216	0.99907
2004	2.16211	1.93E-170	0.23541	0.9986
2005	2.32676	2.14E-170	0.22113	0.99818
2006	2.42263	2.28E-170	0.21851	0.99809
2007	2.42894	2.55E-170	0.21543	0.9982
2008	2.53571	2.85E-170	0.2289	0.99866
2009	3.05304	2.88E-170	0.23829	0.99857
2010	3.08376	3.06E-170	0.23162	0.99859
2011	2.75361	3.51E-170	0.24503	0.99877

附录 A-12　美国 AGI 洛伦茨曲线拟合方程参数值和拟合优度

$$GY = f(x) = x^{\alpha_{a,t}} e^{\beta_{a,t}(x-1)} [1 - (1-x)^{\theta_{a,t}}]$$

年份	$\alpha_{a,t}$	$\beta_{a,t}$	$\theta_{a,t}$	R^2
1995	0.82486	7.16E-21	0.44889	0.99969
1996	0.79568	8.28E-21	0.42689	0.99961
1997	0.75243	9.19E-21	0.40738	0.99953
1998	0.72101	1.16E-20	0.39335	0.99946
1999	0.71567	1.23E-20	0.37989	0.99939
2000	0.68491	1.26E-20	0.365	0.99935
2001	0.64651	1.39E-20	0.40082	0.99921
2002	0.70908	1.43E-20	0.4207	0.99938
2003	0.70944	1.70E-20	0.41121	0.99927
2004	0.65324	2.05E-20	0.38101	0.99900
2005	0.60678	2.51E-20	0.35436	0.99888
2006	0.61994	2.73E-20	0.34448	0.99886
2007	0.60635	3.15E-20	0.33594	0.99873
2008	0.75399	2.76E-20	0.36605	0.99892
2009	0.7945	2.50E-20	0.40476	0.99926
2010	0.71234	3.12E-20	0.38194	0.99904
2011	0.76584	3.49E-20	0.3836	0.99927

参考文献

白景明:《按家庭计征个人所得税条件不成熟》,《中国财政》2011年第14期。

白景明、何平:《个人所得税的收入结构与税制改革》,《价格理论与实践》2014年第9期。

鲍晓华、崔晓翔:《美国个人所得税生活费用分项扣除简介》,《国际税收》2014年第8期。

蔡新火:《经济全球化背景下我国税法的发展》,《长春理工大学学报(社会科学版)》2012年第11期。

蔡秀云、周晓君:《我国个人所得税调节收入分配效应研析》,《税务研究》2014年第7期。

常世旺、韩仁月:《工资薪金 个人所得税改革的再分配效应:基于微观数据的分析》,《财贸经济》2015年第3期。

陈灯塔:《应用经济计量学》,北京大学出版社2012年版。

陈建东、孙克雅、马骁、冯瑛、成树磊:《直接税和间接税对城乡居民收入差距的影响分析》,《税务研究》2015年第8期。

陈建东、赵艾凤:《个人所得税对省际间城镇居民收入差距和社会福利的影响》,《财政研究》2013年第7期。

陈卫东:《现行税收政策对居民收入差距的影响及改进思路》,《税务研究》2006年第8期。

陈文东:《税收对收入分配的影响及改革展望》,《中央财经大学学报》2009年第6期。

陈效:《对改革个人所得税费用扣除标准的思考和建议》,《税收经济研究》2011年第2期。

陈业宏、曹胜亮：《个人所得税法实质正义的缺失考量——以纳税人家庭经济负担为视角》，《法学杂志》2010 年第 5 期。

崔军、张雅璇：《个人所得税分项收入的占比结构与税收负担》，《税务研究》2015 年第 3 期。

崔军、朱晓璐：《论综合与分类相结合计征方式下的我国个人所得税改革》，《税务研究》2014 年第 9 期。

崔军、朱志刚：《中国个人所得税改革历程与展望——基于促进构建橄榄型收入分配格局的视角》，《经济与管理研究》2012 年第 1 期。

崔志坤：《中国个人所得税制度改革研究》，财政部财政科学研究所 2011 年版。

戴平生：《税收累进性测度的改进：方法、比较和研究》，《数量经济技术经济研究》2014 年第 2 期。

邓子基、李永刚：《最优所得税理论与我国个人所得税的实践》，《涉外税务》2010 年第 2 期。

杜莉：《实行单一个人所得税制不利于调节收入分配吗——基于 2012 年城镇住户调查数据的模拟分析》，《财贸经济》2015 年第 8 期。

杜莉：《税制调整与我国个人所得税的再分配效应》，《统计研究》2015 年第 4 期。

樊勇、王蔚：《增值税与城乡居民收入分配的关联度：1995—2012 年》，《改革》2012 年第 11 期。

冯兴元、魏志梅：《哈耶克的税制效率与公平原则思想及其现实意义》，《税务研究》2000 年第 8 期。

高凤勤、许可：《效率还是公平：新一轮个人所得税制改革思考》，《税务研究》2015 年第 3 期。

高凌江：《中国税制结构合理性的实证研究》，《财贸经济》2011 年第 10 期。

高培勇：《财税形式 财税政策 财税改革（下）——面向"十一五"的若干重大财税问题盘点》，《财贸经济》2006 年第 2 期。

高培勇：《个税改革：还是要加快向综合与分类结合制转轨》，《税务研究》2008 年第 1 期。

高培勇：《尽快启动直接税改革——由收入分配问题引发的思考》，

《涉外税务》2011 年第 1 期。

高铁梅：《计量经济分析方法与建模》，清华大学出版社 2009 年版。

高亚军：《我国个人所得税调节居民收入分配的有效性研究》，《税务研究》2015 年第 3 期。

古建芹、张丽微：《税率调整：强化我国个人所得税收入分配调节效应的选择》，《涉外税务》2011 年第 2 期。

谷成：《税收与收入分配：基于发展中国家个人所得税的思考》，《经济管理》2010 年第 7 期。

《关于深化收入分配制度改革若干意见的通知（全文）》，人民网，http://finance.people.com.cn/n/2013/0206/c1004 - 20444614.html，2013 年 2 月 6 日。

郭佩霞、梁倩：《三次分配中的税收公平取向、约束条件与提升路径》，《税务研究》2015 年第 8 期。

郭庆旺、吕冰洋：《论税收对要素收入分配的影响》，《经济研究》2011 年第 6 期。

郭庆旺、赵志耘：《财政学》，中国人民大学出版社 2002 年版。

国家税务总局税收科学研究所：《外国税制概览》（第 4 版），中国税务出版社 2012 年版。

韩海燕：《中国城镇居民收入结构、不稳定性与消费问题研究》，硕士学位论文，西北大学，2010 年。

韩丽萍：《我国生产税及其主体税种的收入分配效应研究》，博士学位论文，中央财经大学，2014 年。

郝春虹：《纵向公平原则与个人所得税制度优化》，《财贸研究》2003 年第 6 期。

胡华：《个人所得税四要素与收入差距关系研究》，《中央财经大学学报》2015 年第 8 期。

胡祖光：《基尼系数理论最佳值及其简易计算公式研究》，《经济研究》2004 年第 9 期。

黄凤羽：《对个人所得税再分配职能的思考》，《税务研究》2010 年第 9 期。

黄凤羽：《个人所得税综合计征的制度设想》，《税务研究》2011 年第

3 期。

黄凤羽:《中国个人所得税改革的路径选择：从分类到综合》,《中央财经大学学报》2011 年第 7 期。

黄桂兰:《税收调节收入分配的理论基础和文献述评》,《中国证券期货》2013 年第 7 期。

黄桂兰:《税收制度调节收入分配差距的效果研究——基于中国数据的理论与经验》,《税收经济研究》2013 年第 6 期。

黄桂兰:《我国居民收入分配差距现状、影响及财税对策分析》,《财政监督》2013 年第 2 期。

黄运:《税收调节国民收入分配的作用与路径探析》,《税务研究》2014 年第 9 期。

计金标:《个人所得税政策与改革》,立信会计出版社 1997 年版。

贾康:《论居民收入分配中政府维护公正、兼顾均平的分类调节》,《地方财政研究》2007 年第 7 期。

贾康、梁季:《我国个人所得税改革问题研究——兼论"起征点"问题合理解决的思路》,《财政研究》2010 年第 4 期。

贾绍华:《国民收入分配与税收调节机制》,《扬州大学税务学院学报》2010 年第 10 期。

贾绍华:《中国税收流失问题研究》,中国财政经济出版社 2002 年版。

姜爱林:《发达国家调节收入分配差距的做法、启示及其政策建议》,《黄河科技大学学报》2010 年第 10 期。

金鹰、李为人:《个人所得税税级攀升的矫正》,《税务研究》2015 年第 3 期。

李国峰、刘黎明:《个税起征点对纳税能力的影响：基于居民收入分布的估算》,《数量经济技术经济研究》2015 年第 8 期。

李华:《家庭还是个人：论我国个人所得税纳税单位选择》,《税务研究》2011 年第 2 期。

李林木:《高收入个人税收遵从与管理研究》,中国财政经济出版社 2013 年版。

李林木:《综合与分类相结合的个税改革——半二元模式的选择与征

管》,《财贸经济》2012 年第 7 期。

李林木、薛迎迎、高光明：《发展中国家综合与分类相结合的个人所得税模式选择》,《税务研究》2015 年第 3 期。

李萌：《公益捐赠的税收之痛　中美两国公益事业状况比较》,http：//finance. people. com. cn/GB, 2005 年 11 月 21 日。

李锐：《美国国内收入法典：程序与管理》,中国法制出版社 2010 年版。

李炜光、欧阳婷：《中国税制 20 年：从效率走向公正》,《税务研究》2014 年第 9 期。

李文：《我国的税制结构与收入再分配》,《税务研究》2015 年第 8 期。

李晓芳、高铁梅：《应用 HP 滤波方法构造我国增长循环的合成指数》,《数量经济技术研究》2001 年第 9 期。

李延辉：《个人所得税调节城镇居民收入分配的实证研究》,《涉外税务》2009 年第 1 期。

李志远：《我国个人所得税税制模式的改革》,《税务研究》（第 4 版）2004 年第 11 期。

厉以宁：《股份制与现代市场经济》,商务印书馆 1996 年版。

梁俊娇、何晓：《我国个人所得税再分配效应研究》,《中央财经大学学报》2014 年第 3 期。

林毅夫：《以初次分配实现公平与效率的统一》,《党政干部文摘》2007 年第 6 期。

刘丽坚：《论税收对个人收入分配的调节》,《税务研究》2008 年第 9 期。

刘丽坚：《论我国个人所得税的职能及下一步改革设想》,《税务研究》2006 年第 8 期。

刘荣：《美国联邦个人所得税费用扣除制度对我国的启示》,《涉外税务》2009 年第 10 期。

刘尚希、应亚珍：《个人所得税：功能定位与税制设计》,《税务研究》2003 年第 6 期。

刘小川、汪冲：《个人所得税公平功能的实证分析》,《税务研究》2008 年第 10 期。

刘扬、冉美丽、王忠丽：《个人所得税、居民收入分配与公平——基于中美个人所得税实证比较》，《经济学动态》2014年第1期。

刘怡、聂海峰：《间接税负担对收入分配的影响分析》，《经济研究》2004年第5期。

刘怡、聂海峰：《税收负担对收入分配的影响分析》，《经济学》（季刊）2004年第5期。

刘怡、聂海峰：《增值税和营业税对收入分配的不同影响研究》，《财贸经济》2009年第6期。

刘元生、杨澄宇、袁强：《个人所得税的收入分配效应》，《经济研究》2013年第1期。

刘植荣：《从奥巴马的报税单看美国个人所得税制度》，《涉外税务》2010年第7期。

《论语·季氏》，http://www.gushiwen.org/GuShiWen。

罗涛：《概论个人所得税制改革》，《税务研究》2015年第3期。

马福军：《个人所得税费用扣除应建立全国统一标准下的浮动机制》，《税务研究》2010年第3期。

马君、詹卉美：《美国个人所得税课税单位的演变及其对我国的启示》，《税务研究》2010年第1期。

马念谊、王海南：《构建个人所得税微观模拟模型的设想》，《税务研究》2014年第9期。

茅于轼：《个税改革不妨"以俄为师"》，《同舟共进》2009年第11期。

聂海峰、刘怡：《增值税的负担分布和累进性演变研究》，《经济科学》2010年第6期。

聂海峰、岳希明：《间接税归宿对城乡居民收入分配影响研究》，《经济研究》2012年第4期。

潘省初：《计量经济学中级教程》，清华大学出版社2009年版。

彭福东：《从功能定位看个人所得税的修订和完善》，《税收经济研究》2011年第1期。

彭海艳：《我国个人所得税弹性的实证分析：1980—2011》，《财贸研究》2014年第1期。

彭海艳：《我国个人所得税再分配效应及累进性的实证分析》，《财贸经济》2011 年第 3 期。

彭海艳：《中美比较视域下个人所得税制演进逻辑与改革效应》，《税务与经济》2012 年第 5 期。

彭海燕：《个人所得税的再分配效应和机制重塑研究》，中国财政经济出版社 2012 年版。

彭海燕：《我国个人所得税累进性分解的实证研究》，《上海经济研究》2010 年第 10 期。

平新乔、梁爽、郝朝艳、张海洋、毛亮：《增值税与营业税的福利效应研究》，《经济研究》2009 年第 6 期。

乔磊：《美国如何征个人所得税》，《理财周刊》，2011 年 3 月 14 日。

饶海琴、冯仲华：《个人所得税调控居民收入分配差距的分层次功能——基于上海市城镇居民收入 1990—2006 年数据》，《上海经济研究》2010 年第 4 期。

施正文：《分配正义与个人所得税法改革》，《中国法学》2011 年第 5 期。

石坚、陈文东：《中国个人所得税混合模式研究》，中国财政经济出版社 2012 年版。

石绍宾、任芳：《个人所得税扣除制度研析》，《税务研究》2015 年第 3 期。

石子印：《我国个人所得税：如何调节收入分配》，《经济理论与经济管理》2013 年第 2 期。

孙刚：《试析税收对我国收入分配的调节》，《税务研究》2011 年第 3 期。

汤贡亮、周仕雅：《从税基的视角完善个人所得税制》，《税务研究》2007 年第 6 期。

万莹：《个人所得税对收入分配的影响：由税收累进性和平均税率观察》，《财政金融》2011 年第 3 期。

万莹：《如何优化我国个人所得税累进税率结构》，《税务研究》2014 年第 9 期。

万莹：《缩小我国居民收入分配差距的税收政策研究》，中国社会科学出版社 2013 年版。

万莹：《我国企业所得税收入分配效应的实证分析》，《中央财经大学学报》2013年第6期。

汪昊、许军：《美国个人所得税征管制度的特点》，《涉外税务》2007年第12期。

王传伦、高培勇：《当代西方财政经济理论》（上、下册），商务印书馆1995年版。

王德祥、刘中虎：《美国的个人所得税制度及其启示》，《世界经济研究》2011年第2期。

王亭喜：《美国个人所得税制优化研究》，博士学位论文，吉林大学，2014年。

王小鲁：《灰色收入拉大居民收入差距》，《中国改革》2007年第7期。

王晓玲：《中美税制比较》，立信会计出版社2015年版。

王亚芬、肖晓飞、高铁梅：《我国收入分配差距及个人所得税调节作用的实证分析》，《财贸经济》2007年第4期。

王志刚：《我国税制的累进性分析》，《税务研究》2008年第9期。

吴旭东、孙哲：《我国个人所得税费用扣除的再思考》，《财经问题研究》2012年第1期。

武辉：《当前个人所得税存在的问题与对策研究》，《中央财经大学学报》2009年第1期。

武普照：《近现代财政思想史研究》，南开大学出版社2010年版。

夏宏伟：《中国个人所得税制度改革研究》，财政部财政科学研究所2013年版。

夏业良：《中国财富集中度超美国，1%的家庭掌握全国41%的财富》，《财经国家周刊》2010年第13期。

咸春龙：《中国个人所得税流失及成因研究》，中国经济出版社2012年版。

熊月茜：《我国个人所得税再分配效应及其影响因素相关关系研究》，《南京财经大学学报》2015年第4期。

徐建炜、马光荣、李实：《个人所得税改善中国收入分配了吗？——基于对1997—2011年微观数据的动态评估》，《中国社会科学》

2013 年第 4 期。

徐静、岳希明：《税收不公平如何影响收入分配效应》，《经济学动态》2014 年第 6 期。

徐万坪：《基尼系数的算法》，《统计与决策》2004 年第 9 期。

徐烨、袁莉莉、徐战平：《中国个人所得税制度》，复旦大学出版社 2010 年版。

燕洪国：《论税收调节收入分配的作用空间与局限性》，《涉外税务》2010 年第 6 期。

杨虹：《北京市税收在收入分配中作用的实证研究》，中国税务出版社 2010 年版。

杨虹：《从城镇居民收入分配看个人所得税改革》，《税务研究》2010 年第 3 期。

尹磊、黄鑫：《我国工资薪金个人所得税制度的改革与完善》，《税务研究》2015 年第 3 期。

岳树民、卢艺、岳希明：《免征额变动对个人所得税累进性的影响》，《财贸经济》2011 年第 2 期。

岳希明、徐静、刘谦、丁胜、董丽娟：《2011 年个人所得税改革的收入再分配效应》，《经济研究》2012 年第 9 期。

岳希明、徐静：《我国个人所得税的居民收入分配效应》，《经济学动态》2012 年第 6 期。

曾军平：《公平分配、规则架构与财税政策选择》，《税务研究》2015 年第 8 期。

曾杨：《税制对个人所得税再分配效率的影响》，硕士学位论文，北京师范大学，2014 年。

詹新宇、杨灿明：《个人所得税的居民收入再分配效应探讨》，《税务研究》2015 年第 7 期。

张东生：《中国居民收入分配年度报告（2013）》，中国财政经济出版社 2013 年版。

赵人伟：《我国居民收入分配和财产分布问题分析》，《当代财经》2007 年第 7 期。

中国社会科学院法学研究所：《中国法制发展报告 No.8（2010）》，

社会科学文献出版社 2010 年版。

《中华人民共和国国民经济和社会发展"九五"计划和二〇一〇年远景目标纲要》，新华网，http：//news.xinhuanet.com，2005 年 3 月 15 日。

周显志、范敦强：《美国个人所得税税率制度及其借鉴》，《税务与经济》2009 年第 7 期。

周晓蓉、许云芳、程树磊：《我国地区间个人所得税收入分析》，《税务研究》2014 年第 9 期。

周亚、谢海龙等：《个人所得税收入分配效应的模型分析》，《北京师范大学学报（自然科学版）》2006 年第 12 期。

朱明熙、代灵敏：《美国个人所得税对贫富差距的影响——基于 1913—2011 年经验数据分析》，《财经科学》2014 年第 4 期。

朱为群、陶瑞翠：《个人劳动所得综合课税改革路径探究》，《税务研究》2014 年第 9 期。

［奥］弗里德里希·冯·维塞尔：《自然价值》，陈国庆译，商务印书馆 1982 年版。

［法］让·巴萨斯特·萨伊：《政治经济学概论》，陈福生、陈振骅译，商务印书馆 1998 年版。

［美］保罗·A. 萨缪尔森、威廉·D. 诺德豪斯：《经济学》（第 12 版），高鸿业等译，中国发展出版社 1992 年版。

［美］保罗·萨缪尔森、威廉·诺德豪斯：《经济学》（第 19 版），萧琛译，商务印书馆 2014 年版。

［美］戈登·图洛克：《收入再分配的经济学》，范飞等译，上海人民出版社 2008 年版。

［美］理查德·A. 马斯格雷夫、佩吉·B. 马斯格雷夫：《财政理论与实践》（第五版），邓子基、邓力平译，中国财政经济出版社 2003 年版。

［美］刘易斯：《发展计划》，何宝玉译，北京经济学院出版社 1988 年版。

［美］米尔顿·弗里德曼：《资本主义与自由》，张瑞玉译，商务印书馆 1986 年版。

[美] 约翰·洛克斯·康芒斯：《制度经济学》（上、下册），于树生译，商务印书馆 2009 年版。

[美] 约瑟夫·斯蒂格利茨：《经济学》，梁小民、黄险峰译，中国人民大学出版社 2000 年版。

[日] 橘木俊绍：《日本的贫富差距——从收入与资产进行分析》，丁红卫译，商务印书馆 2003 年版。

[英] 阿尔弗雷德·马歇尔：《经济学原理》（全两卷），朱志泰、陈良璧译，商务印书馆 1964 年版。

[英] 庇古：《福利经济学》，朱泱、张胜纪、吴良建译，商务印书馆 1998 年版。

[英] 威廉·配第：《赋税论》，马妍译，中国社会科学出版社 2010 年版。

[英] 亚当·斯密：《国富论》，谢祖均译，商务印书馆 2007 年版。

[英] 约翰·梅纳德·凯恩斯：《就业、利息和货币通论》，高鸿业译，商务印书馆 2005 年版。

[英] 约翰·伊特维尔、默里·米尔盖特：《新帕尔格雷夫经济学大辞典》（第四卷），陈岱孙译，经济科学出版社 1996 年版。

Aaberge R., Colombino U., "Accounting for Family Background When Designingoptimal Income Taxes: A Microeconometric Simulation Analysis", *Journal of Population Economics*, 2012, 25 (2), pp. 741 – 761.

Aronson, J. R., Lambert P. J., "Decomposing the Gini Coefficient to Reveal the Vertical, Horizontal and Reranking Effects of Income Taxation", *National Tax Journal*, 1994, (2), pp. 273 – 294.

Atkinson, Anthony. "Horizontal Equity and the Distribution of the Tax Burden", in Henry Aaron and Michael Boskin, *Economics of Taxation*, Washington, D. C. The Brookings Institution, 1980, pp. 3 – 18.

Baum, S. R., "On the Measurement of Tax Progressivity: Relative Share Adjustment", *Public Finance Quaterly*, 1987, (15), pp. 166 – 187.

Bird, Richard M., Eric M., Zolt, "The Limited Role of the Personal Income Tax in Developing Countries", *Journal of Asian Economics*, 2005, 16, pp. 928 – 946.

Bittker, B. I., "A Comprehensive Tax Basoas a Goal of Income Tax Reform", *Harvard Law Review*, 1967, 80 (5), pp. 789 – 802.

Boadway, R., M. Keen. "Redistribution" in: *Handbook of Income Distribution*, 2000, 1, pp. 677 – 789.

Formby, Terry G., W. James Smith, "A Comparison of Two New Measures of Tax Progressivity", *Economic Journal*, 1981, 91, pp. 1015 – 1019.

Gerlind Verbist, Redistribute Effect and Progressivity of Taxes: An International Comparisionacross the EU Using EUROMOD Working Paper, NO. EM5/04, 2004.

HMRC, 2012, *Icome Tax Liabilities Statistics 2009 – 2010 to 2012 – 2013*, http://www.hmrc.gov.uk.

Hugh Dalton, *Principles of Public Finance*, London: George Routledge & Sons, Ltd., 1932, p. 246.

Hyuna J. K. and B. Lim, "Redistributive Effect of Korea's Income Tax: Equity Decomposition", *Applied Economics Letters*, 2005, 35 (1), pp. 165 – 179.

Jacqueline Bloom Stanfield, James Ronald Stanfield, *John Kenneth Galbraith*, New York: Palgrave Macmillan, 2011, pp. 124 – 155.

John Greedy, "Measuring Welfare Change and the Excess Burden of Taxation", *Bulletin of Economic Research*, 2000, 52 (1), pp. 370 – 378.

Jon Bakija, Eugene Steuerle, "Individual Income Taxation Since 1948", *National Tax Journal*, 1991, 44 (4), pp. 56 – 79.

Joseph A. Pechman, "Distribution of Federal and State Income Taxes by Income Classes", *The Journal of Finance*, 1972, 27 (2), pp. 179 – 191.

Kakinaka, N., Pereira, R. M., "A New Measurement of Tax Progressivity", GSIR Working Papers, 2006.

Kakwani, Nanak, "On the Measurement of Tax Progressivity and Redistribution Effect of Taxes with Applications to Horizontal and Vertical Equity", *Advances in Econometrics*, 1984, 3, pp. 149 – 168.

Kakwani. N. C., Lambert, "On Measuring Inequity in Taxation: A New Approach", *European Journal of Political Ecomomy*, 1998, 14, pp. 369 – 380.

Kakwani, N., "Measurement of Tax Progressivity: An Internationa Comparison", *Economic Journal*, 1977 (87), pp. 71 – 80.

Kakwani, N., Nanak, "Applications of Lorenz Curves in Economics Analysis", *Econometrica*, 1977, 45, pp. 719 – 728.

Kakwani, N., Nanak., *Income Inequality and Poverty Methods of Estimation and Policy Applications*, New York: Oxford University Press, 1980, pp. 327 – 333.

Kakwani, N., "On the Measurement of Tax Progressivity and Redistribution Effect of Taxes with Applications to Horizontal and Vertical Equity", *Advances in Econometrics*, 1985, 42 (2), pp. 149 – 168.

Kakwani, N., Podder, N., "Efficient Estimation of Lorenz Curve and Associated Inequality Measures from Grouped Observations", *Econometrica*, 1976, 14 (2), pp. 278 – 291.

Kinam Kim, Peter Lamber, "Redistributive Effect of U. S. Taxes and Public Transfers, 1994 – 2001", *Public Finance Review*, 2009, 37 (1), pp. 3 – 26.

Lambert, Ramos, "Horizontal Inequity and Vertical Redistribution", *International Tax an Public Finance*, 1997, 4, pp. 25 – 33.

Loizides, Ioannis, "The Decomposition of Progressivity Indices with Applications to the Greek Taxation System", *Public Finance*, 1988, 43, pp. 236 – 247.

Meyer, B. D., Sullivan J. X., "Consumption and Income Inequality and the Great Recession", *The American Economic Review*, 2013, 103 (3), pp. 178 – 183.

Michael Strudler, Tom Petska, Ryan Petska, "Further Analysis of the Distribution of Income and Taxes: 1979 – 2002", American Statistical Association Conference, http://www.irs.gov, 2004.

Milanovic, Branko, "Do More Unequal Countries Redistribute More? Does the Median Voter Hypothesis Hold?", Policy Research Working Paper Series 2264, The World Bank, 1999.

Mirrlees, J. A., "An Exploration in the Theory of Optimum Income Taxation", *The Review of Economic Studies*, 1971, 38 (2), pp. 79 –99.

Mudry K., "Individual Income Tax Rates and Share, 2008", *Statistics If of Income Bulletin*, 2011, 30 (3), pp. 9 –64.

Nyamongo, Schoeman, "Tax Reform and the Progressive of Personal Income Tax in South Africa", *South African Journal of Economics*, 2007, 75, pp. 125 –137.

Oberhofer, "The Redistributional Effect of the Federal Income", *National Tax Journal*, 1975 (28), pp. 127 –133.

Ortega P., G. Martin, A. Fernandz, M. Ladoux, A. Garcia, "A New Functional Form for Estimating Lorenz Curves", *Review of Income and Wealth*, 1991, 37, pp. 447 –452.

Pfahler, W., "Redistributive Eeffect of Income Taxation: Decomposing Tax Base and Tax Rates Effects", *Bulletin of Economic Research*, 1990, 42, pp. 3307 –3378.

Pigou, A. C., "An Analysis of Supply", *Economic Journal*, 1928, 38, pp. 238 –257.

Plotnick, Robert, "A Measure of Horizontal Equity", *Review of Economics and Statistics*, 1981, 63, pp. 283 –288.

R. A. Musgrave, Tun Thin, "Income Tax Progression, 1929 – 1948", *Journal of Political Economy*, 1948, 56 (6), pp. 498 –514.

Rasche, R. H., Gaffney. J. Koo, A. Y., and Obst, N., "Functional Forms for Estimating the Lorenz Curve", *Econometrica*, 1980, 48, pp. 1061 –1062.

Richard Krever, Hui Zhang, "Progressive Income Taxation and Urban Individual Income Inequality", *Asia-Pacific Tax Bulletin*, 2011 (3), pp. 192 –199.

Richard M. Bird, Eric M. Zolt, "The Limited Role of the Personal Income Tax in Developing Countries", ITP Working Paper, No. 0505, 2005.

Sharif Hossain, Chikayoshi Saeki, "A New Functional Formfor Estimating Lorenz Curves", *Journal of Business and Economics Research*, 2011, 1

(1), pp. 43-58.

Sharp, A., "Linkages between Economic Growth and Inequality: Introduction and Overview", *Canadian Public Policy*, 2003, 29 (sl), pp. 1-14.

Shorrocks, A. F., "The Class of Additively Decomposable Inequality Measures", *Econometrica*, 1980, 48 (3), pp. 613-625.

Simons, H., *Personal Income Taxation*, Chicago: University of Chicago Press, 1938.

Slitor, R. E., "The Measure of Progressivity and Build-in Flexibility", *Qurarterly Journal of Economics*, 1948, 62, pp. 309-313.

Steuerle, E., Hartzmark, "Individual Income Taxation: 1947-1979", *National Tax Journal*, 1981, 34, pp. 145-166.

Suits, D. B., "Measurement of Tax Progressivity", *American Economic Review*, 1977 (67), pp. 747-752.

Sung M. J., Park K., "Effects of Taxes and Benefits on Income Distribution in Korea", *Review of Income and Wealth*, 2012, 57 (2), pp. 345-363.

Thomas Piketty, Emmanuel Saez, "How Progressive is the U. S. Federal Tax System? A Historical and International Persepetive", *The Journal of Economic Perspectives*, 2007, 21 (1), pp. 3-24.

Urban I., Lambert P. J., "Redistribution, Horizontal Inequity and Reranking: How to Measure Them Properly", *Public Finance Review*, 2005, 36 (5), pp. 563-587.

Uusitalo, H., "Redistribution and Equality in the Welfare State: An Effort to Interpret the Major Findings of Research on the Redistributive Effects of the Welfare State", *European Sociological Review*, 1985, 1, pp. 163-176.

Veall, Michael, "Top Income Shares in Canda: Recent Trend and Policy Implications", *Canadian Journal of Economics*, 2012, November, Forthcoming.

Wagstaff, A., "Decomposing Changes in Income Inequality into Vertical and Horizontal Redistribution and Reranking, with Applications to China and Vietnam", World Bank Policy Research Working Paper, No.

3559, 2005.

Wagstaff A., et al., "Redistributive Effect, Progressivity and Differential Tax Treatment: Personal Income Taxes in Twelve OECD Countries", *Journal of Public Economics*, 1999, 72 (1), pp. 73 – 98.

Wagstaff, A. Van Doorslaer E., "What Makes the Personal Income Tax Progressive? A Comparative Analysis for Fifteen OECD Countries", *International Tax and Public Finance*, 2001 (8), pp. 299 – 315.